# 장준하,
# 묻지 못한 진실

# 장준하, 묻지 못한 진실
— 장준하 의문사 사건 조사관의 대국민 보고서

고상만 지음

2012년 11월 26일 초판 1쇄 발행
2015년 11월 15일 초판 4쇄 발행

2018년 8월 17일 개정판 1쇄 발행

펴낸이 한철희 | 펴낸곳 돌베개 | 등록 1979년 8월 25일 제406-2003-000018호
주소 (10881) 경기도 파주시 회동길 77-20 (문발동)
전화 (031) 955-5020 | 팩스 (031) 955-5050
홈페이지 www.dolbegae.co.kr | 전자우편 book@dolbegae.co.kr
블로그 imdol79.blog.me | 트위터 @Dolbegae79

주간 김수한 | 책임편집 소은주
표지디자인 김동신 | 본문디자인 이은정·이연경
마케팅 심찬식·고운성·조원형 | 제작·관리 윤국중·이수민
인쇄·제본 상지사

ISBN 978-89-7199-893-9 (03900)

이 도서의 국립중앙도서관 출판시도서목록(CIP)은 서지정보유통지원시스템(http://seoji.nl.go.kr)과
국가자료공동목록시스템(http://www.nl.go.kr/kolisent)에서 이용하실 수 있습니다.(CIP제어번호:
CIP2018022673)

# 장준하,
# 묻지 못한 진실

## 장준하
## 의문사 사건
## 조사관의
## 대국민 보고서

고상만 지음

돌베
개

**일러두기**

1.  이 책은 『장준하, 묻지 못한 진실』(2012년 11월 26일 초판 발행)의 개정판이다.
2.  개정판 머리말(「개정판을 내며」)과 에필로그를 붙였으며, 본문을 새로 다듬었다.

1975년 8월 약사봉 계곡의 비밀…
마침내 밝히는 의문사의 진실.
장준하를 죽인 자는 누구인가?

# 장준하 선생 태어나신지 100년,
# 그리고 2018년 7월의 부고

장준하 선생님이 태어나신지 100년을 맞이하는 2018년에 『장준하, 묻지 못한 진실』개정판을 냅니다. 2012년에 첫 출간을 했으니 햇수로 6년 만의 개정판입니다. 돌아보면 그 사이 참으로 많은 일들이 있었습니다. 노무현 대통령 시절인 2003년에 처음 장준하 선생님 의문사를 조사하는 일을 '대통령소속 의문사진상규명위원회'에서 담당한 후, 이명박과 박근혜 권력을 거치며 진실은 많이 왜곡되어 갔습니다. 그러다가 지난 2017년 5월 촛불 혁명을 거쳐 문재인 정부가 들어서면서 다시금 진실을 밝히려는 희망이 커져가기도 합니다.

그런 상황에서 들려온 뜻밖의 부고 소식. 바로 장준하 선생님의 부인, 김희숙 여사님이 2018년 7월 2일 오전에 소천하셨다는 것입니다.

제가 처음 김희숙 어머님을 뵌 것은 2003년 7월의 일입니다. 당시 저는 '대통령소속 의문사진상규명위원회' 2기 조사관으로 합격한 후 장준하 선생 의문사 사건을 맡게 되었습니다. 저는 이 의문을 풀어 헤치기 위해 그야말로 '미친 듯이' 사건 속을 뛰어다녔습니다. 하나라도 더 많이 사건의 실마리를 잡고자 동분서주하던 그때, 묵묵히 미소로 저를 다독여 주던 분이 있었습니다. 바로 장준하 선생의 부인이신 김희숙 어머님이었습니다.

조사하는 중에 그 분께서는 단 한 번도 원망하는 말씀을 하신 적이 없었습니다. 매양 뵐 때마다 "힘들지요? 사건이 워낙 오래되고 복잡해서 누가 해도 힘들 거예요"라며 오히려 조사관인 저를 위로해 주셨습니다. 어머님 당신이 살아온 그 팍팍한 삶의 여정을 안다면, 이런 어머님의 모습은 흔한 반응은 아니었습니다. 어머님이 돌아가셨다는 소식에 제가 제일 먼저 떠올린 모습이 그 기억입니다.


### 어머님은 '위대한 애국자의 위대한 아내'이셨습니다


본문에 자세히 적혀 있듯 김희숙 여사가 남편 장준하 선생의 비극을 알게 된 것은 1975년 8월 17일 오후 3시경의 일이었습니다. 자신의 정체를 밝히지 않은 괴(怪)남자로부터 걸려온 한 통의 전화. 상대방은 "약사봉에서 장 선생이 크게 다쳤으니 어서 오라"는 말만 남긴 후 일방적으로 전화를 끊었다고 합니다. 이어 막내아들인 장호준 목사와 여사님이 급히 대절한 택시를 타고 사건 현장으로 달려가셨습니다.

당시 고등학교 2학년이었던 장호준 목사는 아버지 장준하 선생

1967년 연행되는 남편 장준하를 배웅하는 김희숙 여사(사진 장준하기념사업회 제공).

을 찾으러 올라가는 약사봉 계곡에서 내내 짐승처럼 울부짖었다고 합니다. 아버지를 살해한 박정희 독재 정권에 대한 분노로 어린 학생이 서러워하는 모습이 너무나 안타까워 당시 길을 안내하던 경찰마저 함께 울며 위로했다고 조사 과정에서 들었습니다.

하지만 이런 참담한 지경에도 부인 김희숙 어머님의 행동은 달랐다고 합니다. 보통의 부인이라면 먼저 남편의 황망한 죽음에 통곡부터 하며 주체를 하지 못했을 것입니다. 이는 어리석은 행위가 아니라 당연한 반응입니다. 그러나 어머님은 그런 통상의 처신을 뛰어 넘으셨다고 합니다. 남편을 찾으러 어서 가자며 재촉하는 경찰에게 어머님은 먼저 들러야 할 곳이 있다고 말했다 합니다. 과연 어머님은 그 상황에서 어디를 가려고 한 것일까요? 다름 아닌 가까운 지물포였다고 합니다. 남편을 찾기 위해 계곡을 오르기 전, 아내 김희숙 어머님은 지물포에 가서 흰 광목천과 초를 구입하셨습니다. 독재 권력에 의해 남편이 죽임을 당했다고 확신한 어머님은 이제 그 남편의 시신을 온전히 지켜 집으로 모셔가야 한다고 생각했다 합니다. 그런 냉정한 정신을 지키고자 노력하신 현숙한 아내, 그 분이 바로 장준하 선생의 부인 김희숙 여사였습니다.

1967년에 남긴 이 한 장의 사진도 어머님의 기품이 어떠한지 느끼게 합니다. 박정희 독재정권하에서 남편 장준하 선생님은 모두 9번 연행되고 3번 옥고를 치르게 됩니다. 그때 국가원수 모독죄로 남편 장준하 선생님을 박정희 독재 권력에 빼앗기던 그날, 어머님은 감옥으로 끌려가는 남편 장준하 선생님을 배웅하면서 저들 앞에서 눈물을 흘리지 않았습니다.

오히려 기품 있게 넉넉한 미소로 남편을 배웅했습니다. 마음속은 천 갈래, 만 갈래 찢기셨을 텐데도 독재자 권력 앞에서 약한 모습을 보이지 않기 위해, 그리고 끌려가는 남편의 마음에 조금이라도 부담을 주지 않기 위해 어머님은 의연한 모습을 보이셨습니다. 이런 어머님이 계셨기에 남편 장준하 선생님은 이후 한 치의 물러섬 없이 정의를 위해 싸우실 수 있었겠지요. 이 모든 것이 어머님 덕분일 것입니다.

무엇보다 생각나는 것은 지난 2013년 2월 25일의 일입니다. 그때도 그랬지요. 독재자 박정희의 딸 박근혜가 부정한 방법으로 대통령에 당선되어 취임하던 날이었습니다. 저는 집에서 박근혜의 대통령 취임식을 볼 수 없었습니다. 저조차도 이런데 어머님의 심정은 어떨까 생각하니 더욱 그랬습니다. 그래서 길을 나섰습니다. 어머님을 뵈러 가야겠다고 생각한 것입니다. 그래서 제 아내와 함께 댁으로 찾아 뵌 날, 어머님은 예전과 다르지 않은 환한 미소로 저희 내외를 맞아 주셨지요.

어머님에게 전날부터 고아 만든 사골국물을 건넨 후 앉아 도란도란 이야기꽃을 피울 때였습니다. 그날 저는 어머님과 나눈 이야기를 지금까지도 잊을 수 없습니다. 그 이야기는 너무나 가슴 아픈 사연이었습니다.

"어머니. 이번 대선 결과를 보시고 가슴이 많이 아프셨죠?"

저의 질문에 어머니는 예의 온화한 미소를 띠며 "네. 가슴이 많이 아파서 혼났어요"라고 하셨습니다. 이에 제가 "제 마음도 그런데 어머니야 오죽 하시겠어요?"라고 답하였습니다. 그러자 어머니는 "아니, 저는 진짜로 그날 가슴이 너무 아파서 병원에 가서 엑스레이도 찍고 난리가 아니었다니까요"라고 하셨지요.

사실은 이랬습니다. 어머니 말씀처럼 그날, 정말로 큰일이 있었더군요. 대통령 선거 결과 박근혜가 대통령으로 당선되었다는 소식이 전해진 그 시각에 어머니는 갑작스럽게 찾아온 극심한 흉통으로 병원을 찾았다고 합니다. 진단 결과 심장 쪽에 작은 종양이 발견되었는데 다행히 악성 종양은 아니라고 했다 합니다. 그 이야기를 듣고서 제가 깜짝 놀라며 '그나마 다행'이라고 말씀드리자, 그 후 이어진 어머님과 담당 의사와의 대화를 전해주셨습니다.

"여자 의사가 하는 말이 손톱 크기만 한 종양이 있는데 안심하라는 거예요. 그래서 제가 그랬어요. 정말 손톱만 해요? 아니면 손마디만 해요?"

생각지도 않은 어머님의 질문을 받은 여의사가 빙그레 웃었다고 했지요. 그러면서 "약을 잘 드시면 별 문제없다"는 답에 어머니가 하신 말씀입니다.

"의사 선생님. 그 종양 크기가 얼마만 하건 제가 부탁 좀 드릴게요. 제가 앞으로 5년은 꼭 살아야겠는데요. 앞으로 5년은 더 살 수 있겠습니까?"

어머님의 말씀에 의사는 살짝 당황했다고 합니다. 그러면서 "왜 5년만 더 사시려고 그러세요? 더 오래오래 사셔야지요"라고 답했다고 합니다. 그런 어머님의 말씀에 저 역시 의아했습니다. 더 사셔야지 왜 5년으로 못 박아 말씀하셨는지 그때는 선뜻 다가오지 않았던 것입니다. 그러자 어머님이 저에게 주신 말씀이었지요.

"만약 내가 죽으면 저 세상에 가서 영감을 만날 거 아니요. 그때 내 영감이 나보고 '그래 지금 대한민국의 대통령은 누가 하고 있소?'라고 물으면 내가 차마 답을 못 할 것 같아요. 그러니 앞으로 5년만 내가 더 어찌어찌 산다면 그때는 대통령 선거를 다시 할 거 아니요. 그럼 내가 저 세상에 가서 영감에게 '지금 대통령은 아무개요'라고 말할 수 있지 않겠어요."

### 어머님, 저도 약속하겠습니다

그날 이후 저는 하루하루가 안타까웠습니다. 이러저러한 자리를 통해 어머님을 뵐 때마다 부디 5년만, 5년만 하며 저 혼자 마음속으로 기도했던 이유입니다. 그 사이사이 어머님의 건강이 자꾸만 나빠지신다는 소식이 들려올 때마다 가슴이 철렁 내려앉던 이유였습니다. 혹시나 어머님이 5년을 기다리지 못하시면 어쩌나 하는 마음 때문이었습니다.

그렇게 해서 마침내 지난 2017년 5월, 문재인 대통령 시대가 열린 날이었습니다. 저는 민주정부 3기 수립의 기쁨보다 사실은 어머님이 계실 때 우리가 원하는 정부를 세울 수 있었다는 생각에 더욱 기쁨이 컸습니다. 문재인 대통령이라면 어머님이 저 세상에 가셔서도 남편 장준하 선생님께 "지금 대한민국의 대통령은 문재인이요"라고 당당히 전하실 수 있을 거라고 생각한 것입니다. 그래서 "우리가 당신 떠난 후 여러 어려움도 있었지만, 당신 정신 이어받아 민주주의와 인권을 지키기 위해 노력했고 마침내 평화적인 조국을 만드는데 한걸음 더 나아가고 있단 말이오"라며 당당하실 수 있으리라 믿었기 때문입니다.

그렇습니다. 어머님이 지켜주신 남편 장준하 선생님의 정신을, 광복군으로 일제에 맞서 조국의 독립을 위해 싸웠고 해방 후에는 독재에 맞서 싸웠던 그 기개를 이제는 저희가 배우며 함께 해나갈 것입니다.

그러니 이제 저 세상에 가서는 두 분이 헤어지지 말고 행복하시기를 소원합니다. 결혼 초기, 장준하 선생님이 일본군에 징병되어 끌려간 후 탈영하여 광복군이 될 때까지 그리고 다시 임시정부에서 백범 김구 선생의 비서로 환국하고도 한동안 만날 수 없었던 기구한 신혼 생활. 그뿐인가요? 후에는 박정희 독재와 맞서 싸우다가 9번 연행에 3번 감옥을 가야했던 남편의 옥바라지로 함께 고생한 부인 김희숙 여사님. 그 과정에서 흘리신 어머님의 눈물을 저희가 기억하겠습니다.

어머님. 약속드립니다. 어머님의 평생 소원 중 하나였던 남편 장준하 선생님의 의문사 진실을 꼭 밝히겠습니다.

지난 2012년 8월 1일 '스스로 세상에 드러낸' 장준하 선생님의 타살 의혹에 분명한 마침표를 찍겠습니다. 그동안 밝혀낸 사실과 새롭게 드러난 진실을 더하여 곧 이어질 진실화해위원회 2기 조사를 통해 사건의 실체를 명명백백히 하는 데 제가 가진 모든 힘을 다 하겠습니다. 그 약속을 어머님 영전 앞에 전합니다.

어머님이 그러셨죠. 지난 2015년 11월, 제가 쓴 책 『중정이 기록한 장준하』의 북콘서트 때 둘째 아드님을 통해 건네주신 말씀을 잊지 못합니다. 그날 둘째 아드님 장호성 선생님께서 북콘서트에 참석하려고 집을 나서는데 "어디를 가느냐"며 어머님이 물으셨다고 합니다. 그래서 "오늘 고 선생 행사가 있다고 하지 않았냐"고 답하니 어머님이 환히 웃으시면서 "그럼 오늘 가서 내 말을 고 선생에게 꼭 좀 전해달라"며 부탁을 하셨다는 겁니다.

둘째 아드님의 손을 꼭 잡으며 "대체 어머님께서 무슨 말씀을 전해달라고 하셨냐"고 물으니, "내가 나이 들어 늦둥이 아들을 하나 둔 것 같다"며 "고 선생이 내 아들처럼 고맙다"는 말씀이셨다는 겁니다. 그 말씀에 저는 숙연해지는 마음이 들지 않을 수 없었습니다. 이처럼 부족한 사람을 더할 나위 없이 배려해 주시는 어머님의 말씀을 영원히 잊지 않고 살아가려 합니다. 실망시키지 않고 어머님과 한 약속을 지키는 것으로 보답하겠습니다.

이번에 새로 내는 『장준하, 묻지 못한 진실』 개정판이 그 약속의 첫 출발이 될 것입니다. 보다 많은 분들에게 그날의 진실을 알리겠습니다. 누가 무엇을 감추고 있으며 어떤 것을 밝혀야 하는지 분명하게 드러낼 것입니다. 무엇보다 그날의 목격자를 자처하던 분이 지난 2017년 9월 사망했습니다. 책 본문에 드러난 것처럼 목격자라면서 실제로는 무엇을 봤는지 명확치 않은 여러 진술로 더 많은 의문을 불러일으킨 그 분의 사망 소식을 듣고 저는 많은 생각을 했습니다.

장준하 선생님과 부인 김희숙 여사님, 그리고 목격자를 자처하던 그 분이 이제는 모두 저 세상에서 다시 만나겠지요. 그 곳에서 세 분은 어떤 대화를 나눌까요? 살아남은 자로서 그 소임을 다하겠다는 다짐을 남기며 이 개정판을 펴내는 소회를 대신합니다.

2018년 7월
장준하 선생님 태어난 100년을 맞아
고상만 씀

|

# 고상만 선생, 참으로 고맙소

정연주(전 KBS 사장)

2012년 8월 17일 아침에 온 《한겨레》를 본 순간, 심장이 멎는 듯했다. 지름 6센티미터 크기의 원형으로 움푹 함몰된 장준하 선생의 두개골 사진이 1면에 커다랗게 실려 있었다. 검은 굵은 테 안경을 쓴 장준하 선생의 생전 모습 대신, 모든 게 박제된 듯 뼈만 남아 있는 모습, 거기에다 타격의 흔적이 너무나도 선명한 원형의 함몰 부분에서 "억울하게 박정희 세력에 타살되었다"라고 외치는 장준하 선생의 목소리가 커다란 울림으로 들려오는 듯했다.

신경외과 전문의이자 국회부의장을 지낸 새누리당 정의화 의원이 이 사진을 보고 자신의 트위터에 올린 짧은 글은 많은 것을 압축한다. "선생의 두개골이 신경외과 전문의인 내게 외치고 있는 듯하다. 타살이라고! 돌베개 베고 천리길 돌아 상해(중경) 임시정부 찾았던 일본군 탈출병 장준하 선생의 주검을 보면서 고인의 죽음을 슬퍼한다."

장준하 선생. 청춘의 시기를 온전히 박정희 독재 속에 살아온 내게 장준하 선생은 너무나 특별했다. 나의 청춘 시절, 한쪽에는 혈서를 쓰고 일본의 괴뢰 만주군 장교가 된 다카키 마사오가 그 뒤 5·16 쿠데타를 일으키고, 3선 개헌을 하고, 유신체제로 종신 대통령이 되어 있었다. 다른 한쪽에는 학도병으로 끌려갔다가 탈출하여 독립군이 된, 그리고 온갖 간난 끝에 해방 조국에 돌아와 민주와 민족을 위해 온몸을 던진 장준하가 있었다.

장준하는 우리 청춘들에게 일본군 탈출기인 『돌베개』를 통해 그어떤 억압과 고난에도 굴복하지 않고 당당하게 살아가는 삶의 모습을 보여주었고, 《사상계》를 통해 새로운 지식과 사상의 샘물을 공급해주었으며, 민주회복을 향한 치열한 삶을 통해 참 지식인의 삶이어떠해야 하는지를 온몸으로, 평생의 삶으로 보여주었다.

장준하 선생이 청천벽력으로 갑자기 우리 곁을 떠난 그해 1975년은 박정희 유신독재가 가장 모질고 잔인하게 독재권력을 행사한 해였다. 자유언론에 앞장서온 《동아일보》, 《조선일보》 소속 언론인들 160여 명이 3월에 집단으로 쫓겨났고, 자유언론을 봉쇄했다고 자신감을 얻은 박정희 세력은 그로부터 한달도 채 지나지 않아 인혁당 사건 관련자들의 사형을 전격적으로 집행했다. 잔혹한 사법살인이었다. 그리고 불과 몇 달 지나지 않아 장준하 선생마저 의문의 죽음을 맞았다. 혼자 등산을 갔다가 암벽에서 발을 헛디뎌 경사 75도의 가파른 비탈에서 굴러 떨어져 숨졌다는 이야기를 그대로 믿는 사람은 박정희 세력을 제외하고는 없었다.

그럼에도 박정희 유신독재권력의 억압으로 장준하 선생의 죽음과 관련한 진실은 오랜 세월 깊은 암흑과 침묵 속에 묻혀 있었다. 그러나 진실을 영원히 가두어둘 수는 없다. 지난 8월 공개된 장준하 선생 두개골 사진이 웅변하듯, 그동안 장준하 선생의 의문사와 관련하여 많은 진실들이 밖으로 드러났다.

그 진실을 밝히는 작업에 헌신과 끈기를 다해온 인물이, 그리고 장준하 죽음의 진실에 가장 근접해 있는 인물이 다름 아닌 이 책을 쓴 '대통령소속 의문사진상규명위원회' 조사관을 지낸 고상만 선생이다.

그가 이번에 출간하는 『장준하, 묻지 못한 진실』은 국민의 정부, 참여정부 기간 동안 활동했던 의문사진상규명위원회의 조사 내용을 바탕으로 장준하 죽음의 진실을 밝히는 내용이다. 고상만 선생이 2기 의문사진상규명위원회 활동을 끝내면서 국가기록원에 넘긴 자료는 무려 2만여 쪽 분량의 종이 문서와 상당량의 동영상 테이프 등이 있었다. 그가 얼마나 혼신의 노력을 기울여 장준하 선생의 의문사를 조사해왔는지 말해준다.

의문사진상규명위원회가 조사해온 방대한 양도 양이려니와 핵심 쟁점에 대한 정리도 사실은 간단치가 않다. 더욱이 그 자료가 일반인들이 접근할 수 없는 것이고, 설령 접근한다 해도 그 방대한 양의 핵심들을 일목요연하게 정리하는 것도 쉬운 일은 아니다.

고상만 선생은 바로 그 불가능한 일들을 이 책을 통해 해주었다. 책을 읽으면서 가장 가슴에 절절하게 와 닿은 부분은 우리가 장준하 선생의 죽음과 관련하여 너무나 많은 사실들을 모르고 있다는 점이다. 책을 다 읽고 나니 장준하 선생의 억울한 죽음의 실체가 그냥 눈앞에 분명하게 다가왔다.

장준하 죽음의 근원인 장준하와 박정희의 관계가 어떠했는지, 특히 그의 죽음을 가져온 장준하의 마지막 '거사' 내용은 무엇인지, 의문사진상규명위원회의 활동은 어떠했으며, 장준하 선생 의문사의 유일한 목격자인 김용환의 실체는 무엇인지, 그가 수시로 바꾼 말의 내용들은 어떤 것이며, 의혹의 본질과 진실은 무엇인지, 장준하 죽음의 진실을 아주 분명하게 밝히기 위해 남아 있는 과제는 무엇인지, 이 모든 이야기들을 아주 일목요연하게 정리함으로써 진실의 실체를 드러나게 해주었다.

그래서 나는 고상만 선생이 너무나 고맙다. 의문사위원회에서 활동하면서 장준하 선생 죽음의 미스터리를 파헤치기 위해 노력한 그의 헌신이 고맙고, 최근 들어서는 '장준하 타살'의 진실을 파헤치기 위해 사방팔방으로 뛰어다니는 그의 열정과 노력이 고맙고, 또한 장준하 죽음의 진실을 일목요연하게 정리해서 책으로 출간해주는 그 정성이 고맙다.

때마침 박정희의 딸 '유신공주' 박근혜 새누리당 대통령 후보가 각종 여론조사에서 다음 대통령 자리에 가장 가까이 가 있다. 자칫 박정희 시대가 '유신공주'를 통해 세습될 가능성마저 엿보인다.

이런 정치적 현실에다 올 가을 유신 40주년을 맞고 보니, 독재자 박정희와 그의 삶, 그 시대에 대한 평가가 더욱 엄중해야 함을 느끼게 된다. 그런 뜻에서 독재자 박정희와 거의 모든 점에서 대척점에 있었던 장준하 선생의 삶과 죽음은 새삼 우리에게 절박한 울림으로 다가온다.

이런 상황이니, 고상만 선생이 지금 뜨겁게 외치는 진실의 목소리가 너무나 귀하게 들린다. 그래서 그가 이 책의 프롤로그에서 밝힌 것처럼 "장준하 사인의 억울함도 억울함이지만 민주주의와 인권을 요구했다는 이유만으로 장준하 선생이 죽어가야 했던 그 야만의 시대가 다시 오지 않을 아름다운 세상"을 꿈꾸며, 그 꿈이 실현되도록 함께 역사 과정에 적극 참여해야 하겠다.

|

# 검은 구름 흩어지면 밝은 달 절로 드러난다

명진(전 봉은사 주지)

"7,000년의 기쁨도 7일간의 억압을 정당화할 수 없다"라고 14세기 페르시아 시인 하페즈는 말했다. 경제를 발전시키자며 인권과 민주주의를 압살해온 어두운 시대가 있었다. 경제를 살린다면서 사람을 죽여온 불행한 시대가 있었다.

그런 시대가 멀리 있는 것도 아니다. 747을 외치며, 부자되게 해준다며 권력을 잡은 MB의 시대도 경제를 살린다면서 무수한 사람을 죽였다. 6명의 무고한 국민이 불에 타 죽은 용산참사가 그러하고 2,700명을 일터에서 내쫓아 22명이 스스로 목숨을 끊게 만든 쌍용자동차 사태도 그러하다.

경제를 살리자면서 사람을 죽이는 시대는 끝나야 한다. 사람이 죽는데 경제가 살아나겠는가? 사람이 살아야 경제도 살고 나라도 살게 된다. 경제를 살리려는 것도 역시 사람이 사람답게 살려고 하는 것 아닌가. 사람이 사람답게 살려면 진실과 정의, 도덕이 살아야 한다. 우리는 그동안 너무 경제, 경제 하면서 그런 가치를 내팽개치고 살아왔다. 그저 물질적 욕망만 좇아 살아온 것이다. 그렇게 선진국이 되고 국민소득 몇만 달러 시대가 되었는데 우리는 과연 행복한가?

1975년 8월 17일 포천 약사봉에서 실족사했다고 알려졌던 장준하 선생의 주검이 컴컴한 땅속에 묻혀 있다가 37년 만에 세상에 드러났다. 2012년 8월 선생의 기념 공원을 만들기 위해 유해를 이장하는 과정에서 선생의 오른쪽 뒷머리 부분이 지름 6센티미터가량의 둔기로 얻어맞은 듯 선명하게 함몰된 것이 발견되었다. 선생의 주검이 37년 만에 우리 앞에 나타난 것은 결코 우연이 아니다. 우연을 가장한 필연일 것이다. 선생의 주검은 외치고 있다. 진실을 밝히라고!

2012년 10월 6일 경기도 포천 흥룡사에서 열린 고 장준하 선생의 천도재를 지내고 주검이 발견된 약사계곡의 현장에 가보니 도저히 실족사라는 말에 동의할 수가 없었다. 경사 75도, 높이 15미터가량의 아찔한 절벽을 장비 하나 없이 하산 길로 선택해 내려오다 실족사했다는 걸 누가 믿을 수 있겠는가? 게다가 높이 15미터 절벽에서 떨어졌는데도 외상 하나 없고, 옷도 찢어지지 않았다니 말이다.

장준하 선생의 의문의 죽음에 대한 정부 차원의 조사가 2003년에 있었다. 당시 '대통령소속 의문사진상규명위원회' 장준하 의문사 담당 조사관을 맡았던 고상만 씨는 장준하 선생 사건에 대해 판단을 유보한다는 의미의 '진상규명 불능'이라는 결론을 내렸다. 진실을 알고 싶었던 그는 선생의 유골을 직접 확인하지 못한 데다 국정원, 기무사에 있을 선생의 자료를 다 검토하지 못했기 때문에 정확한 진실을 판단할 수 없다며 이 같은 결론에 닿았다고 했다. 그리고 언젠가 유골을 직접 확인할 수 있고, 검토하지 못한 국정원, 기무사 등의 자료를 충실히 검토할 때가 오면 진실을 밝힐 수 있을 것이라 믿었다.

진실이 밝혀지리라 믿었던 그는 최근 자신이 작성한 조사 보고서가 국가기록원에 의해 70년간 비공개 결정이 내려졌다는 사실에 충격을 받았다. 2003년 진상조사 과정에서 보지 못했던 선생의 유골이 발견되어 진실을 밝힐 절호의 기회가 왔는데 정부가 조사 보고서 자체를 비공개함으로써 진실을 밝힐 기회가 봉쇄된 셈이다. 그래서 진실을 알리기 위해 이 책을 쓰게 되었다고 한다.

박정희 독재시대는 우리 현대사에서 가장 불의하고 불행했던 한 시대였다. 그 불의한 시대에 서울대 교수였던 최종길 교수는 정부에 의해 죽임을 당했음이 훗날 밝혀졌다. '사법살인'이라 불린 인혁당 사건 관련자들 역시 박정희 정권에 비판적이라는 이유로 죽임을 당했다. 스스로 정통성이 부족하고 그릇된 길을 걸은 박정희 정권은 비판자들을 두려워했고, 두려워했기에 그들을 없애려고 했다.

장준하 선생은 박정희 정권의 대척점에 선 인물이다. 박정희가 혈서를 써 친일 군인이 되었다면 장준하 선생은 일본군에 강제로 끌려갔다 6,000리를 걸어 중경 임시정부에 들어가 독립군이 되었다. 장준하 선생은 말하지 않아도 박정희에게는 눈엣가시 같은 존재였음이 분명하다. 그래서인지 장준하 선생은 박정희 정권 아래서 스물 일곱 차례 연행되었고 아홉 번 구속되는 고초를 겪었다. 1964년 3월부터 1976년 12월까지 장준하 선생과 그의 가족에 대한 동정을 날짜와 30분 단위 시간별로 기록했을 정도로 미워했고 또한 두려워했다. 장준하 선생이 반유신·반독재 민주화운동의 중심에 서 있었기 때문이다. 최종길 교수처럼 간첩이 아닌 사람도 고문으로 간첩을 만들고, 없는 사실도 있는 것처럼 꾸며 인혁당 사건을 날조한 박정희 정권이 장준하 선생에 대해 어떤 생각을 가졌는지는 미루어 짐작할 수 있는 일이다.

나는 1960년대부터 1980년대까지 정부의 고문과 조작으로 간첩이 되었던 사람들이 다시는 이 땅에 자신들과 같은 불행한 사람들이 생겨나지 않길 바라는 뜻으로 정부에서 받은 배상금으로 만든 '진실의 힘'이라는 재단을 만들 때 초대 이사장을 맡은 바 있다. 그들은 한결같이 고문에 의해 간첩으로 조작되었고 억울하게 옥살이를 했다. 그리고 최근 재심을 청구해 무죄를 선고받고 정부로부터 배상을 받았다. 그러나 이제 와 정부에서 그들의 무죄를 인정하고 배상한다고 해서 그들과 그들의 가족이 지난 수십 년간 간첩이라고, 간첩의 가족이라고 손가락질받고 고통을 당했던 것들이 치유될 수 있겠는가?

한 사람의 억울한 사람도 만들지 말아야 한다. 더욱이 국민을 보호해야 할 국가는. 그러자면 불행했던 시대의 문제들은 반드시 진실을 밝혀야 한다. 진실을 밝히고 책임질 것은 책임진 후 미래로 가자고 해야지, 미래를 위해 과거사를 역사에 맡기자고 해서는 안 된다. 우리 사회는 껄끄러운 과거사 문제만 나오면 역사에 맡기자고 한다. 역사는 그런 문제들을 맡아주는 전당포가 아니다.

불교에 '발로참회'라는 말이 있다. 있는 것을 그대로 드러내 참회한다는 말이다. 그렇게 진실하게 드러내야 용서도 가능하고 새로운 출발도 가능하다. 진실한 삶, 올바른 삶이라는 것이 따로 있는 것이 아니다. 우리가 가리고 있는, 숨기고 있는 진실을 그대로 드러내면 된다. 검은 구름 흩어지면 달이 저절로 드러나듯 진실을 드러내면 그것이 바로 정의가 되고, 올바름이 되고, 이 세상의 희망이 되는 것이다. 그러한 시작을 이 책이 해주리라 믿는다.

차례

## 01
# 독립군 장준하 대 친일파 박정희

## 02
## 장준하 사건 조사관이 되다

## 03
## 장준하 사건은 왜 의문사인가

## 04
## 목격자 김용환, 그에게 묻다

# 나는 왜 이 글을 쓸 수밖에 없었나

### 37년 만에 나타난 장준하의 엄숙한 외침

나는 지난 2003년부터 2004년까지 1년여 간 '대통령소속 의문사진 상규명위원회'에서 재야인사 장준하 선생의 사망 원인을 직접 조사한 조사관이다. 그리고 '진정 제7호 장준하 사건 종합 보고서'의 마지막 마침표를 타이핑하고 8년이 지난 2012년 8월 1일, 내가 그렇게 미치도록 알고 싶었던 장준하 선생의 비밀이 마침내 일부 해제되었다. 사후 37년간 땅속에서 간직되어온 장준하 선생의 두개골이 '진실의 빛' 아래 내려와 그 타살 가능성을 뒷받침하는 의혹을 분명하게 드러낸 것이다.

한편 일부에서는 대통령 선거를 앞둔 미묘한 시점에 장준하의 유골을 공개했다며 이를 '정치적 의도'라고 주장하는 황당한 말도 있는 것으로 안다. 하지만 이는 사실이 아니다. 진실을 알면서도 이런 주장을 하는 것이라면 이는 인면수심의 부끄러움이고, 정말 사실을 몰라서 그런 것이라면 이해할 수 있도록 그 경위를 간략하게 설명하고자 한다.

2011년 8월 초순경, 장준하의 묘가 있는 파주시 광탄면 소재 '천주교 나사렛 공원'에 많은 비가 내렸다. 그날 장준하의 묘소 뒤편 석축이 붕괴되는 재난이 발생하게 된다. 뜻하지 않은 일을 겪게 된 장준하의 유족들은 당연히 붕괴된 석축을 다시 쌓아 묘를 유지하려고 했으나 생각지 못한 난관에 봉착한다. 석축 공사비가 무려 2,000만 원이 넘게 든다는 사실을 알게 된 것이다.

여유롭지 못한 유족의 입장에서 이는 너무도 부담스러운 일이 아닐 수 없었다. 그래서 선택한 결정이 국립묘지 안장이었다. 독립운동가로 활동했던 장준하였기에 국립묘지 안장 자격이 있었던 것이다. 그때였다. 파주 시장 이인재가 장준하의 유족에게 새로운 제안을 했다. 장준하 선생이 지난 37년간 파주에 계셨는데 지금 와서 굳이 다른 곳으로 옮기지 마시라는 제안이었다. 그러면서 파주시 소유의 부지에 장준하 추모 공원을 조성해 그곳에 안장하자는 것이었다. 논의 끝에 유족은 파주시의 제안을 고맙게 수용하게 된다.

그리고 2012년 8월 1일, 유족들은 새로 조성된 장준하 공원으로 이장하기 위해 묘를 허물었다. 그리고 나타난 장준하의 유골. 가로 세로 동그란 모양의 6센티미터 가격흔(加擊痕)을 확인한 그날, 나는 차라리 깊고 짙은 엄숙함을 느끼지 않을 수 없었다. 무쇠라도 부서져 사라질 37년의 세월이 지났건만 마치 우리에게 어떤 진실을 알려주고 싶다는 열망처럼 장준하 선생은 온전하게 자신의 피맺힌 상처를 드러냈다.

그래서 새누리당 국회부의장 출신인 국회의원 정의화가 자신의 트위터에 남긴 글 역시 나로서는 참으로 신선한 의미로 다가왔다. 그는 신경외과 전문의로서 새누리당에서 5선의 국회의원을 지낸 사람이다. 그러한 정의화 의원이 2012년 9월 12일 자신의 트위터에 다음과 같은 글을 올렸다. "(장준하) 선생의 두개골이 신경외과 전문의인 내게 외치고 있는 듯하다. 타살이라고!"

그랬다. 내가 작성한 '진정 제7호 장준하 사건 종합 보고서' 말미에 남긴 두 가지 숙제 중 하나였던 장준하의 유골에서 명백한 가격흔이 발견된 것이다. 그렇기에 나는 이 명백한 타살 의혹에 대해 국가 차원에서 당연히 재조사를 수용할 것이라고 생각했다. 거부할 명분도, 이유도 없다고 믿었기 때문이다.

그런데 일이 묘하게 틀어지고 있었다. 장준하의 유골이 세상에 알려진 바로 그 직후부터 조금씩 그런 기미가 보이기 시작했다. 재조사를 반대하는 새누리당이 진실과 다른 말로 사실을 왜곡하고, 나아가 그러한 잘못된 사실을 들어 장준하의 의문사를 조사할 필요가 없다고 주장하는 것이었다.

무엇보다 내가 화가 났던 이유는 목격자를 자처하는 김용환의 주장을 근거로 장준하의 의문사 의혹을 배척하려는 모습이었다. "장준하가 추락 실족사하는 것을 본 목격자가 있는데 무슨 의혹이 있느냐?"며 "이미 지난 정부하에서 실족 추락사하는 것을 목격한 사람까지 다 조사하고 이후 '진상규명 불능'으로 결정하고도 이를 또 조

사하자는 것은 정치적 목적 외에는 없는 것 아니냐"는 말이었다. 그
러면서 "그 보고서를 내가 봤다"라는 말까지 곁들였다. 그들이 봤다
는 문제의 '장준하 보고서'를 직접 쓴 나로서는 참담하기 이를 데 없
는 말이었다.


## 장준하 관련 기록 2074년까지 비공개? 내가 책을 쓴 이유!

내가 이 책을 쓰기로 마음먹게 된 것도 바로 이 때문이었다. 나는 처
음에 장준하의 이야기를 쓸 생각이 없었다. 그래서 나에게 장준하와
관련한 원고를 청탁했던 시사주간지 《시사인》의 요청을 받고도 한
참을 망설였다. 그러고 나서 쓴 글이 장준하의 의문사는 다루지 않
은 채 만약 장준하가 타살이라면 왜 그가 죽어야 했는가만 글에 담
았다. 이른바 장준하가 하고자 한 '거사의 실체'가 무엇이냐는 내용
이었다.

그런데 이후 《시사인》에 기고한 글이 '커버스토리'로 처리되면
서 상당히 많은 반응이 나왔다. 그러면서 나에 대한 언론의 관심이
집중되었다. 여기저기서 인터뷰 요청이 쇄도하는가 하면 조사관으
로서 당시 확인하거나 본 사건의 실체가 무엇인지를 묻는 전화가
쉽지 않고 울렸다. 어떤 기자는 사건에 대해 좀 알고 전화를 하기
도 했고 또 어떤 기자는 그야말로 장준하 사건에 대해 '백지 상태'
로 전화하여 밑도 끝도 없는 질문을 던져 나를 곤혹스럽게 하기도
했다.

하지만 초기에 나에게 전화한 기자 중에 자기가 원하는 대로 답변을 들은 이들은 없었을 것이다. 그저 내가 그들에게 해준 말은 "장준하 사건과 관련하여 내가 조사한 모든 기록이 국가기록원에 있으니 그곳에 정보공개 요청을 하여 받아보면 정확하게 알 수 있을 것"이라고 했기 때문이다. 이유는 하나였다. 사사로이 내가 무슨 말을 하거나 전해주는 것보다 자료를 통해 그들이 사건의 내용을 정확하게 확인하는 것이 더 긍정적인 결론이라고 믿었기 때문이다.

그런데 이런 내 생각에 변화가 생긴 것은 MBC 이 모 기자가 다시 전화하여 알려준 놀라운 사실 때문이었다. 나에게 수시로 전화하여 이러저러한 말을 묻던 그에게도 역시 국가기록원에 이관한 자료를 보라고 말해주었는데 그가 나에게 믿기 어려운 말을 하는 것이 아닌가. 자신이 알아보니 장준하와 관련한 문서에 대해 국가기록원 측에서 향후 70년간 비공개하기로 결정했다는 것이다. 향후 70년이라면 내가 그 기록을 보낸 때가 2004년이니 앞으로 2074년이 되어야 그 자료를 볼 수 있다는 말이 된다. 그러면 그때 내 나이는 104세가 된다. 사실상 내가 죽고 나서도 수십 년간 볼 수 없는 자료가 돼버렸다는 말이었다.

그날부터였다. 나는 내가 알고 있는 사실을 글로 써야 한다는 사명감을 느꼈다. 이후 나는 평소 내가 글을 기고하던 인터넷 매체 《오마이뉴스》를 비롯하여 김어준, 주진우, 김용민 등이 진행하는 〈나는 꼼수다〉 등에 출연하여 내가 알고 있는 이 사건의 진실에 대해 말하기 시작했다. 그 외 기억나지 않는 여러 책에 글을 더 썼고 또 여러 개의 방송 인터뷰에 응하기도 했다.

어쩌면 내가 1993년 장준하를 처음 알게 되고, 그래서 2003년 의문사진상규명위원회에서 장준하 의문사를 담당하는 조사관으로 발탁되었으며, 이어 근 10년 만인 2012년 다시 장준하와 관련한 책을 쓰게 되는 상황이 자못 운명적이라고 하지 않을 수 없다. 이 역시 내가 피해 갈 수 있는 일이 아닌 것 같다.

무엇보다 많은 언론과 인터뷰를 하고 글을 썼지만 장준하와 관련한 진실이 옥석으로 가려지지 못한 채 잘못 전달되고 있음이 안타까웠다. 인터뷰를 해도 내가 말한 내용이 그대로 정리되지 않았고 일부는 오히려 또 다른 왜곡을 만들어내고 있었다. 그래서 진실이 아닌 내용이 마치 사실인 것처럼 떠도는가 하면 밝혀야 할 진실과 그렇지 않은 진실이 뒤섞여 흘러 다니는 것이 오히려 장준하의 명예를 훼손하는 것처럼 안타까웠다.

모쪼록 이 책을 통해 많은 이들이 장준하 선생이 어떤 삶을 살았던 분인지, 그리고 그의 죽음을 왜 '정치적 의문사'라고 부르게 된 것인지 정확하게 이해하는 계기가 되기를 바란다. 그리하여 장준하 사인의 억울함도 억울함이지만 민주주의와 인권을 요구했다는 이유만으로 장준하 선생이 죽어가야 했던 그 야만의 시대가 다시 오지 않을 아름다운 세상을 꿈꾼다.

그렇다. '못난 조상'이 되지 말자며 고난의 길을 먼저 선택하고 뚜벅뚜벅 걸어간 장준하 선생의 뒤를 따라 나 역시 '못난 후손'이 되지 않고자 그 뒤를 따른다. 이런 마음을 가진 또 다른 한 명, 한 명이 마침내 지금 거대한 행진을 하고 있음을 나는 확신한다.

장준하 선생이 꿈꿨고, 자신의 목숨을 다 바쳐 사랑한 민주주의 인권 국가 대한민국. 그 길에서 우리 모두가 함께하기를 기대한다.

대통령소속 의문사진상규명위원회

진정 제7호 장준하 사건 조사관

고상만

# 1부
# 독립군 장준하 대
# 친일파 박정희

# 장준하를
# 처음 만나다

"세상 일, 참 알 수 없다." 그랬다. 2003년 7월, 제2기 '대통령소속 의문사진상규명위원회'에서 장준하 선생 의문사 사건을 내가 맡게 되었음을 처음 알았을 때 가장 먼저 든 생각이었다. 부끄럽지만 내가 재야인사 '장준하'의 이름을 처음 알게 된 것은 1993년 3월 어느 날이었다.

1961년 5·16 군사쿠데타를 시작으로 계속된 군인들의 독재정치가 끝난 것은 1993년 2월 25일이었다. 박정희 18년, 전두환 7년, 그리고 노태우로 이어진 5년간의 군사독재정권이 끝나고 김영삼이 이끄는 이른바 '문민정부'가 출범한 것이다. 비록 완전한 형태의 민주정부는 아니지만 우리 사회는 새로운 민주주의를 갈망하는 기대감으로 출렁였다.

이는 그동안 각종 의혹에 대해 눈감아야 했던 방송과 언론에서도 마찬가지였다. 자연스럽게 과거 군사독재정권하에서 있었던 '잊혀진 의혹'에 대한 말문도 함께 열리기 시작했다. 바로 그때 우연히 시청하게 된 프로그램이 배우 문성근이 진행하던 SBS 〈그것이 알고 싶다〉였다.

1993년 당시 이십대 중반의 청년이었던 나는 그때 처음으로 재야인사 장준하의 존재를 알게 되었다. 그리고 그가 독립운동가 출신으로, 사상계라는 언론사의 대표로, 그리고 야당 정치인으로 그 지독한 박정희 유신독재정권과 맞서 가장 치열하게 싸워온 재야 지도자였다는 사실 역시 처음 알았다. 그동안 배운 역사책 어디에서도 볼 수 없었던 장준하는 그래서 신선한 감동이었다.

무엇보다 나를 매료시킨 것은 그가 보여준 민주주의와 인권 회복을 향한 강력한 '투쟁력'이었다. 그는 박정희 유신독재정권과 맞서 싸우면서 결코 에둘러가며 비판하는 법이 없었다. 특히 그가 1967년 장충단 공원에서 행한 연설은 나를 흥분케 하기에 충분했다. 바로 '삼성 사카린 밀수 사건'에 얽힌 비화였다.

# 삼성 사카린
# 밀수 사건,
# "박정희는…"

1966년 9월 15일《경향신문》은 특종을 발굴하여 보도했다. 그리고 이 보도를 통해 이른바 '삼성 사카린 밀수 사건'이 세상에 알려졌다. 1966년 5월 24일. 당시 삼성그룹 창업주인 이병철 회장은 경남 울산에 '한국비료' 공장을 지으면서 일본에서 건설 자재를 들여온다며 정부로부터 허가를 받았다. 그러나 허가 내용과 달리 당시 삼성이 들여온 것은 사카린 2,259포대(약 55톤)였다.

사카린은 설탕보다 약 100배 정도 단맛이 나는 식품이다. 그런데 설탕이 귀하던 그 시절 적은 비용으로 단맛을 내는 데 매우 활용도가 높았던 사카린은 상당한 이익을 보장해주는 식품이었다. 삼성이 이를 몰래 밀수하여 판매하려다 그만 세관에 적발된 것이다.

결국 뒤늦게 삼성의 사카린 밀수 사실을 알게 된 당시 세관은 1966년 6월 밀수한 사카린 중 1,059포대를 압수하고 벌금으로 2,000여만 원을 부과했다. 하지만 이 같은 조치에도 불구하고 이 사건은 기대했던 것처럼 잠잠하게 끝나지 않았다. 이후 더 많은 의혹이 제기되었다. 이 사건이 삼성이라는 한 기업의 부도덕한 범죄가 아니라 사실은 박정희 정권과 결탁한 권력형 비리라는 강력한 의혹이었다.

한편 이 당시 '삼성 사카린 밀수 사건'과 관련한 유명한 일화가 두 가지 있었다. 그중 하나가 흔히 '장군의 아들'로 널리 알려진 '김두한 국회의원 제명 사건'이었다. 김두한은 '청산리 전투'로 유명한 독립투사 김좌진 장군의 아들이면서 2012년 현재 탤런트 출신의 국회의원 김을동 의원의 아버지이기도 하다.

1967년 당시 재선 국회의원이었던 김두한은 사카린 밀수 사건이 정치 쟁점화되던 그해 9월 22일 대정부 질문을 하고자 국회 연단에 섰다. 그러더니 연설대 단상 위에 끈으로 묶은 낯선 물건을 올려놓은 후 그는 연설을 시작했다. 당시 국회 회의록에 적혀 있는 그의 발언 내용이다.

"배운 게 없어서 말은 잘할 줄 모르지만, 다른 사람이 할 줄 모르는 행동은 잘할 수 있습니다."

비장한 어조로 첫말을 꺼낸 그는 이후 자신의 과거 투쟁 경력 등을 장황하게 나열하며 강한 어조로 연설을 했다. 그의 연설은 계속되었다.

"5·16 군사혁명을 일으킨 현 정권이 민주주의를 파괴하고 또 국민의 참정권을 박탈하는 것까지는 용서할 수 있으나, 전 국민의 대다수를 빈곤으로 몰아넣고 몇 놈에게만 특혜조치를 주고 있는 건 용서할 수 없습니다. 대통령이 여기 나왔다면 한번 따지고 싶지만,

없으니 국무총리를 대통령 대리로 보고, 또한 총리와 장관들은 3년 몇 개월 동안 부정과 부패를 합리화한 피고로 다루겠습니다."

잠시 후 김두한은 이내 자신이 연단 위에 놓고 있던 통을 치켜들었다.

"이것은 재벌이 도적질해 먹는 것을 합리화시켜주는 내각을 규탄하는 국민의 사카린이올시다."

그 순간이었다. 들고 있던 통의 뚜껑을 연 김두한은 주저 없이 국무위원 석에 앉아 영문도 모른 채 자신을 바라보고 있던 정일권 국무총리 등에게 뿌려대기 시작했다.

"똥이나 처먹어, 이 새끼들아. 고루고루 맛을 봐야 알지."

여전히 많은 이들은 대한민국 국회에서 제명당한 최초의 국회의원을 1979년 김영삼으로 기억하고 있다. 하지만 사실은 그 첫 번째가 김두한이었다. 그는 이 사건으로 대한민국 국회에서 최초로 제명된 의원이 되고 말았으며 이후 국회의장 모욕, 공무집행방해 등의 혐의로 구속까지 되는 등 힘겨운 세월 속에 말년을 보내야 했다.

그러던 1972년 11월 19일 사람을 만나러 서울 종로로 나갔던 그가 갑자기 쓰러졌다. 그리고 이틀 후인 같은 달 21일 오전 9시 5분. 김두한은 서울 성북구 정릉동의 한 무허가 자택에서 향년 55세의 나이로 세상을 떠났다. 알려지기로는 고혈압으로 사망했다고 하나 그때도 그렇고 지금까지도 적지 않은 이들이 갑작스러운 그의 죽음에 의문을 제기하고 있다.

한편 사카린 밀수 사건과 관련한 또 다른 일화는 장준하와 관련된 것이었다. 1966년 10월 15일 당시 야당인 민중당이 대구에서 주

최한 '특정재벌 밀수 진상 폭로 및 규탄 국민대회'에서 초청 연사로
나선 장준하의 연설이었다. 감히 누구도 독재자 박정희에 대해 입
한번 벙긋하기도 두려운 그 시절, 장준하는 대구 인파가 운집한 공
개 집회에서 삼성 사카린 밀수 사건을 언급하며 한국 근현대사에
길이 남을 명연설을 하게 된다.

결정적 한 방은 '밀수 왕초'였다.

장준하는 에둘러 가지 않고 "박정희란 사람은 우리나라의 밀수
왕초"라며 말 그대로 '돌직구'를 날렸다. 당시 박정희를 상대로 이처
럼 비판한 이는 누구도 없었다. 불가능했다. 군사독재권력하에서 박
정희는 '신적인 존재'였고 '불가침의 성역'이었다. 이미 예견된 대로
장준하는 이날의 연설로 혹독한 대가를 치러야 했다. 연설이 있은
지 11일가량 지난 10월 26일. 장준하는 '국가원수 모독죄'로 구속되
었다. 지금은 사라진 반민주 악법이었다.

한편 독재자 박정희에 대해 '밀수 왕초'라고 비판한 이날의 장준
하 연설은 과연 사실이었을까. 1993년 삼성의 창업주 이병철의 아
들이자 사카린 밀수 사건의 주범으로 몰려 구속까지 되었던 이맹희
가 펴낸 책 『이맹희 회상록─묻어둔 이야기』를 통해 진실이 밝혀졌
다. 이맹희의 고백에 따르면 당시 '한국비료 사카린 밀수 사건'은 대
통령 박정희와 삼성그룹 회장 이병철의 적극적 공모 아래 벌어진
조직적 밀수였다고 한다. 그가 쓴 책의 관련 내용이다.

> 1965년 말에 시작된 한국비료 건설 과정에서 일본 미쓰이
> 는 공장 건설에 필요한 차관 4,200만 달러를 기계류로 대신

공급하며 삼성에 리베이트로 100만 달러를 줬다. 아버지(이병철 회장)는 이 사실을 박 대통령에게 알렸고 박 대통령은 "여러 가지를 만족시키는 방향으로 그 돈을 쓰자"고 했다.

현찰 100만 달러를 일본에서 가져오는 게 쉽지 않았다. 삼성은 공장 건설용 장비를, 청와대는 정치자금이 필요했기 때문에 돈을 부풀리기 위해 밀수를 하자는 쪽으로 합의했다. 밀수 현장은 내(이맹희)가 지휘했으며 박 정권은 은밀히 도와주기로 했다.

밀수를 하기로 결정하자 정부도 모르게 몇 가지 욕심을 실행에 옮기기로 했다. 이참에 평소 들여오기 힘든 공작 기계나 건설용 기계를 갖고 오자는 것이다. 밀수한 주요 품목은 변기, 냉장고, 에어컨, 전화기, 스테인리스 판과 사카린 원료 등이었다.

국가원수를 모독했다며 장준하를 구속시켰는데 알고 보니 그것은 '모독이 아닌 사실'이었던 것이다.

# 장준하,
# 그는
# 어떤 사람이었나?

그런데 그런 장준하가 1975년 8월 17일 포천 약사봉에서 의문의 죽음을 맞았다는 것이다. 방송을 보는 내내 정확한 사실을 잘 모르는 나로서는 그저 안타깝고 답답할 뿐이었다. 더구나 일반인이 보기에도 장준하는 실족 추락사로 보기에는 너무나 깨끗한 모습이었다. 또한 이 사고를 직접 목격했다는 동행자의 언행 역시 쉽게 납득하기 어려웠기에 나의 의혹은 더 커질 수밖에 없었다.

이제 우리는 장막에 가려진 장준하 사건의 한구석을 조금 열어보았을 뿐입니다. 그 속에는 왜곡된 사실과 우리가 찾고자 하는 진실이 뒤엉켜 있을 것입니다. 그 속에서 진실을 찾아내기 위해서 이제 우리 사회의 책임 있는 곳에서 이 사건이 공식적으로 거론되기를 진심으로 바랍니다.

침묵을 지키고 있던 분들께서도 이제는 그 침묵을 깨야

한다고 감히 말씀드리고 싶습니다. 우리가 원하는 진실은 쉽게 얻어지지 않지만 그것을 얻은 사회는 역사 앞에 언제나 떳떳할 수 있기 때문입니다.

진행자인 문성근이 장준하의 의문사를 다루는 2부작을 모두 마치면서 클로징멘트로 남긴 이 말은, 그래서 오랫동안 젊은 나의 가슴에 남아 있었다. 특히 "원하는 진실은 쉽게 얻어지지 않지만 그것을 얻은 사회는 역사 앞에 언제나 떳떳할 수 있기 때문"이라는 이 말은 이십대 청춘이었던 내 가슴에 여전히 잊히지 않을 명문장으로 새겨질 만큼 강렬했다.

"그렇지. 누군가가 반드시 밝혀줘야 할 억울함이니 꼭 밝혀져야지."

그렇게 생각했다. 누군가가 꼭 그렇게 해주기를 진심으로, 진심으로 바랐다. 그렇다면 장준하는 왜 이처럼 박정희 정권과 악연을 맺게 되었을까. 궁금하지 않을 수 없었다. 그리고 그 궁금함으로 읽어본 장준하의 자서전 『돌베개』를 통해 나는 그에게 깊이 매료되었다. 과연 장준하는 어떤 사람이었는지 그의 일대기를 최대한 '간단하게' 살펴보기로 한다.

## 연인을 위해
## 일본군 징집을 선택한
## 장준하

장준하는 1918년 8월 27일 평북 의주에서 아버지 장석인과 어머니 김경문 사이에서 맏아들로 태어나 1943년 11월 소학교 제자였던 김희숙과 결혼하게 된다. 그의 나이 26세가 되던 해였다.

한편 장준하가 김희숙과 결혼하게 된 과정에는 참으로 애틋한 사연이 숨어 있었다. 그리고 이러한 사연은 이후 장준하의 인생이 바뀌는 중대한 계기가 된다. 2차 세계대전 말기인 1944년 1월 20일, 그는 일본군 학도병으로 징집되었다. 그러나 사실 그는 학도병 징집을 피할 수도 있었다. 그런데도 불구하고 장준하가 학도병으로 징집된 결정적 이유는 바로 '사랑' 때문이었다.

1941년, 장준하는 당시 정주의 신안소학교에서 교사로 일했다. 그때 그 학교의 제자 중 김희숙이라는 여학생이 있었는데 유난히 똑똑하고 싹싹한 그녀에 대해 장준하가 생각하는 마음은 남달랐다. 그렇게 스승과 제자로 가까웠던 그들이 헤어지게 된 것은 1942년

동경 유학 시절 벗들과 함께.
왼쪽부터 김용묵, 김익준, 장준하.

장준하가 일본으로 유학을 가면서였다. 이후 현해탄을 사이로 떨어지게 된 그들은 서로의 그리움을 편지로 주고받았다.

그러던 어느 날, 2차 세계대전이 말기로 치달을 때였다. 일제는 결혼하지 않은 조선의 여인들을 이른바 '정신대'라는 이름으로 징발해 전쟁터로 보냈다. 장준하 역시 소문으로 정신대가 운영되고 있음을 알고 있었는데 어느 날 김희숙으로부터 자신 역시 정신대로 징발될지 모른다는 편지를 받게 된다. 그 순간이었다. 장준하는 자신이 김희숙을 사랑하고 있음을 운명적으로 깨달았다고 한다. 그러면서 어떡해서든 김희숙이 정신대로 끌려가지 않도록 막아야 한다고 그는 결심했다.

방법은 하나뿐이었다. 김희숙과 결혼하는 것이었다. 결혼하지 않은 처녀만 정신대로 끌고 가는 것이니 이보다 더 확실한 방법은 없었기 때문이었다. 1944년 1월 5일. 장준하는 적지 않은 이들의 반대에도 불구하고 사랑하는 연인 김희숙을 위해 학업을 중단하고 귀국했다. 사람들은 장준하에게 지금 귀국한다면 '김희숙은 정신대로 끌려가지 않겠지만 대신 당신이 죽을 것'이라며 강하게 반대했다고 한다. 하지만 이 같은 지인들의 걱정이 장준하의 마음을 바꾸지는 못했다.

장준하를 폄하하려는 이들은 그가 일본군으로 징병되지 않을 수 있었음에도 스스로 입대했다며 그의 명예를 훼손하려고 한다. 하지만 그가 진정 지켜주고자 하는 연인을 위해 자신의 목숨까지 걸었다는 이 아름다운 일화에 대해서는 굳이 외면한다. 도대체 누가 이러한 장준하를 비난할 수 있단 말인가. 한편 여기까지의 삶이 장준

하 개인의 역사였다면 이후부터의 삶은 그 자체가 우리나라 근현대
사를 관통하는 역사적 기록이 된다.

# 일본군 탈출 후
# 임시정부를 향한
# 6,000리 대장정


장준하가 일본군에 징집되어 끌려간 날은 1944년 1월 20일이었다. 김희숙과 결혼식을 올린 지 불과 14일 후였다. 신혼의 단꿈은 고사하고 남은 것은 안타까운 이별과 기약할 수 없는 불안이었다. 한편 김희숙의 증언에 의하면 장준하는 일본군에 입대하기 위해 출발하면서 부인이 된 자신에게 탈영할 계획임을 미리 알려줬다고 한다. "내가 이후 집으로 보내는 편지 끝에 성경 구절이 적혀 있거든 일본 부대에서 탈출한 것으로 알라"며 자신의 굳은 마음을 남겼다는 것이다.

그 후 장준하가 일본군에 입대하고 약 6개월여가 지난 1944년 7월 7일. 장준하로부터 김희숙에게 한 통의 편지가 도착했다. 그리고 편지 끝에는 다음과 같은 문구가 적혀 있었다.


"나의 형제 곧 골육의 친척을 위하여 내 자신이 저주를 받아

스물여섯의 청년 장준하.

그리스도에게서 끊어질지라도 원하는 바로다."(로마서 9:3)

장준하가 일본 부대를 탈출한 것이다.

한편 장준하가 일본군을 탈출할 당시 함께 탈출을 결행한 이들이 있었다. 훗날 고려대학교 총장을 지내며 장준하의 영원한 벗이 된 김준엽 등 네 명이었다. 적지 않은 사연이 있었지만 간략히 정리하면 이들은 이후 무려 6,000리를 걸어 중국 중경에 위치한 대한민국 임시정부를 찾아갔다. 그리고 그곳에서 조선 독립운동의 정신적 지주이며 상징인 백범 김구 아래에서 독립군 부대에 편성된다. 장준하가 일본군에서 탈출한 후 무려 6개월 24일이 걸린 1945년 1월 31일의 일이었다.

마침내 그곳에서 자신이 그토록 원하던 광복군에 입대한 장준하는 일정한 훈련을 마친 후 광복군 소위로 임관했다. 그리고 곧이어 광복군 제2지대에 배속된 장준하에게 엄청나게 큰 임무가 부여된다. OSS(미국 전략첩보대) 제1기 훈련을 수료한 그에게 조선 독립을 위해 목숨을 '버리는' 작전에 돌입하라는 명령이었다. 정확히 말하면 장준하와 함께 훈련을 받은 미국 전략첩보대 출신 50명과 같이 1945년 8월 20일 비행기를 타고 조선 땅에 직접 침투하라는 것이었다.

이는 당시 광복군 제2지대장인 이범석의 작전 계획이었다. 네 명에서 일곱 명으로 구성된 한 개조를 구성한 후 이런 식으로 만들어진 6개조가 작전을 수행한다는 것이었다. 그리고 이렇게 편성된 대원들을 조선의 경성(지금의 서울)과 인천, 그리고 경기도를 비롯한

1945년 8월 OSS 훈련을 받을 당시 산동성(山東省) 유현(維縣)에서 동지들과 함께한 장준하(맨 오른쪽).
가운데는 김준엽, 맨 왼쪽은 노능서.

각 도에 낙하산으로 잠입시킨 후 사실상 패전하고 있는 일본의 마지막 숨통을 조선 땅에서 우리 손으로 끊어놓자는 계획이었다.

그리하여 차후 우리 광복군이 직접 조선의 본토 안에서 일본군과 교전을 했다는 근거를 만들어놓아 조선의 광복 과정에서 우리가 일정한 역할을 했음을 인정받고자 한 것이다. 이를 통해 향후 나라를 세우는 과정에서 외세를 향해 확실한 발언권을 확보할 수 있다고 임시정부는 판단한 것이다. 이를 위해 임시정부는 장준하를 경인지역의 책임자로, 그리고 김준엽은 강원도반의 책임자로 임명했다. 그 외 나머지 지역 책임자로는 함경도 김용주, 평안도 강정선, 황해도 송면수, 전라도 박훈, 경상도 허영일, 충청도 정일명을 임명했다.

하지만 이 같은 계획은 허망하게 무너졌다. 1945년 8월 20일 침투 계획을 세웠는데 일본이 그보다 5일 앞선 8월 15일 연합군에 '무조건 항복'을 선언해버린 것이다. 그날 임시정부의 백범은 한없이 울었다고 한다. 그런데 그 눈물은 '기쁨의 눈물'만이 아니라 '슬픔의 눈물'도 함께 섞여 있었다. 백범은 우리의 힘으로 조선을 독립시키지 못한 잘못으로 이후 외교적 발언권이 약해질 것을 우려했다고 한다.

그러한 백범의 우려는 결국 현실이 되었다. 일제로부터 해방된 조선은 이후 남쪽은 미국에, 그리고 북쪽은 소련에 휘둘리면서 둘로 쪼개지는 비극으로 이어졌다.

# 장준하,
# 《사상계》를 통해
# 언론인으로 서다

한편 해방된 조국으로 돌아온 장준하는 백범 김구의 비서로 일하게 된다. 하지만 1949년 백범 김구가 안두희의 흉탄에 서거하면서 장준하의 인생 역시 새로운 길로 접어들게 된다. 그것이 이후 '장준하' 하면 함께 연상되는 《사상계》의 탄생이었다. 오래전부터 노력한 치밀한 준비 끝에 장준하는 1953년 월간 《사상계》를 세상에 내놓게 된다. 지금도 50대 이후의 장년층은 《사상계》를 당대 최고의 지식서로 꼽고 있다.

《사상계》에 대한 흥미로운 일화는 매우 많았다. 특히 1950년대부터 1970년대 초까지 여대생들에게 《사상계》는 대단히 인기 있었다. 내용도 내용이지만 자신의 높은 '지적 수준'을 과시할 목적으로 《사상계》를 일부러 가슴에 안고 다니는 것이 한때 유행이었다고 한다. 또한 《사상계》를 읽지 않는 사람들은 웬만한 대화에 끼어들 수도 없었다. 이 정도의 분위기이니 사람들에게 이른바 학자라고 내세

# 思想界

檀紀四二八六年四月一日 印刷
檀紀四二八六年四月一日 發行 【每月一日一回發行】

## 4

## 1953

《사상계》 창간호(1953년 4월호.)

우려면《사상계》에 자신이 쓴 글이 최소한 한 번은 실려야 민망하지 않은 일이었다고 한다. 가히 당시《사상계》의 영향력이 어느 정도인지 가늠해볼 수 있는 사례들이었다.

《사상계》에 대한 이 같은 높은 평가는 우리나라에만 국한된 것이 아니었다. 오히려 외국에서《사상계》에 대한 평가가 더 높았다고 해도 무리가 아니었다. 대표적인 사례가 지난 1962년 장준하의 '막사이사이 언론문학상' 수상이었다. '막사이사이상'은 필리핀의 전 대통령인 라몬 막사이사이를 기리기 위해 1957년 4월 제정된 상인데 흔히 '아시아의 노벨상'으로 불리는 큰 상이었다. 바로 이 상을 《사상계》 발간에 대한 공으로 장준하가 수상한 것이다. 물론 한국인으로서 최초의 수상이었다.

참고로 장준하와 함께 또 다른 시상 내역인 '막사이사이 봉사상'을 수상한 이는 마더 테레사 수녀였다. 그는 이후 노벨평화상을 받았으며 수녀 중 처음으로 가톨릭교회에서 성인으로 추앙된 세계적인 인물이 되었다. 이렇듯 당시 장준하의《사상계》는 우리나라 지성을 대표하는 일반적인 잡지 이상의 역할을 했으며 또한 국제적으로도 큰 영향력을 인정받은 언론으로 평가받았다.

1962년 8월. 필리핀에서 막사이사이상을 받고 수상자들과 함께 찍은 기념사진.
뒷줄 왼쪽이 장준하. 앞줄 오른쪽에서 두 번째가 마더 테레사 수녀.

막사이사이상을 수상하고 귀국 후 사무실에서 밝은 표정으로 인터뷰를 하는 장준하.

# 장준하와
# 박정희의 격돌은
# 운명

하지만 《사상계》의 영향력이 커질수록 이를 불편하게 생각하는 세력이 있었다. 다름 아닌 4·19 민주혁명을 훼손시키고 5·16 군사쿠데타로 권력을 찬탈한 박정희였다. 여기에서 한 가지 짚고 넘어가야 할 이야기가 있다. 장준하가 박정희의 5·16 군사쿠데타를 적극 지지했다며 "이러한 사람을 박정희 정권이 왜 죽이려 했겠느냐"라고 주장하면서 의문사를 부정하려는 세력들이 있다는 것이다. 대표적인 인사가 《월간조선》 전 편집장을 지낸 조갑제 씨 등 보수 세력을 자처하는 이들이다.

하지만 이는 '숲 전체가 아닌 나무 한 그루만 보고 하는 말'이다. 매우 의도적인 진실 왜곡이라고 하지 않을 수 없다. 먼저 장준하가 5·16 군사쿠데타 초기 이를 지지하는 글을 《사상계》에 썼다는 것은 사실이다. 하지만 엄정하게 표현하면 장준하는 군인들의 반민주적 쿠데타를 지지한 것이 아니라 당시 만연한 사회 부패 현상을 척

결하기 위해 양심적인 군인들이 행동에 나섰다는 것에 대한 기대를 말한 것이었다.

우선 그가 독립군 출신이라는 점에서 군인에 대한 기본적 신뢰가 있었다는 배경에 대해 주목할 필요가 있다. 그래서 장준하는 당시 사회적 혼란이 거듭되고 있던 그때 양심적이고 절도 있는 군인이 '불량 도당을 소탕하고, 부정한 방법으로 재산을 축재한 이들을 처리하며, 농어촌에서 고리로 이자를 놓아 고통받고 있는 잘못을 정리'하는 데 군인이 가장 적합하다고 생각한 것이다.

이는 장준하가 1961년 6월호 《사상계》를 통해 발표한 글을 보면 더욱 확연히 알 수 있다. 장준하가 무엇을 강조했는지가 자세히 적혀 있기 때문이다. 그는 쿠데타를 일으킨 세력에게 분명하게 요구했다.

> 사회 부패를 일소하는 일들을 완수하고 최단 시일 내에 참신하고 양심적인 정치인들에게 정권을 이양한 후 쾌히 그 본연의 임무로 돌아간다는 스스로 약속한 이른바 '혁명 공약'을 군인답게 실천하라.

즉, 장준하는 군인들이 스스로 쿠데타를 일으키며 내세운 명분을 빠르게 이행한 후 민간 정치인들에게 정권을 이양하고 나서 본연의 임무인 군으로 돌아가겠다는 약속을 군인답게 실천하라고 요구했던 것이다. 장준하의 잘못은 그들을 양심적인 군인으로 오판했다는 점이다.

박정희 쿠데타 세력은 장준하의 기대와 달리 스스로 약속했던 이른바 '혁명 공약'을 지키지 않았다. 민정 이양은커녕 이후 18년간 장기 군사독재를 했다. 더 나아가 1972년에는 아예 사실상의 총통제인 '유신'까지 선포하면서 영원한 대통령을 획책했다. 이로 인해 대한민국의 민주주의는 완전히 실종되었고 인권 유린은 말로 다 설명하기 어려운 지경에 이르렀다.

그래서였다. 장준하는 이후 《사상계》를 통해 그 누구보다 매섭게 박정희를 비판했다. 감히 누구도 할 수 없는 말과 행동을 두려움 없이 개진했다. 박정희라는 천하의 독재자가 장준하라는 천하의 민주주의자 앞에서 호되게 당하기 시작한 것이다.

그렇다면 이 둘의 운명적인 충돌은 어디서부터 시작된 것일까.

결론적으로 장준하와 박정희는 전혀 다른 정반대의 길을 걸어왔다. 박정희의 이름이 세상 사람들에게 알려진 첫 번째 계기는 역시 1961년 5·16 군사쿠데타였다. 그때 '작은 체구에 매섭게 생긴 얼굴로 별 두 개를 어깨에 달고 나타난 검은 선글라스'의 주인공이 바로 박정희였다. 박정희는 그렇게 역사 속에 각인되어 있다. 하지만 사람들은 군사쿠데타를 일으킨 박정희에 대해서만 알고 있지 그가 자신의 출세를 위해 어떤 일을 했는지에 대해서는 잘 알지 못한다. 박정희가 일본 식민지 치하에서 구체적으로 무엇을 했는지, 어떻게 살았는지 제대로 아는 이들은 드물다. 그래서 다시 찬찬히 살펴볼 필요가 있는 것이다.

쉽게 말해서 그는 자신의 출세를 위해 무엇이든 다 했다. 대표적인 사례가 1940년 1월, 박정희가 스스로 일본 왕의 충성스러운 군인이 되고 싶다며 입교한 만주군관학교에서 있었던 일이다.

1917년 11월 14일 경상북도 선산에서 태어난 박정희가 만주군관학교에 입교를 지원한 계기부터 살펴보자. 1937년 4월부터 '문경 공립 보통학교'(지금의 초등학교)에서 훈도(지금의 교사)로 일하고 있던 박정희가 교장과 충돌이 벌어진 때는 1939년 어느 날이었다. 당시 학교에 시학관(지금의 '장학사')이 시찰을 나왔다. 그런데 박정희는 다른 훈도들과 달리 이 행사에 불참했다. 화가 난 교장이 박정희를 그냥 두지 않았다. 그날 박정희는 교장 등으로부터 집단 구타를 당했다고 한다.

박정희는 자신이 당한 그 치욕에 분노했다. 그리고 자신을 때린 교장에게 본때를 보여줄 수 있는 방법이 무엇일까 생각했다. 방법은 하나였다. 교장보다 더 힘이 센 사람이 되는 것이었다. 그래서 찾은 길이 바로 '긴 칼을 차는 것', 즉 군인이 되기로 결심했다는 것이다. 실제로 그는 만주군관학교에 입교할 당시 "왜 군인이 되려고 하나?"는 면접관들의 물음에 "긴 칼을 옆에 차고 싶어서"라고 답한 것으로 알려져 있다.

마침내 박정희가 만주군관학교에 입교 신청서를 낸 것은 1939년 어느 날이었다. 하지만 생각하지 못한 변수가 있었다. 박정희의 입교 신청이 거부된 것이다. 치명적인 이유는 박정희가 지원할 당시 나이가 너무 많았다는 것이다. 만주군관학교의 입교 지원 자격은 만 16세에서 19세였는데 당시 박정희는 23세였다. 사실상 그가 그토록 바라고 꿈꿔온 군인이 되는 길은 불가능한 일이었다.

하지만 박정희는 독했다. 스스로 그 자리에서 손가락을 깨물었다. 물어뜯은 손가락에서 피가 흘렀다. 그러자 박정희는 일본어로 "한 번 죽음으로써 충성함"이라는 말을 혈서로 썼다.

그뿐만이 아니었다. 박정희는 "일본인으로서 수치스럽지 않을 만큼의 정신과 기백으로 일사봉공(一死奉公)의 굳건한 결심입니다. 확실히 하겠습니다. 목숨을 다해 충성을 다할 각오입니다. 한 명의 만주 국군으로서 만주국을 위해, 나아가 조국을 위해 어떠한 일신의 영달을 바라지 않겠습니다. 멸사봉공, 견마(개나 말)의 충성을 다할 결심입니다"라는 글을 써서 혈서와 함께 만주군관학교로 발송했다.

이 같은 박정희의 친일 행각을 찾아내어 세상에 알린 단체는 『친일인명사전』을 펴낸 '민족문제연구소'였다. 민족문제연구소는 1939년 3월 31일 발행된 《만주신문》에서 박정희의 이 같은 행태를 보도한 기사를 확인했다. 그리고 국민들의 성금으로 만든 『친일인 명사전』에 이와 관련한 기사의 전문을 그대로 게재한 바 있다.

만주군관학교 측은 일본에 대한 충성심으로 가득 찬 박정희의 혈서에 감격하지 않을 수 없었다. 그리고 이듬해인 1940년, 박정희 는 규정상 나이가 많아 입교가 불가함에도 불구하고 만주군관학교 에 들어가게 된다. 무서운 집념과 의지로 박정희가 그토록 염원했던 일본군 장교로 첫발을 디딘 것이다. 즉, 긴 칼을 자신의 옆구리에 차 게 된 것이다.

군인이 되어 다시 문경으로 돌아온 박정희가, 그래서 제일 먼저 찾은 이는 바로 자신을 무시했던 교장이었다. 그는 나무 마루에 자 신이 차고 온 긴 칼을 꽂아놓고 교장을 기다렸다고 한다. 그날, 교장 은 일본군 장교가 된 박정희를 향해 연신 잘못했다며 용서를 빌었다. 박정희는 이런 사람이었다.

한편 만주를 근거지로 삼은 조선 독립군을 제거하기 위한 일본군 장교 양성기관인 만주군관학교에 들어간 박정희는 졸업 당시 수석을 차지할 정도로 학교 생활에 열심이었다. 그리고 그 덕분에 다른 성적 우수자와 같이 일본 본토에 있는 육군사관학교로 다시 유학을 가서 군사교육을 받게 된다. 이 당시 박정희는 이미 박정희가 아니었다. '다카키 마사오'라는 일본 이름으로 창씨개명을 하고 철저한 일본인이 되어 있었다.

'일본을 위해 사쿠라같이 죽겠다'며 일본에 약속했던 박정희답게 그는 평소 조용한 성격과 달리 조선 독립군을 토벌하기 위한 전쟁이 시작되면 유난히 흥분하며 좋아했다고 당시 동료들은 증언한다. 그래서 사람들은 이 같은 박정희의 모습을 매우 특이하게 생각했다고 한다. 영국 셰필드대학교에서 '함석헌'을 주제로 박사 학위를 받은 김성수의 『함석헌 평전』에 이와 관련된 자세한 내용이 있다. 관련 부분을 인용한다.

박정희는 일본 군대가 길러낸 인물이었다. 일본 제국주의가 세운 만주군관학교와 동경의 일본군관학교를 다니는 동안 박정희는 일제에 대한 열렬한 충성심으로 급우들에게 '특등 일본인'이라는 별명을 얻었다. 박정희는 일본군관학교 시절 다까끼 마사오라는 일본 이름을 사용했는데, 나중에 만주에서 일본군 신분으로 쓰던 이름은 오카모토 미노루였다. 일본군에서 이중 이름을 사용했다는 것은 박정희가 한국인 독립군을 토벌하는 정보대 요원으로 활약했음을 암시한다.

그런데 이처럼 앞날의 전도가 확실했던 그에게 전혀 생각지도 못한 황망한 일이 벌어졌다. 만주군관학교에서 수석 졸업 후 곧바로 유학 간 일본 육사에서도 전교 3등을 차지할 정도로 치열하게 일본 군인이 되고자 노력한 그가 일본 군복을 입은 지 고작 1년 4개월 만의 일이었다. 목숨을 바쳐 충성하겠다고 다짐한 일본 왕이 그만 연합군에게 패배를 선언해버린 것이다. 박정희로서는 그야말로 머리 위에서 핵폭탄이 터진 것보다 더 큰 충격이었다. 자신이 꿈꿔온 모든 영광과 희망이 산산조각 나는 아픔이었던 것이다.

하지만 박정희는 죽지 않았다. 일제로부터 해방된 이후에도 친일파가 득세했던 불행한 대한민국의 근현대사 속에서 그 역시 살아남은 것이다. 반민족행위자들이 청산되지 않고 득세한 것과 같은 이치였다. 박정희와 같은 이들에게 친일파를 대거 기용하며 권력을 다진 이승만 정권이 들어선 것은 그야말로 축복이었던 것이다. 박정희는 그렇게 다시 '사쿠라처럼 죽겠다'는 맹세를 통해 입게 된 '일본 군복' 대신 '대한민국 군복'으로 갈아입었고 또 그렇게 살아남았다.

그리고 그렇게 살아남은 그가 이후 1961년 5·16 군사쿠데타를 일으켰다. 이후 1979년 10월 26일까지 그가 집권한 18년간의 군사 독재는 이 땅의 민주주의와 인권을 완벽하게 탄압한 '지독한 독재'였다. 조작된 인혁당 재건위 사건 관계자 8인을 사형시키는가 하면 긴급조치를 남발하여 헌법을 유린하고 국민을 마구잡이로 구속시킨 악랄한 독재는, 그래서 우리 현대사에 큰 상처를 남겼다. 그리고 이처럼 극과 극의 인생을 걸어온 박정희와 장준하가 같은 시대, 다른 위치에서 부딪치게 되었으니 그 과정에서 빚어진 충돌 역시 많은 일화를 낳았다.

한편 박정희가 쿠데타를 일으킨 1961년부터 1975년 장준하가 경기도 포천 약사봉에서 의문의 죽음을 당한 그때까지 박정희가 집권한 기간은 모두 14년이었다. 이 기간 동안 장준하는 박정희 정권에 의해 모두 아홉 번 구속되었으며 연행된 횟수는 스물일곱 번이었다. 그리고 '밀수 왕초' 발언으로 처음 구속되었던 장준하가 다시 두 번째 구속이 된 때는 1967년 5월 8일의 일이었다.

# 장준하의
# 두 번째 구속,
# 정치의 길로 접어들다

1967년 1월, 당시 야당 지도자였던 유진오, 윤보선, 이범석, 백낙준이 한자리에 모였다. 이름하여 '4자 회담'이었고 이를 제안하고 성사시킨 이는 장준하였다. 그는 독재권력인 박정희 권력을 넘어서기 위해서는 모래알처럼 흩어진 야권을 하나로 묶어 박정희에 맞설 단일한 대통령 후보를 내야 한다고 설득했다. 야당 지도자들은 장준하의 제안에 적극 동의했고 이를 통해 야당 대통령 단일 후보로 윤보선을 세웠다.

독재권력을 연장하려는 박정희 측과 이를 저지하려는 야당의 선거운동은 당연히 치열할 수밖에 없었다. 장준하 역시 자신의 손으로 만든 야당 단일 후보 윤보선의 당선을 위해 신민당에 입당했고 직접 대통령 선거운동에 연설원으로 참여하게 된다. 그리고 대중 연설에 능했던 장준하는 이 과정에서 10여 차례가량 지지 유세를 하게 된다. 문제는 거기에서 발생했다.

장준하는 또다시 거침없는 발언으로 박정희 후보를 공격했다. 이번에는 박정희 후보가 미국의 일방적 요구를 수용하여 우리 군인을 월남전에 참전시킨 잘못과 더불어 과거 그가 남로당 조직책으로 활동했던 전력에 대해 비판했다.

　　"대한민국에서는 누구나 일정한 자격과 조건만 갖추고 있으면 대통령이 될 수 있습니다. 그러나 단 한 사람 박정희 씨는 안 됩니다. 박정희 씨는 일본 천황에게 충성을 맹세하고 일본군 장교가 되어 우리의 독립 광복군에 총부리를 겨누었으니 이런 인물이 우리나라 대통령으로 있는 것은 국가와 민족의 수치입니다."

　　"박정희 씨는 국민을 물건으로 취급하여 우리나라 청년을 월남에 팔아먹고 있고 그 피를 판 돈으로 정권을 유지하고 있습니다."

　　"박정희 씨는 과거 공산주의의 남로당 조직책으로 임명되어 남한에서 지하 조직 활동을 한 사람이며 조직원 동료를 팔아 희생시키면서 자기 한 목숨을 산 사람입니다."

　　연단에 선 장준하의 입에서 박정희를 향한 거침없는 비판이 쏟아졌다. 박정희 후보 측 입장에서 장준하는 너무나 골치 아픈 존재였다. 결국 선택은 하나였다. 장준하의 입을 그대로 방치할 수 없다는 것이었다. 1967년 5월 8일. 장준하는 또다시 구속되었다. 역시 첫 번째 구속 사유와 같은 '국가원수 모독죄'였다.

　　감옥에 갇힌 장준하는 고뇌했다. 박정희 독재권력에 맞설 수 있는 가장 좋은 방법이 과연 무엇일까. 사실 이 시기 장준하는 매우 어려운 상황에 처해 있었다. 장준하가 그동안 심혈을 기울여온 《사상계》가 발행 중지된 지도 오래였다. 박정희 정권의 부도 공작 때문이

1967년 대통령 선거 기간 중 '국가원수 모독죄'로 구속된 장준하.

었다. 박정희 정권이 사상계를 부도내기 위해 쓴 방법은 참으로 야비했다.

《사상계》를 발행하여 서적 총판을 통해 보급을 하면 당시 중정은 이들 서점이 책을 팔 수 없도록 압력을 행사했다. 그렇다고 바로 반품시키지도 않았다. 그냥 서점 창고에 석 달여를 보관하게 한 후 그제야 다시 반품하는 전략이었다. 그러니 사상계에서는 책이 다 팔려 반품이 없는 줄 알고 그만큼의 분량으로 또 빚을 얻어 책을 찍었다.

그 당시에는 서점이 사상계에 책값을 주는 것이 후불제였기 때문에 가능한 일이었다. 그러다가 다 팔린 줄 알았던 그 책들이 사방에서 한꺼번에 돌아왔다. 이런 비열한 부도 공작에 버텨낼 수 있는 회사가 어디 있겠는가. 사상계가 망하게 된 결정적인 이유였다.

또 다른 한편으로 사상계를 망친 것은 정치적 의도를 가진 세무조사였다. 박정희 정권은 사상계에 대해 연이어 세무조사를 강도 높게 실시했고 이후 엄청난 세액을 부과시켰다고 당시 사상계에 근무했던 이들은 증언하고 있다. 사실이 아닌 내용으로 세무조사를 하고 이에 대해 부당하다며 재심을 청구해도 별다른 설명 없이 기각하는 등 보복 행위는 끝이 없었다. 결국 사상계는 한계에 도달했고 부도 처리되었다.

고심 끝에 장준하가 선택한 길은, 그래서 본격적인 정치 참여였다. 정치에 직접 참여하지 않은 채 비판만으로 가져올 수 있는 변화는 없다고 결론내린 것이다. 1967년 5월. 마침내 장준하는 그해 6월 8일 실시되는 국회의원 선거에 출마하겠다는 선언을《한국일보》지

면을 통해 발표한다. 드디어 장준하가 본격적인 정치 참여의 길에
들어선 것이다. 그날 참 많은 비가 왔다고 한다.

# 돈 없는
# 장준하의 선거운동,
# '사탕과 손수건'의 비밀


장준하의 옥중 출마는 신민당의 공천을 받아 동대문 을구로 결정되었다. 지금의 중랑구 면목동 지역이다. 하지만 장준하의 선거운동은 쉽지 않았다. 조직도 없었고 당시 만연한 금품 선거에서 쓸 돈은 고사하고 가족들의 생활비조차 없는 장준하였다. 김희숙 여사의 회고는 그래서 참 각별했다. 김희숙 여사는 감옥에 갇힌 남편을 대신해서 뭐라도 해야겠다고 생각했다고 한다.

하지만 경쟁 상대인 육사 9기 출신의 공화당 강상욱 후보처럼 선거운동할 여력은 전혀 없었다. 고민 끝에 김희숙 여사는 손수건 한 장과 호주머니에 사탕을 가득 넣고 길을 나섰다고 한다. 금품 선거를 할 능력도 없지만 또한 그렇게 하는 것을 남편인 장준하가 원하는 것도 아니니 그저 있는 대로 선거운동을 하기로 한 것이다.

거리에 나선 김희숙 여사는 지나가는 아이를 세워 손수건으로 얼굴과 코를 닦아준 후 그 아이의 입에 사탕 하나를 넣어주었다고 한다. 그러다가 아이의 부모인 유권자에게 깊이 고개를 숙이며 "제가 장준하 후보 처되는 사람입니다"라고 인사를 했다고 한다. 그렇게 쉬지 않고 지역을 돌아다니고 또 돌아다녔다고 한다. 눈물겨운 선거운동이었다.

그런 김희숙을 보고 사람들은 울었다. 남편이 감옥에 가 있는 동안 그 아내가 하는 선거운동이 너무 불쌍해서 울었고 또 의기가 넘치는 누군가는 비열한 박정희 정권의 행태에 분노하며 같이 울었다고 한다. 가난했지만 그래도 인간적인 정이 남아 있던 시대였다고 김희숙 여사는 회고했다.

또한 장준하의 선거운동에 크게 기여한 분으로 많은 이들은 《씨알의 소리》를 발행하던 함석헌 선생을 기억했다. 함석헌 선생은 감옥에 갇혀 있는 장준하를 사실상 대신하며 후보자의 역할을 도맡아 했다고 한다. 특히 그가 했던 선거운동 기간 중 동대문 운동장 앞에서의 연설은 오랫동안 많은 이들에게 심금을 울리는 명연설로 기억된다.

장준하가 국회의원 선거에 옥중 출마했다는 사실이 입에서 입으로 전해지면서 국민들의 관심 역시 높아져갔다. 그러던 때 흰 한복을 입은 하얀 수염의 함석헌이 단상에 올라 모여든 청중 앞에서 연설을 했다. 그는 눈물을 흘리며 이렇게 호소했다고 한다.

"여러분, 장준하를 살려주십시오. 장준하 사상계 사장을 국회로 보내주셔야 합니다. 그렇지 않으면 장준하 이 사람, 감옥에서 죽습니다. 여러분이 장준하를 지지해주셔야 장준하가 살아서 감옥을 나올 수 있다는 것입니다."

함석헌의 절규는 그대로 대중의 마음을 움직였다. 시간이 지나면서 유권자들의 마음이 장준하에게 가는 것이 매일 매일 보일 정도였다고 한다. 얼음장 밑으로 봄물이 흐르듯 민심 역시 그렇게 장준하에게 흘렀고 고였다고 당시 선거에 참여했던 이들은 증언한다. 그러자 갑자기 다급해진 쪽은 공화당 강상욱 후보 측이었다. 장준하가 감옥에 있는 것이 유권자들의 동정을 불러일으켰고 이로 인해 오히려 선거가 불리해졌다고 생각하게 된 것이다.

그래서 장준하를 감옥에서 석방시킨 사람은 다름 아닌 공화당 강상욱 후보였다. 장준하를 감옥에 두고서는 더 이상 어떻게 해볼 방법이 없었던 것이다. 투표를 일주일 앞두고 장준하는 그렇게 석방되었다. 하지만 공화당 후보 측의 기대와 달리 이것은 해결 방법이 아니었다. 오히려 갑작스러운 장준하의 석방이 화제가 되었고 이후 장준하의 유세 연설을 듣고자 더 많은 유권자들이 유세장을 가득 채웠다.

1967년 6월 8일. 마침내 장준하는 차점자인 공화당 후보 강상욱을 1만 8,000표라는 압도적인 차이로 누르고 국회의원에 당선된다. 막걸리와 고무신으로 대변되는 금품 및 향응, 그리고 온갖 공작 정치가 횡행하던 그 시절에 이뤄낸 기적이었다. 장준하의 국회의원 당선은 말 그대로 위대한 '국민의 승리'였던 것이다.

# 편치 않은
# 정치인의 길


하지만 당선된 기쁨도 잠시. 정치인 장준하의 삶은 달라진 것이 없었다. 여전히 그는 스스로 선택한 고난의 길을 걷게 된다. 다른 누구처럼 특권이나 특혜를 요구하지도 않았다. 그가 선택한 국회 상임위원회 역시 그랬다. 그는 많은 국회의원이 선호하는 건설이나 경제가 아닌 누구나 기피하는 국방위원회를 스스로 지원했다.

그리고 당시 국회의원 중에서 유일하게 논산 훈련소를 방문해서 군인들이 먹는 '짬밥'을 직접 먹어보고 그 개선을 요구했다. 국방 예산이 어떻게 쓰이는지 챙겼고 사병들이 잘 입고 잘 먹고 잘 잘 수 있도록 챙긴 유일한 국회의원이었다고 많은 이들이 회상한다. 보수주의자로 널리 알려진 월남전 한국군 사령관이었던 채명신 장군 역시 다른 것은 몰라도 장준하에 대해서는 무한한 신뢰와 존경을 표했다. 장준하의 국회의원직 수행은 지금까지도 대한민국 최고의 모범으로 평가받는다.

한편 장준하는 자신이 국회의원이 되고자 했던 목표 역시 잊지 않았다. 1967년 옥중에서 국회의원 출마를 결심했던 그 마음 그대로 그는 독재자 박정희와의 싸움을 멈추지 않았다. 그는 여전히 박정희 독재권력과 최일선에서 부딪쳤다. 장준하가 국회의원이 된 후 가장 크게 맞붙은 대결은 박정희의 영구집권을 위해 추진된 이른바 '3선 개헌' 반대운동이었다.

1969년 9월. 당시 신민당 소속 국회의원이었던 장준하는 박정희가 연달아 두 번 대통령을 해 먹고도 또다시 3선으로 대통령을 해 먹겠다며 헌법을 개정하려는 움직임에 대해 반대한다. 그리고 이를 위해 '3선 개헌 반대 투쟁위원회'를 조직했고 자신은 선전부장으로 참여하여 주도적인 투쟁을 전개하게 된다.

하지만 애초부터 여당이었던 공화당에 비해 야당의 국회의원 숫자가 부족한 그때 장준하의 많은 노력에도 불구하고 3선 개헌 법안은 저지되지 못했다. 구조적으로 불가능한 일이었다. 결국 박정희의 3선 개헌안이 통과되었다. 전형적인 독재의 길로 박정희가 점점 걸어 들어가고 있는 상황이었다. 그리고 이 같은 우려는 현실이 되고 말았다.

1971년 4월 27일. 제7대 대통령 선거가 실시되었다. 그리고 날치기 통과된 3선 개헌에 따라 또다시 출마 자격을 얻은 박정희는 세 번째로 대통령 선거에 나섰다. 당연히 부정 선거에 대한 논란이 제기되었다. 하지만 그보다 더 큰 논란은 야당 후보로 출마한 당시 김대중 후보의 연설 내용이었다. 1971년 4월 18일, 당시 야당 대통령 후보인 김대중의 서울 장충단 공원 유세에서 첫 포문이 열렸다.

국방위원회 소속 국회의원으로 국방부 국정감사를 하는 모습.
군부대를 방문하여 내무반을 둘러보는 모습.

육군 제2훈련소에서 사병들의 부식을 검식하는 모습.
공군 부대를 방문하여 비행을 한 후의 모습.

1969년 3선 개헌 저지를 위한 전국 유세에서 힘주어 연설하는 장준하.

# 박정희의
# 영구집권 계획을
# 폭로한 김대중

"여러분! 이번에 정권교체를 하지 못하면 이 나라는 박정희 씨의 영구집권의 총통시대가 오는 것입니다. 공화당은 지난 개헌 때 이미 박정희 씨를 남북통일이 될 때까지 대통령을 시키려고 했으나 그 당시는 아직 자기 공화당 내부나 야당이나 국민이나 거기까지는 할 수 없어서 못했던 것입니다. 나는 공화당이 그런 계획을 했다는 사실과 이번에 박정희 씨가 승리하면 앞으로는 선거도 없는 영구집권의 총통시대가 온다는 사실에 대한 확고한 증거를 가지고 있습니다."

김대중이 박정희의 영구집권 계획을 예감하고 이를 공개적인 유세 현장에서 폭로했다. 그리고 이 같은 김대중의 폭로가 알려지자 여론은 술렁거렸다. 실제로 무리한 날치기로 세 번째 출마한 박정희에 대한 지지세가 이전만 못한 상황이었다. 이런 상황에서 김대중의 공격은 유권자들의 민심을 흔들기에 충분했던 것이다.

한편 날치기에 관권과 금권까지 동원한 부정 선거를 마다하지 않고 세 번째로 대통령에 당선되고자 총력을 기울이던 박정희 후보 측이었다. 그런데 이렇게 어렵게 출마한 상태에서 당선을 장담하기 어려운 상황으로 접어들자 곳곳에서 위기가 감지되고 있었다. 당시 이 같은 분위기를 알 수 있는 증언이 있다. 1971년 당시 청와대 비서실장이었던 김정렴의 '정치 회고록' 『아, 박정희』 중 관련 대목이다.

> 선거전이 점차 종반전으로 접어들자 '장기집권'에 대해 몰아치는 야당의 공세가 극단적으로 치열해져 민심에 적지 않은 영향을 미치고 있다는 여론조사가 청와대에 올라왔다. 공화당과 중앙정보부의 두 갈래 채널에서도 똑같은 요지의 보고가 계속 올라왔다. 이 문제는 심상치 않은 사태를 예견케 하는 것이었다. 자칫 잘못하면 선거에 패할지도 모른다는 불길한 예감마저 들게 했다.
>
> 나는 윤 대변인과 같이 박 대통령 지방 유세에 수행 중이었는데 서울에 남아 있는 김성진 부대변인으로부터 계속 그와 같은 불리한 보고가 전해졌으며 '이번이 마지막 입후보'라는 말을 다음 유세에서 꼭 터뜨려야만 정세가 호전될 것이라는 의견도 아울러 전달되었다. 이것은 두말할 나위 없이 박 대통령에게 말씀드려서 그와 같은 발언을 유세장에서 하도록 하라는 요구가 아니고 무엇이랴!
>
> 그날 밤 나는 이 문제를 갖고 윤 대변인과 몹시 고민하였

다. 대중 앞에 나서서 "나에게 한 표 찍어주십시오"라는 말 한마디 하는 것을 "나에게 돈 한 푼 주십시오!" 하고 구걸하는 것보다 더 쑥스러워하고 더 어색하게 생각하는 박 대통령의 성격을 누구보다 더 잘 알고 있는 우리들로서는 도저히 그 말을 대놓고 직접 할 수 있는 용기가 생기지 않았다.

선거라는 '민주주의 요식 행위' 때문에 그렇게도 하기 싫은 말을 꾹 참아가며 지금까지 유세전을 펴온 박 대통령에게 어찌 그렇게 매정한 말을 할 수 있겠는가! (중략)

일정상 부산 유세가 마지막에서 두 번째 유세였다. 발 들여 놓을 틈조차 없을 정도로 들어찬 조선방직 앞 광장의 군중을 헤치며 유세장에 들어선 박 대통령은 곧바로 단상에 올랐다.

미리 준비된 유세 원고의 흐름에 따라 카랑카랑한 금속성 목소리로 연설을 시작한 박 대통령은 연설 끝부분에 가서 "여러분 앞에 내가 나와서 '나에게 한 표 찍어주십시오'라고 부탁하는 것은 이것이 마지막일 것입니다"라고 말하면서 지지를 호소했다.

유세장에 꽉 들어찬 군중들은 그 뜻이 무엇인지 금방 알아채지 못하는 것 같았다. 그러나 수행 기자들은 그렇지 않았다. 특히 조선일보 선우연 기자는 그 내용을 서울로 송고하는데 몹시 흥분한 나머지 말을 잘 이어나가지 못하는 것 같았다.

그 다음날 조간신문에서 '박 대통령 다음 선거에는 불출마'라는 제목하에 부산 유세 기사가 대서특필되었음은 물론이다. 그리고 마지막 유세인 서울 장충단 공원에서의 유세가 초점으로 부각되었다.

공화당 기호 번호인 1번을 표시하는 초대형 조형물인 '1' 자가 중천에 솟아 있는 유세장을 중심으로 약 50만 명(공화당 주장)의 청중이 모여 있었다. (중략)

박 대통령은 유세 연단에 올라서서 예정대로 국가 안보의 필요성과 경제 개발의 지속을 호소하는 등 당면 과제를 중심으로 특유의 설교식 유세를 하였다. 그리고 유세의 마지막 끝마무리에 가서 부산 유세 때와 똑같이 "이것이 여러분 앞에 나와서 나에게 표를 찍어달라고 부탁하는 마지막 호소일 것입니다"라고 말했다.

전날 부산에서 있었던 폭탄선언을 재차 확인시켜주는 순간이었다. 부산에서와는 달리 모두들 충격적으로 받아들이는 것 같았다. 장충단 유세를 마치고 박 대통령이 청와대로 돌아온 시간은 상오 11시가 좀 지났을 무렵이었다. 사무실로 돌아온 박 대통령의 첫마디는 "아이구. 앓던 이 빠진 것 같이 시원하다. 이제 다 끝났지! 골프나 치러 나갈까!"였다. 무거운 짐을 던 해방감을 만끽하는 듯했다.

1971년 4월 27일. 박정희는 다시 제7대 대한민국 대통령으로 선출되었다. 하지만 불출마 선언까지 해가며 간신히 대통령에 당선된 박정희로서는 기쁜 일이 아니라 너무나 자존심이 상하는 일이었다.

한편 이처럼 부산과 장충단 공원 유세에서 '차기 대통령 불출마 선언'을 한 박정희는 어떻게 그 후에도 계속해서 대통령을 할 수 있었을까? 도대체 박정희가 1971년에 "국민에게 더 이상 표를 달라고 하지 않겠다"고 한 약속은 어떻게 된 것일까?

# 표를 달라고 하지
# 않겠다던 박정희,
# 그가 지킨 약속은…

결론적으로 박정희는 자신이 했던 약속을 지켰다. 다만 '자기 식대로' 그 약속을 지켰다는 점만 달랐다.

"여러분 앞에 내가 나와서 '나에게 한 표 찍어주십시오'라고 부탁하는 것은 이것이 마지막일 것입니다."

그랬다. 박정희가 선택한 국민과의 약속은 《조선일보》가 카피로 쓴 '대통령 선거 불출마' 약속이 아니었다. 국민이 대통령을 직접 뽑는 '대통령 직선제'를 없애버린 것이다. 이것이 바로 유신 선포였다. 참으로 어처구니없는 독재였던 것이다.

한편 1972년 10월 유신체제 선포 후 박정희는 통일주체국민회의라는 기구를 만들었다. 그리고 각 지역별로 이 기구의 대의원 2,000~5,000명을 국회의원 선출과 같이 투표로 선출했다. 그리고 이전에는 국민들이 직접 뽑던 대통령을 통일주체국민회의 대의원들이 서울 장충체육관에 모여 선출하도록 간선제를 도입한 것이다.

이런 방식으로 이후 박정희는 모두 두 번 대통령으로 선출된다. 물론 유일한 후보는 박정희 혼자였다.

결국 박정희가 원했던 것은 '북한식 선거' 방식이었다. 많은 이들은 독재국가로 알려진 북한도 사실은 선거로 수령을 선출한다는 사실을 모를 것이다. 하지만 북한 역시 선거로 그들의 지도자를 선출한다. 그곳 역시 유일한 후보는 김일성이었다. 그런데 북한의 수령 선출 방식은 그야말로 반민주적이다. 후보로 나온 김일성을 찬성하는 사람은 하얀 투표함에, 반대하는 사람은 까만 투표함에 넣은 공개적인 선거였던 것이다. 당연히 김일성에 대한 지지율은 늘 100퍼센트 찬성이었다.

그런데 유신체제하에서 박정희가 선택한 선거 제도는 북한의 그것과 전혀 다를 바 없었다. 따라서 자동적으로 박정희는 자신이 했던 공약 그대로 "더 이상 국민들에게 구걸하듯 표를 달라고 할 필요가 없어진 것"이다. 박정희에게 충성하는 이들로 구성된 통일주체국민회의 대의원만으로 대통령을 선출하는데 이것을 무슨 선거라고 할 수 있단 말인가.

그렇다면 이 같은 통일주체국민회의에서 얻은 박정희의 찬성 득표율은 어찌될까. 한마디로 경이로운 찬성 득표율이었다. 유신을 선포하고 두 달 후인 1972년 12월에 치러진 제8대 대통령 선거에 단독 출마한 박정희의 득표율은 99.9퍼센트였다. 총 2,359명의 통일주체국민회의 대의원 중 찬성표는 2,357표였다. 단 2표만 빠졌다. 그렇다면 나머지 2표는 반대표였을까. 기권표였다. 그런데 이 2표를 둘러싸고 오히려 더 많은 구설수가 있었다.

이미 언급한 것처럼 북한의 선거 제도는 공개적인 장소에서 색이 다른 통에 투표용지를 넣어 찬반을 표시하는 방식이었다. 이런 상황에서 감히 누가 김일성을 반대한다며 반대 투표함에 표를 넣을 수 있을까. 그래서 김일성의 지지율은 늘 '100퍼센트'였다. 박정희의 기권 2표는, 그래서 북한과 똑같은 지지율 100퍼센트라는 비난을 피하고자 '의도적으로 만들어낸 것'이라는 소문이 신빙성 있게 떠돌기도 했다.

그다음 치러진 선거 역시 마찬가지였다. 1978년 7월 제9대 대통령 선거에 출마한 박정희의 찬성 지지율은 지난 제8대 대통령 선거와 똑같은 99.9퍼센트였다. 다만 이때의 찬성 이탈표는 모두 4표였다. 무효 1표와 기권 3표였다.

결국 정리하면 '한국식 민주주의'라는 유신체제하에서 박정희를 반대한 표는 북한과 마찬가지로 단 한 표도 없었던 것이다. 박정희와 김일성. 독재자들의 지지율 경쟁에서 박정희는 그나마 '소박한 한 숟가락'을 남겼다고 미화해야 하나? 정말 '웃기는 겸손'이 아닐 수 없다.

"유신은 박정희 전 대통령이 자기 권력을 유지하기 위해 한 게 아니라 수출 100억 달러를 넘기기 위한 조치였다. 유신이 없었으면 우리나라는 100억 달러를 달성하지 못했을 것이다."

2012년 8월 29일 당시 새누리당 홍사덕 전 의원이 박정희의 유신독재에 대해 비판하는 여론이 높아지자 이를 옹호하는 발언을 했다. 그러나 이 같은 홍사덕의 발언과 박근혜 후보의 인혁당 재건위 사건에 대한 '두 개의 판결문' 발언 등이 연속하여 겹치면서 민심이

극도로 나빠졌다. 결국 9월 24일, 박근혜 후보는 대국민 사과 기자회견을 하지 않을 수 없게 되었다.

"5·16, 유신, 인혁당 사건 등은 헌법 가치가 훼손되고 대한민국의 정치 발전을 지연시키는 결과를 가져왔다고 생각한다. 이로 인해 상처와 피해를 입은 분들과 그 가족들에게 다시 한번 진심으로 사과드린다."

하지만 박정희의 유신이 더 큰 비난을 받아야 할 일은 아무렇지도 않게 전 국민을 상대로 거짓말을 했다는 사실이다. 결론적으로 유신은 홍사덕의 주장처럼 수출 100억 달러 달성과는 상관이 없는 일이었다. 박정희의 청와대 비서실장이었던 김정렴이 밝힌 것처럼 그저 "전 국민에게 구걸하듯 표를 달라고 하기 싫었던" 박정희가 이 형식적인 민주주의조차 귀찮아 유신독재를 공포한 것뿐이었다. 이를 통해 자신의 영원한 권력을 세우겠다는 '더러운 욕심' 외에 아무것도 아니었다.

특히 박정희와 관련된 선거 관련 야사 역시 그렇다. 박정희가 가장 불만스럽게 생각한 것이 선거에 출마하여 지지를 호소하는 것이었다고 한다. 그러면서 자신의 정치적 경쟁자였던 김일성은 이렇게 힘들게 선거운동을 하지 않는데 왜 자신은 이렇게 힘들게 선거운동을 해야 하는지 내내 불만스럽게 생각했다는 것이다. 그것도 김일성의 경우 자신을 비난하는 야당 후보도 없었고 또 힘들게 전국을 돌아다닐 필요도 없이 늘 100퍼센트 지지로 선출되지 않았는가. 그래서 박정희는 종종 "내가 북한의 김일성보다 뭐가 부족하다고 대통령 선거 때마다 이런 고생을 해야 하는지 모르겠다"며 불만을 토로

했다고 한다. 결국 그의 불만을 완벽하게 해소하기 위한 조치가 바로 유신독재 선포였던 것이다.

그런데 이 같은 박정희의 대국민 거짓말에 대형 오보를 낸 곳이 있다. 바로 박정희의 진짜 속마음을 제대로 읽지 못한 《조선일보》였다. 하지만 《조선일보》는 그 같은 대형 오보 기사를 내고도 지금 이 시간까지 그 어떤 사과나 정정보도도 하지 않고 있다.

# 민주주의와
# 인권 압살,
# '유신시대'의 개막

한편 1972년 10월 17일 저녁 7시를 기해 박정희는 '대통령 특별 선언' 형식으로 이른바 '10월 유신'을 공포했다. 또한 같은 시간에 비상계엄령을 전국으로 선포한 날, 이 땅의 양심적인 지식인들은 통곡해야 했다. 그날 이후 오랫동안 우리나라의 민주주의와 인권은 참혹한 '겨울 공화국'을 견뎌내야 했다.

유신독재의 고통은 남녀노소를 가리지 않았다. 당시 초등학생들 역시 이 '한심하고 유치한' 유신독재체제하에서 고통받아야 했다. 초등학생을 상대로 한 '대통령 박정희와 유신체제'에 대한 세뇌교육 때문이었다. 당시 초등학생에게 외우라며 강제했다는 숫자를 붙인 '우상화' 내용이 그 증거다. 장준하 사건이 사회적 이슈가 된 후, 한 시민이 자신의 초등학교 재학 당시 경험했던 사례를 제보한 내용이다.

1 일하시는 대통령

2 이 나라의 지도자

3 삼일정신 받들어

4 사랑하는 겨레 위해

5 오일육 일으키니

6 육대주에 빛나고

7 칠십 년대 번영은

8 팔도강산 뻗쳤네.

9 구구한 새 역사는

10 시(십)월 유신정신으로 꽃 피웠네!


이를 제보한 시민은 "초등학교 다닐 때 이것을 못 외우면 학교가 끝나고도 남아서 외우고 가야 했습니다. 오죽하면 그때로부터 42년이 지난 지금까지도 이 내용을 외울까요?"라고 말했다. 독재자 우상화에 국민이 겪어야 했던 참담한 사실이다.

장준하 역시 크게 통탄했고 또한 분개했다. 자신의 권력을 유지하기 위해 국민의 모든 민주주의적 권리를 뭉개버린 박정희를 용서할 수 없었다. 그리고 이 같은 유신체제를 깨기 위해 장준하는 움직이기 시작했다. 공개적인 형태의 첫 번째 대응은 '민주 수호 국민 협의회' 명의로 된 성명서 발표였다. 1973년 11월 5일, 장준하는 사회 각계 인사들과 함께 "민주 질서의 회복을 위하여 투쟁하겠다"라는 매우 강경한 내용의 시국선언문을 발표했다.

오늘날과 같은 세상에서 '이까짓 성명서 하나 발표한 것이 무슨 대단한 일이냐'고 생각할 수도 있겠지만 당시 유신체제하에서 이는 목숨 걸 각오가 아니고서는 불가능한 일이었다. 성명서 한 장, 구호 한 번 외쳤다고 당시 유신독재는 민간인을 군사재판에 회부했다. 그리고 10년형, 20년형을 아무렇지도 않게 선고했다.

긴급조치 4호가 바로 대표적인 사례다. 만약 대학생이 이유 없이 수업에 빠지면 과연 얼마나 처벌받을까. 놀라지 마시라. 학생이 정당한 이유 없이 출석, 수업, 또는 시험을 거부할 경우 사형에 처할 수 있고 해당 학교는 폐교시킬 수 있도록 되어 있었다. 어떠한 집회, 시위도 불가능한 시대였던 것이다.

이러한 야만의 시대에 민주주의자 장준하와 독재자 박정희가 충돌하는 것은 필연적이었다. 그리고 그 파열음이 발생한 것은 1973년 12월 13일이었다. 장준하는 그때까지 해왔던 방식으로는 더 이상 이 지독한 유신독재를 깨뜨리기 힘들다고 판단했다. 소수의 명망가를 중심으로 한 반(反)유신운동은 한계가 있다고 본 것이다.

그래서 보다 많은 이들이 보다 많이 참여하는 형태로 운동이 변해야 한다고 생각했다. 4·19 혁명과 같이 일반 대중이 폭넓게 참여하지 않으면 이 독재정권을 넘어설 수 없다는 판단이었다. 그렇다면 과연 그러한 방법은 무엇일까. 장준하가 생각해낸 방법은 '유신헌법 개헌을 위한 100만인 청원 서명운동'(이하 '100만인 서명운동')이었다.

100만인 서명운동은 대단한 발상의 전환이었다. 지금처럼 인터넷은 고사하고 공개적인 거리 서명도 불가능한 그때, 무려 100만 명의 국민을 상대로 유신체제 반대에 동의하는 서명을 받겠다는 발상

1973년 12월 24일 서울 YMCA 2층 총무실에서
개헌 청원 100만인 서명운동을 발표하는 장준하.

은 대단한 모험이었기 때문이다. 그래서 유신독재정권도 처음에는 이 서명운동에 대해 별스럽지 않게 여겼다. 해봐야 별 성과가 있을 수 없다고 본 것이다.

그런데 마른 초원에 불이 붙은 격이었다. 불가능한 일이 놀라운 기적을 만들어냈다. 누구도 예상하지 못했던 반응이었다. 청원 서명운동 시작 불과 10여 일 만에 무려 30만 명이 동참한 것이다. 이는 아직도 이해하기 어려운, 또한 설명이 불가능한 일이다. 학교에서, 교회에서, 그리고 지식인 사회에서 이 같은 유신헌법 개정을 위한 100만인 청원 서명운동이 들불처럼 번져가고 있었던 것이다. 민주주의를 갈망하는 염원은 그 어떤 탄압과 감시 속에서도 얼음장 아래 물이 흐르듯 도도히 흐르고 있음을 확인하는 순간이었다.

한편 별스럽지 않게 여기다가 뒤통수를 맞은 유신독재정권의 반응은 격렬했다. 방치할 수 없는 정치적 위기 순간으로 내몰린 것이다. 그리고 유신독재의 칼날이 100만인 서명운동을 주도한 장준하에게 정조준되었다. 장준하의 비극이 시작되는 순간이었다.

# 긴급조치 남발,
## '거대한 감옥'으로 변한
## 대한민국

1974년 1월 8일 오후 5시, 마침내 긴급조치 1호 및 2호가 발표되었다. 유신독재정권하에서 최초로 발표된 긴급조치였다. 주요 내용은 '유신헌법에 대해 반대 또는 개정을 거론하거나 유언비어를 날조, 유포하는 일체의 행위를 금지'한다는 것이었다.

또한 유신독재는 이 같은 선동 행위를 언론이 보도하거나 출판하는 경우에도 처벌하겠다고 밝혔다. 처벌 수위도 매우 높았다. 유신헌법을 반대하거나 개정을 요구해도 영장 없이 체포, 구속한 후 15년 이하의 징역까지 처할 수 있도록 했다. 그 재판을 관할하는 곳도 문제였다. 민간인을 군사법정에서 재판하겠다는 것이었다. 민간 재판 과정에서 양심적인 판사가 무죄를 선고할 가능성을 차단한 것이다. 말 그대로 군사독재에서나 가능한 일들이었다.

이 첫 번째 구속자가 바로 장준하였다. '개헌 청원 100만인 서명 운동'을 주도했다며 장준하와 함께 백기완(1987년 민중 대통령 후보로 출마) 등을 구속한 것이다.

한편 의문사위원회는 1972년 유신 선포 후 이때 처음으로 긴급
조치가 발표된 경위에 대해 조사했다. 그리고 당시 중정 고위 책임
자의 진술을 확인하고 우리는 놀라지 않을 수 없었다. 그는 긴급조
치 1호 및 2호는 사실 한 사람을 잡아넣기 위해 발표했다고 말했다.
대상자는 장준하였다. 자신의 정책을 반대한다는 이유로 긴급조치
를 발표하여 잡아넣을 수 있는 시대. 유신헌법이 왜 악법인지를 적
나라하게 보여주는 대표적 사례 중 하나였다.

이처럼 유신헌법은 법이 아니라 그 자체가 '악'이었다. 그리고 그
중에서도 가장 큰 독소조항은 독재자의 필요에 따라 '맞춤형' 악법
생산이 가능하다는 사실이었다. 독재자 박정희의 권력 유지에 도전
하거나 방해가 된다면 그 누구라도 조건에 맞게 긴급조치를 발표하
여 처벌하도록 할 수 있었던 것이다. 대통령의 명령만으로 무엇이든
다 할 수 있는 '악마의 방망이'가 바로 '긴급조치'였다.

그런데 유신독재 피해는 비단 장준하와 같은 유명한 반정부 인
사에게만 적용된 것이 아니었다. 1974년 5월 구속되었던 오종상 씨
사건만 언급해보자.

그는 평범한 일반 시민이었다. 그러던 어느 날 그는 버스에서 우
연히 보게 된 한 여고생에게 "정부가 분식을 장려하는데 고관과 부
유층은 국수 약간에 계란과 육류가 대부분인 분식을 하니 국민이
정부 시책에 어떻게 순응하겠느냐"며 정부 정책을 비판하는 말을
했다.

그 시대에 해서는 안 되는 발언이었다. 그는 유신독재하에서 이

1974년 1월 개헌 청원 서명운동을 주도하여 긴급조치 1·2호를 위반했다는 죄목으로
군사법정에 선 장준하(오른쪽)와 백기완.

말 한마디로 '당연히' 구속되었다. 그리고 그는 긴급조치 1호(유언비어 날조, 유포 혐의) 위반으로 징역 3년형을 선고받고 꼬박 감옥살이를 했다. 참으로 황당한 사건이 아닐 수 없었다.

이후 오종상의 억울함이 풀리기까지 필요한 시간은 무려 36년이었다. 2010년 12월 16일, 자신의 재심을 청구한 오종상에게 무죄가 선고되었다. 당시 대법원은 판결문에서 "국민의 자유와 권리를 지나치게 제한함으로써 헌법상 보장된 국민의 기본권을 침해해 유신헌법 당시에도 물론이고 현행헌법으로도 위헌"임을 확인했다. 이로써 박정희 유신독재하에서 남발되었던 '긴급조치'는 법적 정당성이 없음이 확인된 것이다.

이 같은 유신을 옹호하는 것은 다시 유신을 하자는 말이나 다를 바 없다. 그래서 다시 오종상과 같은 제2, 제3의 또 다른 피해자를 만들겠다는 참담한 주장인 것이다. 참으로 지독한 야만의 세월이었다.

# 장준하를
# 석방하라,
# 미국 정부의 압력

한편 긴급조치 1호 및 2호 위반을 이유로 박정희 유신독재정권에 의해 세 번째 구속된 장준하는 늘 당당했다. 민간인 신분이면서도 긴급조치에 따라 군사재판에 회부되었으나 장준하는 그곳에서도 자신이 할 말을 의연하게 밝혔다.

하지만 그 대가는 혹독했다. 무려 15년의 징역형이 선고된 것이다. 누구를 죽인 것도 아니고 어느 건물을 폭파한 것도 아닌 그저 서명운동을 했다는 이유만으로 감옥에 15년을 가둬두겠다는 것이었다. 당시 56세인 장준하가 그 징역을 꼬박 산다면 71세의 노인이 되어야 석방될 수 있는 기간이었다. 그들의 의도가 무엇인지 알 수 있는 가혹한 판결이었다.

그러나 평생 감옥에 잡아두고 싶었던 유신독재 세력의 의도는 마음대로 되지 못했다. 장준하를 석방하라는 압력이 국내외에서 쇄도했기 때문이다. 특히 당시 미국 대사관에서 근무하던 하비브의 역할이 컸다. 그는 장준하 구속 후 미국 본토로 타전했다. 그리고 유신독재의 횡포에 대해 지적하며 장준하의 조속한 석방을 위해 미국 정부가 박정희 정권에 압력을 행사해줄 것을 요구했다.

오늘날 인권 침해국으로 비난받는 나라를 상대로 한 국제 사회의 항의를 생각해보라. 당시 박정희 유신독재정권이 처한 상황이 그와 같았다. 결국 1974년 12월 3일, 그러니까 장준하가 긴급조치 1호 및 2호 위반으로 구속된 지 11개월이 지난 그때 장준하는 석방되었다. 정확히 표현하면 박정희가 장준하를 석방시키지 않을 수 없는 상황이 된 것이다.

물론 공식적인 장준하의 석방 사유는 '병보석'이었다. 장준하의 병세가 깊어져 인도적인 차원에서 그를 석방시킨다는 것이었다. 하지만 이는 사실이 아니었다. 물론 장준하의 병세가 심했던 것도 사실이지만 그를 석방시킨 것은 박정희의 무력한 '패배'였다. 유신독재를 향한 미국 등 국제 사회의 지속적인 항의에 손을 들지 않을 수 없었던 것이다.

하지만 '이 정도면 되었겠지' 싶었던 유신독재정권의 바람과 달리 민주주의를 향한 장준하의 신념은 흔들리지 않았다. 병보석으로 석방된 이후에도 장준하는 유신헌법의 완전한 폐지를 위해 노력했다. 석방된 지 3개월 만인 1975년 2월 21일, 장준하는 자신의 집에서 '민주회복 개헌운동의 단일화를 촉구하는 기자회견'을 가졌다.

지난 1967년 야당을 하나로 묶어 윤보선을 야당 대통령 후보로 낸 것처럼 그는 다시 한번 야당의 통합을 주창했다. 박정희 유신독재정권을 깰 수 있는 유일한 길은 "반독재·반유신으로 뭉친 야당의 힘에서 나온다"며 그는 절규하듯 역설했다. 그랬다. 만약 또다시 유신헌법을 비방하거나 개정 청원을 할 경우 재구속하겠다는 중앙정보부의 협박에도 불구하고 장준하는 자신이 갈 길을 가겠다며 대외적인 선언을 한 것이다.

장준하가 결국 죽음의 길로 접어들 수밖에 없었던 이유 역시 나는 이날부터 출발한다고 믿는다. 이러한 장준하의 집념은 유신독재정권의 입장에서는 참으로 난감한 일이 아닐 수 없었다. 그야말로 죽일 수도, 살릴 수도 없는 장준하였던 것이다. 민주주의를 향한 그의 강한 집념에 깊이 고개를 숙이지 않을 수 없다.

그리고 마침내 맞이한 1975년 8월 17일. 유신독재정권을 지키려는 박정희와 기필코 이를 깨겠다고 결단한 장준하. 이 부정할 수 없는 두 거물의 운명적인 충돌로 사건은 빠져 들어가고 있었다.

# 2부
# 장준하 사건 조사관이 되다

장준하가 숨진 경기도 포천의 약사봉 계곡.

# 장준하,
## 의문의 죽음

장준하가 의문의 죽음을 당했다. 그는 경기도 포천군(현 포천시)에 위치한 약사봉 계곡에서 의문의 변사체로 발견되었다. 1975년 8월 17일의 일이었다. 그리고 그의 죽음은 이후 수십 년의 세월이 지났으나 대한민국의 대표적인 '정치적 의문사'로 기록되어 있다.

1993년 3월 이 같은 장준하의 의문사를 보도하는 SBS 〈그것이 알고 싶다〉를 본 후 처음 알게 된 장준하의 죽음은, 그래서 젊은 혈기를 가진 나에게 많은 생각을 하게 했다. 문성근의 클로징멘트처럼 반드시 국가 차원의 조사를 통해 이 억울한 죽음이 밝혀지기를 기대했다.

그런데 기억 속에서 때로는 잊히고 또 때로는 안타까운 이름으로 새겨진 장준하를 다시 만난 것은 그로부터 10년 후였다. 김대중 정부하에서 만들어진 '대통령소속 의문사진상규명위원회'에서였다. 생각할수록 참으로 '특별한 인연'이었다.

# 김대중 대통령의
# 인권 관련 업적
# 세 가지

2003년 7월, '대통령소속 의문사진상규명위원회'(위원장 한상범 동국
대 법대 교수, 이하 '의문사위원회')가 1기 활동을 마감하고 재출범했
다. 의문사위원회가 처음 출범한 때는 2000년 10월 17일이었다.

참고로 의문사위원회는 1961년 5월 16일 박정희의 군사쿠데타
이후 1992년 2월 24일 김영삼 정부 출범 전날까지 민주화운동 과정
과 연관된 억울한 죽음을 국가 차원에서 조사하고자 특별법으로 만
들어진 '한시적 기구'였다. 그런데 애초 2년간 운영할 계획으로 만
들어진 의문사위원회에 예상하지 못한 일이 발생했다.

위원회 출범 후 일정 기간 동안만 피해 사례를 접수받기로 했는
데 예상보다 훨씬 더 많은 민원이 접수된 것이다. 31년이라는 군사
독재 지배 기간 동안 발생한 억울한 죽음이 너무나 많았고 그동안
이 억울함을 해소할 기회가 없었던 불행이 줄을 이었다. 특히 학생
운동을 하다가 강제로 군에 징집된 후 의문의 죽음을 당한 이들의

사연이 넘쳐났다.

그러다 보니 이를 미처 예상하지 못한 계획에 따라 선발한 조사 관은 부족하고 해결해야 할 사건은 넘쳐 조사 기한 역시 부족할 수 밖에 없었다. 결국 사건의 절반도 다 처리하지 못한 가운데 2년으로 예정된 위원회 활동 기간이 종료되었다. 그러자 당시 국회는 민원을 진정한 유족의 요청으로 다시 의문사위원회의 활동 기간을 1년 더 연장하는 것으로 법을 개정했다. 2003년 5월, 그렇게 해서 다시 의 문사위원회가 출범했는데 이를 편의상 구분하기 위해 '2기 의문사 위원회'라고 불렀다.

한편 의문사위원회는 1997년 12월 대통령 선거에서 당선된 김 대중의 공약으로 만들어졌다. 이와 관련한 일화가 있다. 대통령이 된 김대중을 만난 민주화 인사들이 전하는 말에 의하면 김대중은 자신의 업적 중 '인권 관련 기구'를 만들었다는 사실에 대해 매우 자 랑스러워했다고 한다.

그중에서도 특히 김대중이 자부심으로 여긴 것이 자신의 임기 동안 만든 세 개의 인권 기구였다고 한다. 첫 번째는 '국가인권위원 회', 두 번째는 '국무총리 산하 민주화운동 명예회복 및 보상 심의위 원회'였으며, 마지막은 '대통령소속 의문사진상규명위원회'였다. 따 져보면 여러 의견도 있겠지만 인권운동가인 나로서는 이런 마음을 가진 대통령이 있었다는 것이 고마울 따름이다.

이 같은 의문사위원회가 활동을 통해 그 진실을 밝혀낸 사건 역 시 결코 적다 할 수 없다. 대표적인 사례 중 하나가 '서울대 법대 최종길 교수 의문사 사건'의 진상을 규명한 것이다. 1973년 10월

16일, 당시 서울대 법대 최종길 교수가 중앙정보부로 소환되었다. 표면적인 이유는 우리나라 유학생들이 북한 공작원과 해외에서 접촉했다는 이른바 '유럽 거점 유학생 간첩단 사건'에 대한 수사 협조 요청이었다.

하지만 이는 거짓말이었다. 처음부터 거짓말이었다. 진실은 당시 서울대 법대 학생처장으로 재직하던 그가 유신 철폐를 요구하는 학생운동가들을 교수회의에서 옹호한 사실에 대해 조사하고자 연행한 것이다. 그러면서 이들은 조작된 간첩단 사건을 빌미로 그를 간첩으로 엮고자 한 것이다.

이 사건의 시작은 1973년 10월 4일이었다. 당시 서울대 법대 학생들은 유신독재자가 유신을 선포한 1주년을 맞아 대대적인 유신반대운동에 나섰다. 서울대 학생들의 시위는 당연히 공안당국을 긴장시켰다. 경찰은 매우 강경하게 시위에 대처했고 결국 이 과정에서 다수의 서울대 법대생들이 체포되어 연행되었다.

최종길 교수는 이렇게 연행된 학생들을 어찌할 것인가를 두고 개최된 법대 교수회의에 참석했다. 그리고 시위 학생들을 처벌해야 한다는 어용교수들과 달리 오히려 과도한 공권력을 행사한 경찰의 행태를 비판하면서 학생들의 시위를 옹호하는 발언을 했다. 당시로서는 상상할 수도 없는 굉장히 센 발언이었다.

"신성한 학교 교내에서 경찰들이 우리 학생들을 강제 연행하고 지금 이렇게 구금까지 된 상황에서 스승이라는 우리가 이를 모르는 척 방관할 수는 없다"며 입을 연 그는 "부당한 공권력의 최고 수장인 박정희 대통령에게 우리 대학 총장을 보내 항의하고 사과 역시 받아야 한다"며 교수들을 설득했다.

그러나 이 같은 최종길 교수의 뜻은 그 시대 상황에서 받아들여질 수 있는 일이 아니었다. 오히려 누군가에 의해 최종길 교수의 발언이 중정에 전해졌다. 그리고 이 같은 최종길 교수의 발언을 알게 된 중정은 이를 방치할 수 없는 '국가적 범죄'로 여겼다. 중정의 공작이 시작되고 있었던 것이다.

# '교수의 양심'
# 최종길 교수가 맞이한
# 참담한 최후

1973년 10월 16일 중정에 소환된 최종길 교수가 중앙정보부 앞마당에서 사체로 발견된 것은 소환 3일 후인 19일이었다. 그리고 사체가 발견되고 6일이 지난 같은 달 25일에 중정은 다음과 같이 최종길 교수의 사망 원인에 대해 발표했다.

"최종길 교수가 자신의 간첩 혐의를 스스로 자백한 후 그 죄책감을 이기지 못해 화장실을 다녀가겠다고 한 후 중앙정보부 건물 7층 화장실에서 창문을 열고 스스로 투신, 자살했다."

당시 이 같은 중정 발표를 보도한 1973년 10월 26일자《조선일보》7면에 실린 '유럽 거점 간첩단 54명 적발' 기사 가운데 최종길 교수 관련 전문이다.

▶ 최종길(42, 서울대 법대 교수) = 이○○과 중학 동기로 57년 5월 스위스 쮜리히대학에 유학하고 58년 서독 쾰른대학에

서 연수 중 중학 동창인 프랑스 주재 북한 공작책인 노봉유 (43)에게 포섭돼 동독에서 간첩 교육을 받고 귀환. 60년 6월 동독 경유 입북하여 약 20일간 간첩 교육을 받고 노동당에 입당, 공작금 2천 달러를 받고 귀환. 계속 연구생활을 하면 서 61년 11월 다시 공작금 8백 달러를 받고 유학생들을 상 대로 평화 통일 선전 활동을 하다가 62년 7월 귀국. 서울 법 대 강사로 취직하여 합법 토대 구축. 62년 10월~67년 7월 연 2회 이○○에게 은어로 사업 보고. 동백림사건 후 이○○ 과 연락이 끊겼다가 72년 7월 미국에서 귀국 도중 서독 퀼 른에 약 1개월 체류하면서 이○○과 접선, 사업 보고하고 교 양을 받은 후 그해 8월 귀국. 73년 10월 17일 중앙정보부에 검거돼 조사받던 중 용변한다고 변소에 가 투신자살.

하지만 중앙정보부의 발표를 그대로 믿는 국민은 거의 없었다. 다만 중정이 무서워 말하지 못했을 뿐이었다. 그렇다고 모두가 숨을 죽이며 살아온 것은 아니었다. 사건 발생 1년여가 지나가던 1974년 12월 18일, 조작된 '인혁당 재건위 사건' 8인이 억울하게 죽임을 당 한 후 결성된 '천주교 정의구현 전국사제단'에서 최종길 교수의 죽 음에 조작이 있음을 폭로했다.

사제단은 최종길 교수에 대한 중정의 경위 발표는 거짓말이며 그가 사실은 중정의 '전기고문에 의해 타살'되었을 의혹에 대해 공 식 제기했다. 또 다른 한편에서는 해외의 양심적 인사들이 싸웠다. 최종길 교수가 유학했던 독일 퀼른대학교 교수들이었다. 그들은

1975년 대한민국 외무부에 공식 서한을 보내 최종길 교수의 사망 원인에 많은 의혹이 있다며 그 진상을 규명해달라고 요구했다.

이처럼 최종길 교수의 죽음 역시 장준하의 의문사처럼 유신정권 하에서 발생한 또 하나의 대표적인 의문사로 회자되고 있었다. 실제로 장준하는 자신보다 먼저 발생한 1973년 최종길 교수 사건에 대해 의혹을 제기하는 말과 글을 남겼다. 그리고 이 사건의 배후에 유신독재정권이 개입했을 가능성에 대해 의심하기도 했다. 하지만 최종길 교수의 사인을 규명하는 길 역시 멀고도 힘들었다. 권력기관에 의해 자행된 의문 사건은 늘 그렇게 묻힐 수밖에 없었다.

하지만 대한민국 사상 최초로 이뤄진 여야 간의 평화적 정권교체로 만들어진 '국민의 정부'하에서 '대통령소속 의문사진상규명위원회'가 출범하면서 이 사건의 진실은 밝혀졌다. 중정의 발표와 달리 최종길 교수는 자신이 간첩이라고 자백한 사실도 없었고 따라서 자살할 이유도 없었음이 밝혀진 것이다. 모든 이들의 의심처럼 모든 것은 중정의 조작이었다. 그렇다면 최종길 교수 사망의 진실은 무엇일까?

# 1973년 10월 19일,
# 중정에서는
# 무슨 일이 있었나?

2002년 5월 27일, 의문사위원회는 최종길 교수 사건에 대한 기자회견을 개최했다. 이 자리에서 의문사위원회는 오랫동안 입에서 입으로 전해지던 최종길 교수 의문사 사건에 대한 물음표를 지우고 마침내 마침표를 찍었다. 1973년 10월 19일, 중정에서는 어떤 일이 벌어진 것일까. 최종길 교수 의문사의 진실을 밝히는 중정 수사관의 고백이 핵심적인 열쇠가 되었다.

먼저 당시 중앙정보부 공작과장이었던 안 아무개의 진술이다.

1973년 10월 18일 밤 12시경쯤에 (최종길 사건을 담당한 중정 수사관) 차철권의 추궁 소리와 최종길의 비명 소리가 들렸습니다. 그러더니 그 이후에 다급하게 화장실 쪽에서 조사실 방향으로 2명 정도가 뛰어가는 발자국 소리가 들렸습니다.

그 후 약 30분에서 1시간가량이 지난 후쯤에 사건 담당

계장인 김종한이 제가 취침하고 있는 조사실로 들어와 갑자기 저를 7층 비상계단으로 데리고 갔습니다. 그러더니 제 앞에서 손짓으로 미는 흉내를 내며 "여기서 최종길을 밀어버렸어"라고 말했습니다.

그래서 제가 그 즉시 비상계단을 통해 내려가 보니 비상출구로부터 약 2미터 정도 떨어진 곳에 (최종길의) 시체가 떨어져 있는 것을 확인하였으니 타살이 분명합니다.

또 다른 '양심 고백'은 당시 중정 직원이었던 장 아무개였다. 그는 이 사건 당시 수사단장으로 재직하던 자였다.

최종길이 간첩이 아님에도 불구하고 사후에 그를 간첩이라 발표를 했고 부검 사진처럼 심한 고문을 당한 상태였기에 사실 그가 제 발로 걸어다니는 것은 불가능했는데 그런 상태에서 7층 화장실을 갔다는 것은 어려운 일이었습니다.

그런데 더구나 그런 상태에서 최종길이 화장실 창문을 타고 넘어 자살했다는 것은 있을 수가 없고 이미 고문으로 죽었거나 가사 상태에서 사고 현장으로 옮겨진 것이 틀림없다고 생각합니다.

또한 중정의 7층 화장실 창문은 평소에 늘 닫혀 있기 때문에 이를 열고 투신자살했다는 것 역시 저조차 믿을 수가 없는 일입니다. 그리고 최종길이 정말 자살하였다면 굳이 송치 서류와 보고서, 신문 보도 등 일체 서류를 그가 죽은 후에 만들 이유가 없으며, 당시 안경용 국장 이하 조사관들이 이구동성으로 18일 오전 10시에 최종길의 신병을 7층으로 옮겼다는 거짓말 역시 말이 안 됩니다.

특히 담당 수사관이 사고 직후 현장에서 사고 상황을 설명하며 말을 더듬고 몸을 떨고 있어서 저 역시 그가 거짓말을 하고 있음을 직감했으며, 1973년도 감찰 조사를 받을 때 또 다른 수사관인 양명률이 밤늦게까지 최종길의 조사를 위해 남아 있었으면서도 일찍 퇴근하여 자기는 경위를 모른다고 하는 것을 보고 속으로 '나쁜 놈'이라는 생각을 했습니다.

그런데 1988년 양명률이 이 사건 관련 검찰 내사 때 저에게 전화하여 사건 설명을 잘 해달라고 부탁한 점, 그리고 담당 수사관의 말대로 최종길이 정말 간첩 자백을 하였다면 그 증거 자료를 가지고 나에게 직접 찾아와서 보고해야지 전화로 이를 보고했다는 것은 되지도 않는 말이라서 최종길은 타살된 것으로 저 역시 보고 있습니다.


이 같은 당시 중정의 공작과장과 수사단장의 진술을 확보하면서 의문사위원회는 최종길의 죽음이 중정의 발표처럼 '투신 추락사'가 아니라고 판단했다. 따라서 의문사위원회는 이 사건에 대해 "최종길 교수는 중정의 고문과 협박 등 각종 불법 수사에도 불구하고 간첩으로 자백한 사실이 없으며 강요된 간첩 자백 역시 하지 않았다"고 판단하여 "적극적 항거 외에 권위주의적 공권력 행사에 순응하지 않음으로써 소극적으로 저항하는 행위도 권위주의적 통치에 항거한 활동에 포함된다고 볼 수 있는 만큼 최종길 교수의 죽음은 민주화운동 관련성이 인정된다"고 결정했다.

그 후 최종길 교수의 유족들은 이 같은 의문사위원회의 결정을 근거로 2002년 5월 29일 국가를 상대로 한 '국가권력의 불법 가혹 행위로 인한 손해배상 소송'을 청구했다. 그리고 만 4년에 걸친 소송을 통해 2006년 2월 14일 서울고등법원으로부터 국가는 유족에게 18억 4,800여만 원을 배상하라는 판결을 받았다.

당시 항소심 법원은 "국가권력이 나서서 공문서를 조작하는 등의 방법으로 최종길의 죽음에 얽힌 사실을 조직적으로 은폐하고, 그 고문 피해자를 오히려 국가 범죄자로 만든 사건에서 국가가 소멸 시효 완성을 주장하는 것은 인정할 수 없다"고 판결했다. 다행스럽게도 당시 법무부는 이후 상고를 포기했다. 따라서 고등법원에서 내린 이 판결이 최종심이 된 것이다. 중정으로부터 최종길 교수가 억울한 죽음을 당한 지 33년 만이었다.

# 의문사위원회가
# 규명한 사건들

내가 의문사위원회 조사관으로 근무를 시작한 때는 1기 의문사위원회가 서서히 업무를 종료해가던 2002년 5월 3일이었다. 1기 의문사위원회 업무가 종료되기 약 5개월 정도 남았을 때였다. 기존에 근무하던 조사관이 빠지면서 발생한 결원을 채용한다는 공채 공고가 나온 것이다. 당시 '반부패 국민연대'라는 시민단체에서 민원국장으로 일하고 있을 때였다.

한편 내가 의문사 사건에 대해 관심을 가지게 된 계기는 1990년 3월의 어떤 사건 때문이었다. 당시 대학 2학년이었던 나와 함께 학생운동을 했던 총학생회장이 의문의 죽음을 당한 것이다. 그 선배의 죽음을 밝히기 위해 나는 노력했고 그런 와중에 이 세상에는 참으로 억울한 죽음이 많다는 사실을 알게 되었다.

그러다가 내가 본격적으로 인권운동에 참여하게 된 것은 1991년 5월 이른바 '김기설 유서 대필 조작 사건'이 계기가 되었다.

사건 내용은 엽기적이었다. 분신자살하는 김기설에게 잘 죽으라며 당시 전민련 총무부장 강기훈이 대신 유서를 써줬다는 것이 검찰의 논리였다. 발상 자체가 황당한 일이라서 적어도 재판 과정에서 진실이 밝혀질 것이라고 믿었다.

하지만 검찰의 이 같은 말도 안 되는 억지에 생명력을 불어넣어준 곳은 법원이었다. 그들은 검찰의 논리대로 강기훈이 김기설의 자살을 방조했다며 3년 6개월의 실형을 선고했다. 참으로 억울한 누명이었고 노태우 군사독재정권의 연장을 위한 철저한 조작이었다.

이 사건의 진실이 밝혀진 것은 2007년 11월이었다. 의문사위원회의 후신으로 노무현 정부에서 만들어진 '진실화해를 위한 과거사정리위원회'(약칭 '진실화해위')에서 이 사건을 조사한 후 그 결과를 발표한 것이다. 결론은 단순했다. '문제의 유서는 분신자살한 김기설이 직접 쓴 것이 맞다'였다. 사건 후 무려 16년이 지나서야 찾아낸 결론은 너무나 상식적이었다.

필적으로 시작한 사건이니 필적 감정으로 진실이 밝혀졌다. 진실화해위가 사건 당시의 유서와 조사 과정에서 찾아낸 새로운 김기설의 필체, 그리고 강기훈의 필체를 국과수를 비롯한 일곱 곳의 사설 감정기관에 의뢰한 것이다. 그리고 이를 통해 이들 필체가 김기설의 필체라는 결과를 통보받은 것이다.

결국 16년 전에도 사실이었고 지금도 마찬가지일 수밖에 없는 노태우 군사정권의 조작이 '깔끔하게' 밝혀진 것이다. 이처럼 세상의 의혹과 의문에 대해 관심이 많을 수밖에 없는 일을 하고 있던 나로서는 이 같은 의문사 사건을 조사할 수 있는 권한을 가진 조사관으로 일해보고 싶은 욕심이 드는 게 당연한 일이었다.

특히 1993년 당시 우리나라 민주화운동 과정에서 분신자결하거나 의문사한 가족이 모인 유가협 간사로 일한 경험도 내가 의문사 사건에 대해 관심을 갖게 된 이유 중 하나다. 대표적인 군 의문사로 널리 알려진 허원근 일병 사건이 그렇다. 그는 양 가슴과 복부에 역삼각형 모양으로 세 발의 총상을 입고 숨졌다. 군 수사본부는 이를 자살이라고 발표했다.

그런데 이를 믿을 바보가 어디 있을까. 군 수사본부의 발표대로 한다면 허원근 일병이 자살하고자 자신이 직접 한 발을 쐈는데 죽지 않자 이후 스스로 두 발, 세 발을 다른 자세로 쐈다는 결론에 도달한다. 이것은 간단히 말해서 '절대 불가능한 일'이다.

더 웃기는 일은 가공할 파괴력을 가진 M16 소총으로 세 발을 맞은 허원근 일병이 죽기 직전 했다는 총기 처리 결과였다. 군 수사본부 발표대로 한다면 그는 자신이 죽기 직전 탄약 박스 위에 사용한 총기를 가지런히 놓고 죽었다. 정말 어처구니없는 억지다. 하지만 이 말도 안 되는 사건은 여전히 자살로 기록되어 있다. 국방부의 작전은 그냥 우기는 것 외에는 없다.

# 1986년 서울대 김성수,
# 1998년 판문점 김훈 중위
# 의문사 사건

또 다른 사건은 학생운동권 출신으로 활동하다가 사망한 채 발견된 서울대생 김성수였다. 1986년 6월 18일 당시 서울대 근처에서 자취하던 김성수가 정체불명의 한 남자로부터 전화를 받았다. 잠시 후, 김성수는 사람들에게 잠깐 나갔다 오겠다며 집을 나섰고 그로부터 3일간 행방불명이 되었다. 사람들은 허름한 트레이닝복을 입고 잠깐 나간다고 하던 김성수가 어디를 갔는지 걱정했다. 그런데 3일이 지나가던 그날 행방불명된 김성수가 발견되었다. 너무나 어처구니없는 곳이었다.

김성수를 발견한 이는 부산 앞바다에서 스킨스쿠버를 즐기던 사람이었다. 그는 부산의 송도 앞바다 수심 17미터 지점에서 숨진 채 바닥에 가라앉아 있는 한 남자의 사체를 발견했다며 경찰에 신고했다. 그런데 놀라운 것은 김성수의 허리춤에 매달려 있는 세 개의 시멘트 덩어리였다. 누군가 김성수의 허리띠에 시멘트 덩어리가 매달린 끈을 묶어놓은 것이었다. 김성수가 바닥에 가라앉아 있었던 이유였다.

당연히 의심하지 않을 수 없는 의문사였다. 아무런 연고도 없는 부산에서 숨겨 있다는 점도 그랬고, 낯선 전화를 받고 잠시 나갔다 오겠다며 트레이닝복 차림으로 나간 그가 이렇게 숨진 채 발견된 것을 어찌 이해해야 할까. 당연히 가족을 비롯하여 많은 이들이 강력한 의혹을 제기했고 철저한 수사를 요구했다.

하지만 이 역시 경찰은 자살로 처리했다. 김성수가 서울대에 입학한 후 성적 불량을 비관했고 이로 인해 자살했다는 것이 경찰의 결론이었다. 하지만 이에 대한 반론 역시 만만치 않았다. 가족들은 대학에 입학하고 채 1학기도 끝나지 않은 그때 김성수가 나오지도 않은 성적으로 자살했다는 말은 터무니없다고 반박했다.

더구나 사망한 김성수의 머리에 무엇인지 알 수 없는 물체에 의해 정교하게 가격당한 상처가 있는 점과 이 사건 전반에서 중앙정보부의 후신 조직인 전두환 정권 당시 '국가안전기획부'가 개입된 정황 역시 의혹으로 제기되었다. 하지만 이들 정보기관으로부터 관련 자료를 협조받지 못한 까닭에 그 진실은 여전히 규명되지 못하고 있다.

마지막으로 하나만 더 언급한다면 내가 천주교 인권위원회에서 인권활동가로 일하던 당시 인연을 맺게 된 '판문점 241GP 김훈 중위 의문사 사건'이다. 1998년 김훈 중위의 아버지인 김척 장군(예비역 중장)이 찾아와 도움을 요청하면서 알게 된 이 사건 역시 나에게 많은 고민거리를 던져주었다.

인권단체 활동가로서 참 열심히 싸웠으나 한계는 분명했다. 자료의 접근도 어려웠고 누구를 만나 진실을 듣는다는 것도 욕심일 뿐 가능하지 않았다. 보이는 진실은 있으나 접근하지 못하는 아쉬움으로 힘들어할 때 마침 의문사위원회에서 조사관을 공채한다는 소식이 들려왔다. 그래서 망설임 없이 지원서를 제출했다.

한편 조사관 공채에 지원한 이들은 나 외에도 세 명이 더 있었다. 4대 1의 경쟁이었다. 그런데 정말 '운' 좋게도 최종 합격의 영광은 내 차지가 되었다. 너무나 기뻤다. 누군가는 남은 활동 기간이 5개월밖에 안 되는데 굳이 왜 가려고 하냐며 반대했지만 그러한 것은 나에게 아무런 의미도 없는 말이었다. 단 하루라도 진실을 찾는 권한 있는 업무를 하게 되었다는 기쁨이 컸기 때문이다.

그리고 맡겨진 의문사위원회의 첫 사건. 군에서 의문사한 남현진 이병 사건이었다.

# 의문사
# 첫 번째 담당 사건,
# '남현진 이병 의문사'


한국외대 88학번이었던 남현진은 학생회 활동을 열심히 했던 전형적인 운동권 학생이었다. 그러던 그가 1990년 11월 군에 입대했는데 석 달 만인 1991년 2월 배치받은 부대 인근 야산에서 숨진 채 발견되었다. 당시 이 사건을 수사한 군 헌병대는 남현진이 스스로 목을 매고 자살했다고 '처리'했다. '처리'했다는 표현을 쓸 수밖에 없다. 그만큼 당시 군 헌병대의 수사가 형식적이었기 때문이다.

군 헌병대는 남현진이 자살했다면 그 이유가 무엇인지에 대해서도 밝혀줘야 한다. 그러나 이에 대해 전혀 수사하지 않았다. 이는 남현진뿐만 아니라 사실상 모든 군 자살 사건에서 공통적으로 확인되는 심각한 문제다. 특히 지난 1998년 판문점에서 의문사한 김훈 중위 사건만 봐도 이 문제가 얼마나 심각한지 알 수 있다.

당시 국방부는 김훈 중위가 숨진 채 발견되자 두 시간이 넘지도 않은 시각에 각 언론사에 "김훈 중위가 자살했다"며 보도자료를 배포했다. 그러나 이 시각은 아직 사건 현장에 군 헌병대가 도착하지도 못한 때였다. 김훈 중위 사건이 수많은 의혹과 의문이 있음에도 여전히 자살로 굳어진 결정적 이유가 이 때문이었다.

아무런 수사도 하지 않은 채 그들은 진실을 밝히는 것이 아니라 '정치적 판단'을 하는 것이다. 그렇게 판단된 결과에 따라 이후 사건은 그가 자살한 원인만 찾는다. 그러다가 만약 사망한 이의 가족이 '이혼했거나', '가정 경제가 어렵거나', '몸이 아프면' 그것이 자살의 분명한 이유라며 제시했다. 이런 방식이라면 자살이 아닌 자가 누가 있을지 모르겠다.

남현진 역시 마찬가지였다. 이번에도 헌병대는 남현진에 대해 '군 복무 염증에 의한 자살'로 발표했다. 전형적인 수사 결론이었다. 군 수사 방식에 대해 나는 대단히 비판적이다. 이유는 다음과 같다.

군 수사 방식은 어떤 사병이 목을 매고 숨졌다면 누가 이 줄로 목을 맸는지에 대해서만 확인한다. 또한 누가 총을 쏴서 숨진 채 발견되었다면 군은 누가 그 방아쇠를 당겼는지에 대해서만 확인한다. 그러다가 자살자가 스스로 그 목을 매고 방아쇠를 당겼다면 군은 이를 그냥 자살로 처리한다. 그리고 그 자살 사유는 스스로의 문제점 때문이라고 하는 것이다.

나는 이러한 방식의 군 수사가 바로 '군 의문사를 양산하는 가장 결정적인 이유'라고 생각한다. 이유 없는 죽음은 없다. 타살이든 자살이든 모든 죽음에는 이유가 있는 것이다. 그렇기에 스스로 목을 매었든 또는 방아쇠를 당겼든 군 수사기관은 그 이유를 소상하게 밝혀 유족에게 알려줘야 이것이 진짜 수사라고 나는 생각한다.

그런데 군 헌병대 수사는 이 모든 것을 그저 자살한 사람이 나약해서 죽어버렸다는 식으로 처리하고 만다. 살인범이 잡히거나 또는 사고로 숨지는 것을 목격한 이가 없으면 대부분의 사망 원인이 '군복무 염증에 의한 자살'로 처리되는 이유가 이 때문이다.

남현진 역시 부대 생활에 부적응하여 스스로 목숨을 끊었으며 이 과정에서 상급자로부터 일체의 구타나 가혹행위 역시 없었다고 군 헌병대는 밝혔다. 그리고 이 같은 구타가 없었다는 근거로 군 헌병대는 남현진의 동기생들을 상대로 전원 수사를 했다고 주장했다. 그런데 그 방법이 황당했다.

사건을 맡은 후 남현진의 동기병들을 찾아 조사하면서 내가 확인한 사실은 화가 날 지경이었다. 그들은 한결같이 남현진과 관련한 헌병대 조사를 앞두고 선임병들에게 괴롭힘을 당해야 했다고 진술했다. 즉, 헌병대에 가서 고참에게 맞고 시달렸다며 있는 그대로 진술하면 가만두지 않겠다는 협박을 받았다는 것이다. "헌병대에 가서 무슨 말을 했는지 우리가 다 알게 되니 엉뚱한 말을 하면 두고 보자"는 위협도 받았다고 했다.

그래서 이들 동기병은 자신이 당한 사례를 솔직하게 말할 수 없었다고 했다. 그런데 더 심각한 것은 따로 있었다. 이 같은 협박에도 불구하고 용기 있게 사실을 진술한 동기병 이 아무개의 기억이었다. 그는 고참들의 위협에도 불구하고 남현진을 위해 진실을 밝히기로 결심했다고 한다. 그야말로 '죽을 각오'를 하고 헌병대 조사에서 그동안 있었던 사실을 낱낱이 밝힌 것이다. 그런데 이 진술이 묵살되었다는 것이 그의 주장이었다.

# 구타 진술을
# 은폐한
# 군 헌병대 수사


2002년 당시 대구에서 거주하던 남현진의 동기병인 이 아무개를 만났다. 당시 30대 중반의 직장인이 된 그는 남현진의 죽음에 대해 묻자 눈물을 흘렸다. 그러면서 비록 함께 알게 된 시간은 얼마 되지 않았지만 자기 기억 속에 남아 있는 '여전히 어린 남현진'이 너무 불쌍하다고 말했다.

남현진의 사체가 발견되기 전, 그는 살아 있는 남현진을 식기세척장 앞에서 마지막으로 봤다고 한다. 그때 남현진은 1월의 추위로 입술과 손이 다 부르튼 채 절뚝이면서 자신의 앞을 지나갔다고 한다. 자신도 크게 다르지 않은 처지였지만 그 모습이 너무 안돼 보여 "어디 가냐"며 말을 걸자 남현진은 아무 말 없이 희미한 웃음만 지을 뿐이었다고 한다.

그런데 그 남현진이 죽었다는 소식을 듣고 이 씨는 자신이 그때 좀더 남현진에게 따스한 말을 해주지 못한 아픔에 괴로웠다고 한다.

그래서 남현진의 구타 등 가혹행위 여부에 대해 헌병대가 수사를 한다고 하자 이 씨는 자신이 죽더라도 진실을 말해야겠다고 결심했다는 것이다.

그렇게 불려간 헌병대에서 이 씨는 수사관에게 남김없이 말했다. 남현진과 모든 이병들이 자대 전입한 직후부터 고참에게 암기와 훈련을 잘 못한다며 일상적으로 구타와 가혹행위를 당했다는 진술을 했던 것이다. 특히 남현진의 경우 학생운동을 했다는 이유와 전입 직전에 실시한 40킬로미터 행군에서 낙오했다는 이유로 고참들에게 엄청나게 맞았다고 진술했음을 내게 밝혔다.

그런데 이 씨가 밝힌 진실은 헌병대 조서 어디에도 없었다. 왜 그랬을까. 조사가 끝난 후 이 씨는 경악했다고 한다. 자신이 죽을 각오로 밝힌 진실이 지장을 찍으라며 헌병대가 내민 조서에 하나도 기재되어 있지 않았다는 것이다. 자신이 맞은 사실도 없었고 남현진도 누구에게 맞거나 가혹행위를 당한 사실이 없다고 쓰여 있었다는 것이다.

너무 황당해진 이 씨가 "왜 제가 말한 내용이 없느냐"며 용기 내어 묻자 수사관은 "부대 시끄럽게 하지 말고 조용히 근무하다가 제대해. 알았어!"라며 명령조로 말을 했다고 한다. 헌병대 수사관이 진실을 밝혀주는 것이 아님을 알게 된 이 씨는 그가 내민 조서에 사인을 하지 않을 수 없었다고 한다. 그래서였을까. 처음 나를 만날 때 이 씨는 조사관인 나를 보는 눈빛이 매우 부정적이었다. 모든 조사가 끝난 후 그는 그날 사건 이후 자신도 모르게 세상에 대해 부정적으로 변했다며 씁쓸해했다. 그의 상처받은 마음이 너무 가슴 아팠다.

# 헌병대 수사관도
# 믿지 않는
# '구타 없는 군대'

서울 사무실로 돌아온 나는 곧바로 그 당시 이 사건을 담당했던 헌병대 수사관을 소환했다. 그리고 그에게 남현진 이병 사건 '처리'에 대해 물었다. 그는 과거 사건을 묻는 나에게 매우 신경질적으로 반응하며 불쾌해했다. 그러면서 기억도 나지 않는 사건이라며 화를 냈다.

나 역시 화가 나기 시작했다. 나는 그를 상대로 치밀하게 다그쳤다. 결국 부인할 수 없는 상황에 이르자 그는 그런 사건을 담당했던 기억이 조금씩 난다며 말을 바꾸기 시작했다. 나는 남현진 사건 조사 과정에서 부대 내 구타나 가혹행위 여부를 조사했는지 물었다. 그는 당연히 최선을 다해 철저히 조사했다고 말했다.

그러다가 남현진의 동기인 이 씨의 진술을 근거로 그의 잘못을 추궁하자 갑자기 돌변했다. 그는 욕설을 서슴지 않으며 고래고래 소리를 지르기 시작했다. 그러더니 "미친 의문사위원회가 십수 년이 지난 사건을 가지고 국가를 위해 30년 넘도록 봉사한 사람의 명예를 훼손하고 있다. 가만두지 않겠다"며 자리를 박차고 조사실을 나가버렸다.

어처구니없는 그의 태도에 화가 났지만 나가버리는 그를 잡을 수 없었다. 대신 나는 2층에서 1층으로 내려가는 그의 뒤통수에 대고 "오늘 조사가 끝나지 않았으니 다시 출석 요구서를 발송하겠다. 출석하지 않으면 반드시 과태료를 부과할 것"이라고 못을 박았다. 하지만 그는 "마음대로 해라. 절대 오지 않겠다"며 대꾸하고는 현관 밖으로 나가버렸다.

하지만 그렇게 의기양양하게 가버린 그는 몇 시간이 지나 나에게 전화를 걸어왔다. 그러면서 화를 내어 미안하다고 운을 뗀 뒤 내일 다시 같은 시각에 출석할 테니 출석 요구서는 보내지 말아달라고 했다. 정말 미약한 권한이었지만 그래도 국가기관에서 하는 조사가 다르다는 것을 느낀 사례였다. 물론 그 헌병대 수사관이 정말 나쁜 사람이 아니니 가능한 일이기도 했지만 말이다.

한편 다음 날 다시 찾아온 그는 전날과 많이 달라져 있었다. 그는 밤새 많은 생각을 했다며 입을 열었다. 과거 자신이 해온 일에 대해서 잘못도 많았다며 헌병대 수사 관행을 언급했다. 그러면서 잊고 있었던 남현진이라는 이름이 점점 뚜렷하게 떠올랐다며 그는 본격적으로 이야기를 시작했고 여러 가지 사실을 새로 말했다.

그러나 단 한 가지, 그가 끝까지 부인한 사실이 있다. 바로 이 씨가 말한 구타 사실에 대한 은폐 의혹이었다. 그는 거듭해서 이 씨의 진술을 자신이 무시하거나 은폐한 적은 없다며 억울함을 강조했다.

그래서 내가 물었다.

"그럼 선생님은 군 헌병대 수사관으로 이 사건을 조사하던 1991년에 정말 군대에서 구타나 가혹행위가 일체 없었다고 생각하시나요?"

그는 갑자기 말이 없어졌다. 그리고 잠시 후.

"아닙니다. 그 당시 군부대에서 구타나 가혹행위가 있었다고 생각합니다. 지금도 솔직히 있는데 없다고 말할 수 없죠. 죄송하게 되었습니다." 그의 말이었다.

결국 남현진 의문사 사건의 진실이 밝혀진 것은 2009년 5월의 일이었다. 내가 조사한 결과를 토대로 다시 진실화해위에서 추가로 조사한 결과였다. 동기병이었던 이 씨의 진술 그대로였다.

# 밝혀진
# 남현진 이병
# 의문사의 진실

남현진이 사망한 당일, 그는 자신의 선임 고참이었던 K일병으로부터 심하게 구타당한 것으로 밝혀졌다. 고참인 K일병이 남현진에게 부대 내 매점에서 음식물을 산 후 대기하고 있으라고 지시한 장소가 아니라 다른 곳에 있었다는 것이 구타 이유였다. 그리고 그렇게 구타당한 지 세 시간 후, 남 이병이 숲 속에서 스스로 목을 매고 자살한 것이다. 너무나 불쌍한 21세 청춘이 그렇게 죽은 것이다.

한편 이 같은 선임병 K일병의 진술은 2002년 7월, 처음 나에게 조사받을 당시 이미 했던 진술이기도 하다. 그는 처음에는 자신이 남현진을 구타했다는 사실에 대해 극구 부인했다. 그러다가 결국 자신이 남현진을 때린 사실을 인정하지 않을 수 없었으며 좀더 추궁하자 남현진이 사망한 당일에도 자신이 때렸다는 진술을 했다. 하지만 이 같은 구타는 당시 군부대의 관행이었으며 자신이 군기반장을 맡고 있어 불가피한 일이었다고 말했다.

또한 남현진이 사망하던 날, 자신 역시 고참인 상병에게 맞았으며 이처럼 기분이 좋지 않은 상태에서 남현진이 자신의 지시대로 가 있지 않자 때렸다는 것이다. 그는 "그 당시에는 그렇게 다들 맞았는데 그렇게 맞았다고 죽는다면 나도 죽었을 것"이라며 일상화된 군대 내 폭력 실태를 내세우면서 억울함을 주장하기도 했다.

지금 생각해봐도 화가 나는 것은 그다음 질문에 대한 답변이었다. 나는 "남현진이 이처럼 귀하에게 구타 및 가혹행위를 당한 사실이 있고 이후 남현진이 숨진 채 발견된 사실이 있는데 이에 대해 어떻게 생각하느냐"며 물었다. 그러자 그는 정확히 이렇게 말했다.

"그 새끼가 왜 죽어서 나를 이렇게 고생시키는지 원망스럽다."

조사관으로서 냉정함을 잃을 뻔한 순간이었다.

2009년 5월, 남현진 이병 의문사는 다행스럽게도 '진상규명 규명'으로 최종 결정되었다. 그리고 진실화해위는 정부와 국방부에 남현진을 국립묘지에 안장하고 명예를 회복시켜주도록 권고했다. 1기 의문사위원회에서 내가 담당했던 사건이었다.

## 당신이
## 맡을 사건은
## 따로 있소

2003년 5월 25일. 법적 활동 기간이 종료되어 중단되었던 '대통령소속 의문사진상규명위원회'가 특별법 개정에 따라 다시 생명력을 얻었다. 조사 시한은 1년으로 이번에도 조사관 공채를 알리는 공고를 각 일간지에 게재했다. 1기 의문사위원회에서 고작 5개월 남짓 조사관으로 일했던 나로서는 당연히 2기 조사관 공채 시험에 지원서를 제출했다.

1기 위원회 때보다 채용 절차는 더 까다로웠다. 전형 과정은 모두 세 번에 걸쳐 진행되었는데 1차는 서류 전형이었다. 수사나 조사 등 업무 연관성이 있는 민간 경력자나 인권단체 등에서 7년 이상 활동한 사람들을 서류 전형으로 선발했다. 두 번째 과정은 필기시험이었다. 형법과 형사소송법, 그리고 의문사 조사의 법적 근간인 '의문사 진상규명을 위한 특별법'에 대한 객관식 문항 시험과 의문사 사건이 발생하는 배경에 대한 '무기명' 논술 시험이었다.

이렇게 두 차례에 걸친 전형 과정으로 선발된 예비 조사관들이 가장 힘들어했던 것은 마지막 3차 전형이었다. 전형 방식이 상당히 어려웠기 때문이다. 임의 배당된 의문사 사건에 대해 한 달 동안 검토한 후 문제점과 해결 방안을 작성하여 제출하라는 것이었다. 사건을 분석하는 조사관의 능력을 종합 평가하여 최종 합격자로 발표하겠다는 위원회의 방침이었다. 상당한 부담이었으나 역시 '운'이 좋게도 나는 최종 합격자 명단에 이름을 남길 수 있었다. 원했던 대로 제2기 의문사위원회의 조사관으로 합격한 것이다.

그리고 그날 저녁. 국회의 동의를 거쳐 청와대에서 2기 의문사위원회 상임위원(차관급)으로 임명된 김희수 변호사로부터 연락이 왔다. 자신이 꼭 합격했으면 하는 사람들이 있었지만 도와줄 수도 없어 애간장만 태웠는데 최종 선발에 합격한 것이 고맙다며 같이 식사라도 하자는 전갈이었다.

의문사위원회에서 만난 김희수 변호사는 그런 사람이었다. 정말 이런 좋은 분과 의문사위원회에서 일했다는 것이 나로서는 지금까지도 영광이고 앞으로도 행복할 일이다. 김희수 위원은 이후에도 늘 조사관들을 격려해주는 일에 인색하지 않았으며 조그마한 일에도 항상 칭찬을 아끼지 않았다. 또한 사건에 대해서는 검사로 10년을 재직했던 사람답게 질책과 함께 대안을 제시해주곤 했다. 보기 드물게 좋은 상관이면서 훌륭한 동료였다.

그렇게 해서 그날 저녁 광화문 인근 횟집에 모인 사람은 여섯 명 정도였던 것 같다. 먼저 김희수 상임위원이 참석자들에게 일일이 술을 권했다. 그의 말을 그대로 옮기면 "상임위원으로 임명받고 난 후 제출된 이력서를 봤는데 정말 꼭 같이 일해보고 싶은 사람들이 있었다. 그런데 제가 뭘 어떻게 도와드릴 수 있는 일도 아니고 해서 그저 다들 잘 좀 해서 꼭 합격하기를 바랐는데 이렇게 합격해주니 너무 고맙다"는 것이었다.

이렇게 말해주는 사람에게 누군들 고맙지 않을까. 그렇게 술잔이 한 순배 돌아갈 즈음이었다. 김희수 위원이 느닷없는 질문을 했다. 참석한 조사관들에게 각자 자신이 해보고 싶은 희망 사건이 있는지를 물어본 것이다. 그러면서 특별히 원하는 사건이 있다면 한번 말해보라고 했다. 잠시 어색해했으나 한 사람이 물꼬를 트자 이내 평소 자신들의 생각을 말하기 시작했다.

누군가는 노동운동가 출신이라서 지난 1991년 안양병원에서 의문사한 한진중공업 노조위원장 박창수 사건을 담당하고 싶다고 했다. 또 누군가는 오랫동안 의혹 사건으로 언급되었던 1989년 5월 사망한 조선대 교지 편집장 이철규 사건을 해보고 싶다고 했고 또 누군가는 중앙대 안성 캠퍼스 총학생회장으로 활동하던 중 실종되었다가 1989년 8월 여수 거문도에서 익사체로 발견된 이내창 사건에 대해 욕심을 내기도 했다.

그렇게 내 차례가 되었다. 그런데 뜬금없이 김희수 위원이 내 순서를 건너 다음 조사관에게 질문을 던지는 것이 아닌가. 순간 황당했다. 그래서 물었다.

"김 위원님, 왜 저한테는 묻지 않고 그냥 지나가시나요?"

"고 조사관님은 따로 맡을 사건이 있습니다. 그러니 잠시만 기다리세요."

"네? 누구 말인가요?"

뜻밖의 말에 나는 적이 당황했다. 그러자 김희수 위원은 자못 진지한 표정으로 나를 바라보며 입을 뗐다.

"재야인사 장준하 선생 사건 아시죠? 어때요? 저는 고 조사관께서 그 사건을 맡아서 해줬으면 하는데 한번 해보실 의향이 있으신가요?"

# 장준하
# 의문사 사건
# 조사관이 되다

지금에 와서 하는 말이지만 만약 그 당시 김희수 위원이 나에게 맡아보고 싶은 사건이 있느냐고 물었다면 나는 차마 장준하 사건은 언급하지 않았을 것이다. 그 사건을 하고 싶지 않아서가 아니라 감히 내가 욕심낼 수 없는 큰 사건이라고 생각했기 때문이었다. 그런데 그런 나에게 김희수 위원이 이런 제안을 하니 순간적으로 온갖 감정이 교차했다. 감히 내가 욕심낼 수 없는 사건을 두고 마음이 혼돈스러웠다.

그러면서 떠오른 기억이었다. 그때로부터 10년 전이었던 1993년 어느 날, 우연히 방송을 통해 봤던 배우 문성근의 클로징멘트.

"이제 이 사건은 책임 있는 우리 사회에서 반드시 밝히고 드러내야 할 사건입니다."

순간 내가 그 클로징멘트의 주인공으로 발탁되어 이 사건의 비밀의 문을 열 조사관이 될지도 모른다는 생각이 머리를 꽉 채우면서 두근거리는 흥분마저 일었다.

"장준하 선생 사건이라면 우리 위원회에서도 매우 중요하고 비중이 큰 사건인데 감히 제가 그 큰 사건의 조사관으로 일할 수 있을지 걱정이 됩니다."

내심 반가우면서도 조심스럽게 반문했다. 그러자 김 위원은 나에 대해 확실한 신뢰를 담아 답변해줬다.

"맞습니다. 아주 중요하고 또 매우 의미 있는 사건이지요. 그래서 저는 이 사건을 다른 사람이 아닌 고 조사관께서 맡아주셨으면 합니다. 물론 다른 분들이 할 수 없을 것 같아 그런 것은 아니고요. 제가 여기 위원회에 와서 위원회 사건 조사 기록을 검토하면서 제일 먼저 본 자료가 장준하 선생 사건이었습니다.

그런데 자료를 보면서 이 사건 적임자로 제 머리에 떠오른 사람이 고상만 조사관이었습니다. 무슨 근거로 그렇게 생각했느냐고는 묻지 마세요. 그냥 고 조사관이 가장 잘할 것 같다는 생각이 들었던 거니까. 어떠세요? 당연히 큰 사건이니까 부담은 되겠죠. 하지만 고 조사관이 살면서 이 같은 역사적 인물과 시대 배경을 들여다볼 기회가 얼마나 있겠어요? 그러니 이 사건 책임지고 고 조사관께서 한번 해보면 어떠시겠어요? 한번 해보시겠습니까?"

인간적인 망설임이 들었다. 순간적인 욕심만으로 자칫 장준하 선생 의문사 규명에 누를 끼치게 되지나 않을까 하는 두려움이 일었다. 김 위원이 그런 내 마음을 읽었던 것일까.

"뭐 고 조사관께서 너무 부담이 된다면 할 수 없죠. 그런데 다른 사건도 어려운 것은 마찬가지입니다. 쉬운 사건이 없어요. 우리가 할 수 있는 최선을 다하는 것 외에 다른 방법이 없잖아요. 한번 해보세요."

그 순간 결심했다. 나에게 온 이 역사적인 기회를 포기하지 않겠다는 최종적인 판단이 선 것이다.

"네, 좋습니다. 김 위원님이 저를 믿어주시니 한번 해보겠습니다. 장준하 선생 사건을 제가 맡겠습니다. 그리고 그 결과가 무엇이 되든 한 가지는 분명하게 약속하겠습니다. 적어도 그동안 이뤄진 사건 조사에서 한 발자국이라도 더 진실에 다가가도록 노력하겠습니다."

김희수 위원의 답변 역시 담백했다. "저는 고 조사관이 너무 큰 부담을 갖지 않았으면 합니다. 누가 맡아도 어려운 사건입니다. 이철규, 이내창, 박창수, 허원근 등등 어느 사건을 맡든 쉬운 사건이 없어요. 우린 그저 역사에 죄짓지 않도록 매 순간 최선을 다하면 됩니다. 그 진심만 변하지 않으면 저는 만족합니다. 저는 고 조사관이 지금까지 해온 인권운동가로서 가져온 나름의 관점을 존중합니다. 한번 해봅시다."

누군가 그랬던가. 여자는 자신을 사랑해주는 남자를 위해, 그리고 남자는 자신을 인정해주는 누군가를 위해 모든 것을 바친다고. 그 뜻이 무엇인지 알게 된 날이었다. 2003년 7월, 내가 평생 가져갈 자부심을 뿌리내린 행복한 순간이었다.

# 3부
# 장준하 사건은 왜 의문사인가

# 1975년 8월 17일,
## 장준하를 본
## 사람들


다음 날부터 나는 장준하와 관련한 의문사 조사 기록을 검토하기 시작했다. 역사적 사건인 만큼 자료의 양 역시 방대했다. 우리나라의 대표적인 의문사 사건답게 관련 자료 역시 그러했고 이 사건 전반에서 언급되고 있는 조사 대상자 역시 모두 걸출한 당대의 인물들이었다.

대통령을 역임한 김대중, 김영삼을 비롯하여 무소유의 법정 스님과 지금은 다른 이념의 길을 걷고 있는 연세대 김동길 교수, 그리고 함석헌, 백기완, 문익환, 문동환, 계훈제, 이소선(전태일 열사의 모친) 등 명망 있는 당시 재야인사를 비롯하여 9년 3개월간 박정희의 청와대 비서실장을 한 김정렴 등 그야말로 한국 근현대사를 오롯이 담아낸 상당수의 인물이 이 사건의 조사 대상자였다.

가장 먼저 시작한 일은 지난 1기 의문사위원회에서 생산된 조사 기록을 검토하는 일이었다. 다행스러운 일은 이 사건을 조사하던

2003년 당시 상당수의 관련자가 생존해 있었다는 사실이었다. 그래서 조사할 수 있는 기본 여건은 어느 정도 가능하다고 판단했다. 빠른 속도로 기록을 검토했고 이를 통해 사건이 발생한 1975년 8월 17일 장준하의 행적을 추적했다.

사실 장준하 사건을 조사하면서 겪은 어려움 중 가장 큰 일은 '진짜와 가짜'를 구분하는 것이었다. 의문사한 이가 역사적인 인물이었고 또한 워낙 오랫동안 입에서 입으로 전해지면서 그만큼 많은 설이 확인되지 않은 채 나돌았기 때문이다. 대표적인 경우가 전태일 열사의 모친인 이소선 어머니의 사례였다.

1993년 〈그것이 알고 싶다〉에 출연한 이소선은 인터뷰를 통해 사건이 발생한 1975년 8월 17일 이른 새벽에 장준하를 만난 사실이 있다고 밝혔다. 당시 《씨알의 소리》를 펴내던 함석헌 선생이 살던 원효로 집에서였다고 한다. 이소선의 주장에 의하면 《씨알의 소리》에 청계피복 노조 관련 원고를 전달하기 위해 새벽 일찍 함석헌의 집을 찾아갔는데 이때 장준하가 갑자기 방문했다는 주장이었다.

이소선의 기억은 분명했다. 그날 아침 8시경, 갑자기 나타난 장준하를 보고 함석헌이 "왜 이렇게 일찍 왔느냐?"고 물었다는 것이다. 그러자 장준하가 "오늘 등산을 가려고 했는데 기분이 좋지 않아 등산을 안 가려고 한다"며 말했다는 것이다. 그러면서 "버스가 떠나는데 거기 가서 이러저러한 사정으로 오늘 못 간다는 말만 하고 집으로 돌아가려고 한다"고 장준하가 말했다는 것이 이소선의 기억이었다.

그러자 함석헌이 장준하에게 크게 화를 냈다고 한다. "그런 말도 가서 할 필요 없으니 지금 당장 집으로 돌아가라"며 "지난번에 김대중을 처리하지 못한 박정희가 그다음으로 가장 죽이고 싶어하는 사람이 바로 당신인데 왜 쓸데없이 돌아다니느냐"며 화를 냈다는 것이다.

그러자 장준하가 "그런 것이 아니니 그만 화를 내시고 저는 편찮으신 형수님에게 안부 인사만 드리고 바로 집으로 돌아가겠다"라고 했는데 함석헌은 이에 대해서도 "인사할 필요 없으니 지금 당장 집으로 돌아가라"고 일갈한 후 이내 안방으로 들어가 버렸다는 것이 당시 이소선의 목격 증언이었다.

조사 결과 이소선 어머니의 이 같은 기억은 사실로 확인되지 않았다. 왜 이 같은 착각이 일어난 것인지에 대해서는 알 수 없으나 장준하를 봤다는 이소선의 기억은 다른 날의 어떤 기억과 혼동한 것이 아닐까 추측된다. 이러한 근거는 몇 가지가 있다. 먼저 이소선이 그날 함석헌의 집에 갔던 이유가 '청계피복 노조' 관련 원고를 《씨알의 소리》에 싣기 위해서였다는 것인데 1975년 8월을 전후한 시기에 이 같은 청계피복 관련 기사가 《씨알의 소리》에 게재된 사실이 없다는 점이다.

두 번째는 장준하가 자신이 살던 상봉동에서 함석헌의 집이 있는 원효로를 왕복하는 데 최소한 1시간 이상이 필요한데 장준하의 당일 행적으로 보아 이것은 불가능한 시간이었다. 세 번째는 더욱 분명하다. 장준하의 가족이 증언한 당시 장준하의 행적이다. 부인 김희숙 여사의 증언에 의하면 당일 아침 장준하는 함석헌의 집을 비롯하여 어디에도 다녀온 사실이 없었다는 것이다.

또한 만약 장준하가 함석헌의 집을 방문했다면 이와 관련한 함석헌의 안타까움을 표하는 글이 있어야 하는데 이 역시 확인되지 않고 있다는 점도 이상한 일이다. 예를 들어 장준하가 사망한 후 발행된 1975년 7, 8월 통합호 《씨알의 소리》에 함석헌은 자신의 행적에 대해 "(나는) 75. 8. 17. 일요일 오전 10시경 서울 신촌에서 퀘이커 신도를 만나 토론하고 있었다"라고 썼다. 이 글에는 사건 당일 아침에 장준하가 집을 방문했다는 등의 구절이 전혀 없다. 또한 장준하와 관련한 함석헌의 그 어떤 추모 글에서도 장준하의 방문이나 또는 자신의 만류에도 불구하고 산행을 갔다가 사고가 났다는 등의 언급이 일체 없다는 점도 이를 뒷받침한다.

한편 사실과 다른 이소선 어머니의 기억에 대해 우리가 사실 여부를 확인하려고 노력한 이유는 따로 있었다. 이 역시 이 사건을 둘러싸고 오랫동안 제기되어온 논란 중 하나 때문이었다.

# 장준하
# 사건에 얽힌
# '오해와 진실'

장준하 사건에 대해 의혹을 제기하는 사람들 사이에서 오랫동안, 그리고 여전히 계속되고 있는 강력한 의혹 중 하나는 사건 당일 장준하가 약사봉을 간 경위가 자의에 의해 나선 길인지, 아니면 호림산악회 등 누군가의 강제에 의해 억지로 끌려간 것인지를 두고 많은 논란이 제기되어왔다는 점이다. 어떤 이는 산행을 하지 않겠다는 장준하를 호림산악회 회장 김용덕과 김희로, 그리고 김용환 등이 앞에서 끌고 뒤에서 밀어 억지로 차에 태웠다고 주장한다.

또 어떤 이들은 버스가 상봉동 약국 앞에 도착한 후 이소선 어머니의 증언처럼 여러 사정으로 산행을 가지 않겠다고 하는 장준하를 관광버스에서 내린 일단의 사람들이 강제로 떠밀다시피 하여 승차시킨 후 차가 출발했다는 의혹을 제기하기도 한다. 그리고 이러한 의혹의 대표적인 근거로 삼았던 중심이 이소선 어머니의 진술을 바탕으로 하고 있었다.

분명한 사실은 이소선 어머니가 굳이 없는 말을 만든 것은 아니라는 점이다. 그럴 이유도 없고, 필요도 없는 일이기 때문이다. 다만 이미 언급한 것처럼 어머니의 기억은 사실과 일치하지는 않았다. 이 같은 결과를 설명드리고자 다시 찾아간 나에게 어머니는 "참 이상한 일이네. 상만이 말을 들으니 맞는 것 같긴 한데 나 역시 내 기억이 분명한데 거참 모르겠네"라며 고개를 갸우뚱하신 기억이 새롭다.

그렇다면 과연 장준하는 자의에 의해 산행을 나선 것일까. 아니면 그 반대인가. 조사 결과 장준하의 약사봉 산행은 당일 아침 스스로의 결정에 따른 것으로 확인되었다.

가장 대표적인 사례가 장준하의 둘째딸 장호연의 진술이었다. 결혼 후 2004년 당시 제주도에 살고 있던 그를 만나 나는 사건 당일 아침에 있었던 새로운 비밀을 알게 되었다. 1975년 8월 17일 아침, 아버지가 자신의 방에 들어와 깨우면서 같이 등산을 가자고 했다는 것이다. 그런데 당시 어린 마음에 더 자고 싶어 싫다며 아버지의 말을 거부했다고 한다. 그러면서 딸은 눈물을 보였다. 만약 자신이 따라갔다면 아버지가 그리 돌아가시지는 않았을 텐데 하는 죄책감으로 그 사실을 누구에게도 말하지 못한 채 오랜 세월을 살아왔다는 것이었다. 나 역시 마음이 아팠다.

장호연 외에도 사건 당일 장준하에게 산행을 권유받은 이는 또 있었다. 경희대 배기열 교수로 그는 장준하의 사망 20주기를 맞아 지인들이 펴낸 추모문집에 글을 기고했다. 그의 증언은 다음과 같다.

사실 저는 선생님에 관한 글쓰기를 제의받고 김도현 문체부 차관(김영삼 정부 당시)에게 전화를 걸어 나는 쓰지 않겠다고 말했습니다. 왜냐하면 지금 하고자 하는 이 말이 너무나 무섭고 죄스럽기 때문입니다. 그렇다고 이 말을 빼고는 이 글에 알맹이가 없고 이 고백을 하지 않고는 저는 비겁자가 될 것이기 때문입니다.

말하자면 그날, 선생님이 참사를 당하시던 그날 아침 내가 무엇 때문에 선생님의 "산에 가지 않겠느냐?"는 전화를 받고도 선생님과 동행하지 않았었는지. 제가 같이 가서 다른 사람들처럼 선생님과 둘이 마주 앉아 밥을 지어먹는 시간이었더라면 혼자 당하지 않았으리라는 죄책감. 무엇 때문에 그날 제가 동행하지 않았는지?


한편 전날까지 장준하가 산행에 참여할지 말지에 대해 결정하지 않은 것 역시 사실이었다. 그는 자신에게 산행을 가자며 연락한 호림산악회 김희로에게 "일주일 전, 광주 무등산을 다녀왔는데 그 여독이 풀리지 않아 확실하지 않은데 만약 가게 된다면 상봉동 약국 앞에서 기다리겠다"라고 답했다고 한다. 그리고 그날 아침 장준하가 약국 앞에 서 있었다는 것이다.

그러나 이와 관련한 장준하의 가족들은 다른 기억을 가지고 있다. 그날 아침 장준하가 산행을 가지 않으려 했는데 호림산악회에서 30분마다 한 번씩 전화하여 산행을 거듭 권유하여 마지못해 나서게 되었다는 주장이다. 이 같은 가족들의 주장이 틀렸다고 할 수는 없다. 하지만 여하간 확인된 사실은 위와 같다는 것이 우리의 조사 결론이었으니 이에 대한 추가 조사 역시 필요한 일임을 남겨둔다.

# 구당
# 김남수의
# 장준하 치료설?

장준하 사건을 조사하는 과정에서 또 하나 특이한 기억은 구당 김남수 선생과 관련한 이야기다. 지난 2008년 KBS가 편성한 '추석특집' 방송에 출연한 것을 계기로 대중에게 유명해진 그를 처음 알게된 것은 2003년 어느 날이었다. 김희수 상임위원이 나를 찾았다. 그러면서 책 한 권을 주며 읽어보라고 했다.

느닷없는 주문에 책 제목을 읽어보니 '나는 침과 뜸으로 승부한다'라고 쓰여 있었다. 구당 김남수라는 사람이 저자였는데 장준하와관련한 이야기가 담겨 있으니 검토해보라는 김희수 위원의 지시였다. 자리로 돌아와 관련 부분을 읽은 나는 상당히 흥미로운 사실을알게 되었다. 그가 쓴 책 내용 중 장준하를 언급한 부분이다.

나를 찾았던 많은 디스크 환자 가운데 잊혀지지 않는 이로
장준하 선생이 있다. 정치인이면서 언론인인 장준하 선생은

민족주의자이면서 선비정신의 올곧음을 보여주는 이다. 장준하 선생을 따르는 이의 소개로 왕진을 갔을 때 장 선생은 거동은 말할 것도 없고 주변 사람의 도움이 없으면 꼼짝할 수도 없는 상태였다.

장준하 선생은 말 그대로 방안에 누워 움직이지도 못하고 있었다. 디스크가 너무나 심해 일어나 앉는 것은 말할 것도 없이 말도 크게 못하고 기침도 못하고 웃지도 못했다. 장준하 선생은 명성에 걸맞지 않게 초라한 집에서 살고 있었다.

자택이 제기동 홍파 초등학교 앞에 있었는데 지붕 위로 바로 고압 전류선이 지나가는 것을 보고 가난한 장 선생이 아니면 살려고 드는 사람이 없겠구나 싶었다. 그러나 나중에 알고 보니 그나마도 사글세였다. 나한테 침, 뜸 치료를 받고 장준하 선생은 비교적 빠르게 좋아졌다. 통증도 많이 없어졌고 지팡이에 의지해서이기는 하지만 방에서 마루를 천천히 왔다 갔다 할 수도 있게 되었다.

그러나 집 밖에 나가 활동할 수 있을 정도는 절대 아니었다. 상태가 다소 나아진 뒤에는 장 선생을 자주 치료하지 못했다. 다섯 번인가 여섯 번인가 치료하고 한 보름 지났을까 신문을 보다 장준하 선생이 산에서 실족사했다는 기사를 접했다.

납득할 수 없음을 넘어 기가 막혔다. 혼자 산행을 갔다 발을 헛디딘 것이 사망의 원인이라는 기사를 읽고 또 읽었다. 그럴 리가 없었다. 디스크가 심해 지팡이 없이는 걷지도 못하고 혼자서는 집 밖에 나갈 수도 없으며 낮은 계단도 제대로 오르지 못하는 사람이 무슨 수로 울퉁불퉁한 산비탈을 혼자 오른단 말인가!

산에 갈 수가 없는 양반인데 왜 산에 가서 실족을 했을까. 장준하 선생이 세상을 떠나기 전 가장 마지막으로 장 선생을 치료한 이는 아마 나일 것이다. 그러나 그때부터 지금까지 장 선생의 사망사건과 관련해 나를 찾아온 사람은 없다. 장 선생이 혼자서 산행을 할 수 없는 상태임을 의술자로서 거짓 없이 증언할 준비가 되어 있는데도 지금까지 장 선생의 사망과 관련해 나를 찾은 이는 없다.

그러나 나는 아직도 분명하게 기억하고 있다. 심한 디스크 환자였던 장준하 선생은 혼자서 산행을 할 수 있는 상태가 아니었다. 나는 지금도 장 선생이 혼자서 산에 갔다는 말을 믿지 않는다.

바로 구당 김남수를 찾아갔다. 그 책을 읽고 우리가 찾아간 이유는 하나였다. 그가 책에 쓴 것처럼 장준하가 산행을 할 수 없었다는 주장은 명백히 사실이 아니었기에 그것을 확인하기 위한 것은 아니었다. 다만 당시 우리가 찾고자 했던 오래된 의문에 대해 그가 답을 가지고 있나 하는 기대감 때문이었다. 당시 사망한 장준하의 엉덩이 부분에서 확인된 주삿바늘 흔적과 같은 모양을 둘러싼 논란이었다.

사망한 장준하의 엉덩이 부분에서 주삿바늘 비슷한 크기의 구멍 세 개가 확인되었다. 이는 장준하의 사체를 검안하고 그 의견서를 남긴 조철구 박사의 기록이었다. 이에 대해 법의학자인 문국진은 1993년 민주당 조사 당시 "사망 직전 한꺼번에 많은 양을 일시에 주사하면 생기는 현상"이라고 밝힌 바 있다. 그렇다면 이 흔적이 장준하 사망 직전 마취제나 독극물 등을 주입한 것이 아닌가 의심하던 차였다.

그러면서 동시에 혹여 장준하가 사망 전 치료를 받은 사실이 있는지에 대해서도 병행하여 조사를 진행하던 중이었다. 하지만 가족들은 사고 직전에 장준하가 주사 처방을 받은 사실이 없다고 분명하게 확인해줬다. 그렇다면 이 흔적이 정말 무엇일까에 대한 의혹이 증폭하던 그때 김남수 옹이 장준하를 치료했다고 주장하니 혹시 이 의혹을 풀어줄 단서를 그가 가지고 있나 싶었던 것이다. 나는 조사관의 본능처럼 새로운 사실을 확인할지도 모른다는 가벼운 설렘을 가지고 그를 찾아갔다.

# 김남수는 왜
# 장준하를 치료했다고
# 주장했을까?

결론적으로 김남수의 주장은 사실이 아니었다. 나는 김남수 옹을 모두 세 차례 만났다. 한 번은 그가 쓴 책의 내용에 대해 보다 상세하게 듣기 위해 만났고 또 한 번은 그가 환자를 치료하는 부위를 확인하기 위해 그가 운영하는 서울 제기동의 '침술원'을 방문했다. 그리고 마지막은 우리의 조사 결과를 그에게 설명하고자 만났다.

나는 그에게 "장준하 선생을 치료했다는 선생님의 기억은 착각이신 것 같습니다"라고 확인해주었다. 크게 세 가지 이유였다. 첫 번째는 그가 책에 쓴 장준하의 집에 대한 설명이었다. 김남수는 장준하를 치료하기 위해 집으로 왕진을 갔다고 했는데 당시 그가 방문했다는 집은 제기동 홍파 초등학교 앞이었다고 주장했다. 하지만 확인한 결과 장준하가 홍파 초등학교 앞에서 거주한 때는 1960년대 말까지였다. 1975년 사망 당시 장준하는 제기동과는 전혀 다른 상봉동에서 살고 있었다.

두 번째는 장준하의 치료 경위와 과정에 대해 구체적으로 확인하자 자신이 장준하를 치료한 사실이 분명하다고 주장하는 과정에서 확인된 내용이다. 그는 장준하뿐만 아니라 김희숙 여사와 가족도 치료했다고 주장했다. 생존해 있는 김희숙 여사에게 김남수의 말을 확인하자 김희숙 여사는 황당해했다. 그러면서 "장준하 선생은 생전에 주치의였던 조광현 의사 외에 다른 사람한테 치료를 받은 적이 없고 나 역시 평생 침이나 뜸으로 치료받은 적이 없다"며 강하게 반박했다.

세 번째는 우리가 그를 통해 확인하려고 했던 부분에 관한 것이었다. 결론적으로 장준하의 엉덩이 부분에서 확인된 주삿바늘과 같은 흔적과 김남수의 침 시술과는 아무런 연관성이 없다는 사실을 확인한 것이다. 이는 김남수가 환자를 치료하는 과정에서 엉덩이에 시술하는 침이 없다는 사실을 확인해줬기 때문이다.

따라서 나는 김남수에게 『나는 침과 뜸으로 승부한다』는 책에 서술된 장준하와 관련한 내용은 사실이 아니니 바로잡아줄 것을 요청했다. 하지만 그는 무슨 일인지 이후에도 이를 삭제하지 않고 장준하를 치료했다는 잘못된 사실을 계속 주장했다. 그리고 이를 근거로 마치 진실이 아닌 내용이 사실인 것처럼 자리를 잡았다. 장준하처럼 유명한 사람들을 많이 치료했다는 것이 자신에게 도움이 되기 때문에 포기할 수 없는 것이었을까.

그러다가 그의 책에서 장준하와 관련된 잘못된 내용이 삭제된 것은 2010년경 어느 날이었던 것으로 기억된다. 아마도 장준하와 관련한 글을 이처럼 삭제한 이유는 장준하의 치료 여부를 둘러싸고 벌어진 사회적 논란 때문인 듯싶다. 특히 SBS 시사프로그램인 〈뉴스추적〉에서 영화배우 장진영의 암 치료를 담당했던 김남수를 둘러싼 여러 의혹을 제기하는 방송을 했는데 이때 김남수의 장준하 치료 주장을 둘러싼 논란이 큰 이유가 된 듯싶다. 나 역시 해당 방송사의 요청으로 장준하 사건 조사 당시 확인된 사실에 대해 가감 없이 인터뷰를 했다.

그런데 장준하를 치료했다는 김남수의 주장이 사실이 아니라는 취지로 〈뉴스추적〉이 방영된 후 김남수는 법원에 방송국을 상대로 정정 보도를 요구하는 소송을 제기했다. 그가 이처럼 반발하고 있으니 정말 김남수가 장준하를 치료한 것이 사실이 아닐까. 2012년 1월 19일 진실은 서울남부지법 민사 15부(재판장 함상훈)에서 판결문을 통해 확인되었다. 장준하를 치료(침뜸)했다는 김남수의 주장은 사실이 아니라는 판결이었다.

판결문에서 남부지법은 "김 씨는 자신의 저서에서 장준하 선생이 살고 있던 서울 제기동 홍파 초등학교 앞집에서 돌아가시기 보름 전까지 장준하 선생을 치료했다고 주장했으나, 장준하 선생과 그 가족은 1968년부터 1969년까지만 홍파 초등학교 앞에 거주했고 1970년부터 장준하 선생이 사망한 1975년까지는 서울 상봉동에 거주했다"고 확인하면서 "사망 직전에 홍파 초등학교 앞집에서 치료를 했다는 주장은 진실에 부합할 수 없다"라고 판결했다.

또한 재판부는 "김 씨는 의문사진상규명위원회의 장준하 선생 의문사 사건의 담당 조사관인 고상만 씨에게 장준하 선생을 치료했다고 주장하면서 아울러 장준하 선생의 처인 김희숙 씨도 치료했다는 주장을 덧붙였다"면서 "이를 고상만 씨가 김희숙 씨에게 직접 확인해본 결과, 김희숙 씨는 김남수 씨에게 침뜸 치료를 받은 사실이 없다고 답변했다"라고 밝히기도 했다.

따라서 남부지법은 "김남수가 이 같은 사실에 입각하여 유명인들을 치료한 사실을 과장, 홍보했다고 주장한 서울방송은 실제 존재하는 사실을 전제로 한 의견 표명에 해당돼 이는 반론 보도의 대상이 될 수 없고, 치료한 사실이 없는 사람을 실제 치료했다고 주장하는 것은 반론 보도 청구권을 남용하는 것이어서 원고 측의 주장을 받아들일 수 없다"라며 김남수에게 패소 판결을 내렸다. 나는 아직도 그가 왜 사실과 다른 주장을 한 것인지 그 이유를 모르겠다.

# 장준하 사건
# 조사팀이 세운
# 세 가지 원칙


이처럼 이 사건에 얽힌 오해와 진실을 확실하게 구분할 필요가 있었다. 그러지 않고 그냥 이를 아무렇게나 뒤섞어 각자의 방식으로 해석해버리면 오히려 진짜 우리가 봐야 할 진실이 무너진다고 생각했다. 그래서 우리 조사팀이 세운 원칙이 몇 가지 있었다.

첫째는 "~랬더라"와 "~카더라"와 같은 제3자의 진술은 굳이 들을 필요가 없다고 생각했다. 장준하 사건과 관련하여 전해 들었다거나 혹은 어디서 읽었다는 식의 진술은 오히려 의혹만 더 커질 뿐 우리가 확인해야 할 진실과는 동떨어진 사실이라고 판단했다. 그래서 우리가 만난 이들은 모두 장준하와 관련하여 직접 어떤 일을 했거나 또는 대화한 사람으로만 한정했고 우리는 이들을 집중적으로 조사했다. 법정 스님이라든가 백기완 선생님, 김동길 연세대 전 교수, 그리고 김대중 전 대통령 같은 분들이었다.

두 번째는 '있는 사실을 확인하는 것 외에 없다는 사실 역시 우리 눈으로 직접 확인하여 입증하자는 것'이 우리가 세운 또 하나의 원칙이었다. 특히 이 두 번째 원칙 덕분에 우리는 뜻하지 않은 많은 성과를 얻을 수 있었다. 대표적인 사례가 사라진 장준하 관련 자료를 찾아낸 일이었다.

1기 조사팀이 입수한 자료를 확인해보니 당연히 있어야 할 관련 자료가 보이지 않았다. 지난 1993년 〈그것이 알고 싶다〉 방송 당시 방영되었던 장준하의 사체를 촬영한 사진 필름이었다. 당시 말로만 떠돌던 장준하의 사인 의혹에 대해 별다른 외상 없이 장준하가 숨겼음을 확인시켜주는 역할을 한 것이 바로 이 필름이었다.

먼저 이 같은 장준하의 사체 촬영 필름이 남게 된 경위가 궁금했다. 김희숙 여사에게 확인했고, 또한 지난 1983년 12월호에 보도된 《여성동아》와 김희숙 여사가 행한 인터뷰 내용을 통해서 다시 확인했다. 사건 발생 후 8년 만에 처음으로 한 언론 인터뷰이기에 이것이 사건과 관련한 김희숙 여사의 가장 정확한 기억일 것이라고 우리는 판단했다. 관련 부분을 인용한다.

> 처음 가족이 장 선생의 사고를 알게 된 것은 75년 8월 17일 오후 3시경이었습니다. 막내 호준이가 낯선 남자로부터 '괴전화'를 받았어요. 장 선생이 포천 약사봉에서 사고를 당했으니 어서 가족이 와서 장 선생을 모시고 가야 한다는 것이었어요.
>
> 그래서 막내와 함께 택시를 대절해서 그곳으로 갔는데 그날 밤을 사고 현장 인근 바위에서 꼬박 새운 후 그저 빨리

집으로 모시고 오고 싶은 생각뿐이었지요. 억울한 죽음을 당한 남편의 죽음을 당시 경찰이나 검찰이 밝혀줄 것이라고 는 전혀 생각하지 않았기 때문이에요.

　그리고 그렇게 집으로 모셔온 후(8월 18일) 당시 서울 종로 에서 내과를 하시던 조광현이라는 의사에게 연락을 했어요. 장 선생 생전에 주치의 역할을 하시던 분이니 누구보다도 그분의 몸 상태에 대해서 가장 잘 아는 분이라 저희가 믿을 수 있었던 것이지요.


　가족에게 연락을 받고 도착한 의사는 조광현 외에도 두 명이 더 있었다. 그중 한 명이 인천에서 의사로 일하던 조철구 박사였다. 이 들은 가족들의 요청에 의해 장준하의 사체를 검안했고 이를 통해 매우 중요한 기록을 남겼다.

　핵심적인 내용은 장준하의 몸에 이렇다 할 외상이 없었다는 사 실이었다. 다만 특이한 외상으로 기록된 것이 장준하의 오른쪽 귀 뒤편 두꺼운 뼈로 형성된 위치가 마치 뾰족한 무엇인가로 맞아 뚫 어진 듯 푹 꺼져 있음을 확인했다는 내용이었다. 당시 장준하와 매 우 친밀한 관계였던 백기완의 진술에 의하면 뚫린 머리 구멍으로 성냥개비를 밀어 넣으니 끝까지 모두 들어갔다고 의문사위원회 조 사 당시 진술하기도 했다.

　그리고 이렇게 꼼꼼하게 검안을 마친 조철구는 가족에게 만약 을 위해 장준하의 신체 부위를 사진기로 촬영해놓으라고 권유했다 고 한다. 그때가 언제일지 알 수 없지만 훗날 장준하의 사인 의혹에 대해 조사가 진행될 경우 다른 것은 몰라도 사체 모습이라도 남겨둘 것을 조언했다는 것이다. 그의 선견지명에 경의를 표했다. 한편 이 같은 우여곡절 끝에 사진을 촬영했지만 문제는 이 필름을 현상할 곳이 없다는 점이었다.

현상을 하겠다고 사진관에 가져가서 필름을 맡겼다가 자칫 중정에 발각되어 뺏긴다면 큰일이라고 생각했던 것이다. 충분히 가능한 우려였다. 가족과 장준하의 지인들이 고심 끝에 내린 결론은 국내가 아닌 해외에서 방법을 찾는 것이었다. 그래서 선택한 방법이 일본인 기자에게 부탁하여 그곳에서 필름을 현상한 뒤 다시 국내로 반입하는 작전이었다. 그리고 이런 어려운 과정 끝에 남게 된 문제의 필름이 세상에 공개된 것이 바로 1993년 보도된 〈그것이 알고 싶다〉였던 것이다.

그런데 당연히 1기 의문사위원회 조사 당시 확보되었을 것으로 생각했던 이 필름의 행방이 오리무중이라는 것이었다. 황당한 사실 앞에 나는 당황했다. 어떻게 해서든 찾아야 할 중요한 자료였기 때문이다.

# 답은 늘
# 쉬운 곳에
# 있었다

도대체 어디로 갔을까. 여기저기 수소문을 하고 확인해봐도 답은 보이지 않았다. 답은 '두 번째 원칙'에 있었다. 고심 끝에 김희숙 여사에게 도움을 요청했다. 불편하시겠지만 김희숙 여사의 집을 실지조사할 수 있도록 허락해달라는 요청이었다. 예상처럼 김희숙 여사는 흔쾌히 동의해주셨다. 늘 선한 미소를 간직한 우리나라의 전형적인 어머니답게 김희숙 여사는 언제나 친절했다.

그러면서 "저는 몇 번을 오셔도 상관이 없는데 아마 찾아봐도 없을 거예요. 지난번에도 조사관 분들이 집에 와서 찾는다고 찾았는데 끝내 없더라고요. 아마 우리 집에는 없는 것 같아요"라고 말씀하셨다. 그 말씀을 들으니 자료가 있을지 확신이 들지 않았으나 개의치는 않았다. 이유는 간단했다. 없는 것을 우리 눈으로 직접 확인하기 전에 예단하지 말자며 세운 두 번째 원칙을 지키자는 것이었다.

이 같은 두 번째 원칙을 세운 것은 나름의 판단을 내렸기 때문이다. 나는 당시 어쩌면 이번 의문사위원회에서의 장준하 의문사 조사가 사실상 마지막이 될지도 모른다는 생각을 했다. 물론 그 이후 '진실화해위'가 만들어졌지만 여하간 장준하에 관한 조사는 사실상 그때가 마지막이었다는 점에서 볼 때 내 판단은 틀리지 않았다고 자부한다.

한편 돌이켜 생각해보면 장준하 의문사 사건과 관련하여 사람들은 보통 여러 차례 조사가 이뤄졌다고 생각하는 듯하다. 그러나 엄정하게 따져보면 '제대로 된' 조사는 없었다고 봐야 한다는 것이 내 생각이다.

국가 차원에서 이뤄진 조사 사례만 따져봐도 마찬가지였다. 예를 들어 사건이 발생한 지 13년이 지난 1988년 당시 김영삼이 총재를 하던 통일민주당의 조만후 국회의원이 국회 대정부 질문에서 장준하의 사인 의혹에 대해 재수사를 할 용의가 있는지를 당시 국무총리에게 따진 적이 있다. 그러자 당시 경기도 경찰청은 포천경찰서 측에 장준하 사건에 대해 재조사를 한 후 그 결과를 보고하도록 지시했다.

하지만 당시 포천경찰서의 조사는 매우 형식적이었다. 진짜로 진실을 규명하기 위한 것이 아니라 기존에 확인된 실족 추락사를 뒷받침하는 '보여주기'와 '면피용' 조사를 했을 뿐이었다. 당시 담당 경찰관인 한희권은 목격자인 김용환을 그가 재직하던 학교의 근처 식당에서 만나 그의 주장을 담은 조서를 하나 작성했고 그 후 "별다른 특이사항이 없다"며 장준하의 실족 추락사를 거듭 확인했을 뿐이었다.

그래서 내가 장준하와 관련한 조사 중 가장 비판하고 싶은 것 역시 이 당시 경찰의 재조사다. 경찰이 보여준 이 당시 재조사 과정은 매우 유감스럽지 않을 수 없다. 만약 이때 조금만 제대로 의욕을 가지고 이 사건을 다뤘다면 하는 아쉬움이 많이 남기 때문이다. 경찰의 주장과 달리 김용환은 매우 중대한 사실을 부인하고 있었다. 즉, 목격자를 자처하는 김용환이 1975년도에 자신이 했던 주장을 대부분 번복하는 진술을 했던 것이다.

그런데 이 사건을 담당한 경찰이 이러한 김용환의 번복 진술을 대조도 해보지 않은 채 그냥 아무 의혹이 없다고 정리한 후 장준하의 의문사와 관련한 재조사를 모두 종결해버린 것이다. 조사 과정에서 이 사실을 알고 난 후 나는 경찰의 이 같은 무성의한 처리에 억장이 무너지는 실망감을 느끼지 않을 수 없었다. 당시 사건을 담당한 경찰의 반성이 총체적으로 필요한 일이라고 나는 생각한다.

# 폐기된
# '88년 경찰 재조사'
# 기록을 찾아라!

한편 위에 언급된 장준하와 관련한 '88년 경찰 재조사' 기록을 찾아낸 경위 역시 꼭 남기고 싶은 기억이다. 참고로 장준하 사건은 1975년 당시 변사 사건으로 처리되었다. 변사 사건이란 쉽게 말해 병원에서 사망하지 않은 일체의 모든 사망 사건을 의미한다. 즉, 병원에서 치료 도중 사망하면 의심 없이 의사의 사망 진단서만 있으면 바로 장례가 가능하나 병원이 아닌 곳에서 사망할 경우에는 공권력이 그 사인을 규명하도록 되어 있고 이러한 사건을 변사 사건이라고 부른다. 장준하 역시 병원이 아닌 곳에서 사망했기에 변사 사건으로 분류되었다.

그런데 이 변사 기록의 보존 연한은 3년이었다. 따라서 우리가 이 사건을 조사하던 2003년에는 이미 근 30년이 다 되는 시기였으니 변사 기록은 폐기되고 없었다. 그렇다면 이제 이 사건과 관련한 실체를 확인할 수 있는 기대는 하나였다. 바로 1988년 경찰 재조사 기록이었다. 추후에 이뤄진 조사지만 그나마 이 사건에 대해 가장 정확하게 정리되어 있을 것이라 생각했고 특히 사건 후 13년 만에 이뤄진 조사이니 그래도 상당히 상세한 내용이 담겨 있을 것이라 기대했기 때문이다.

하지만 1기 조사팀에서 이 기록을 찾고자 이미 포천경찰서 측에 요청을 했으나 돌아온 답변은 "기록을 찾았으나 이미 폐기된 것으로 확인되어 자료를 협조할 수 없다"는 것이었다. 한마디로 맥 빠지는 회신이었다. 하지만 이 역시 나는 직접 확인하고 싶었다. 이미 폐기되었다고 하지만 나는 포천경찰서 측에 문서고에 대한 실지조사를 하겠다고 통보했다. 일부에서는 소용없는 일이라며 반대했지만 나는 고집을 부렸다. 내가 직접 자료가 없다는 것을 확인하지 않으면 후회할 것 같아서였다.

그런데 놀라웠다. 그 기록을 찾은 것이다. 아침 9시부터 저녁 6시까지 나와 문형래, 유혜경 조사관 등 세 명이 약 40여 평 정도 되는 크기의 포천경찰서 문서고에 존안된 서류 한 장 한 장을 숫자 세듯 꼼꼼하게 확인한 결과였다. 그 자료를 찾은 것은 저녁 6시가 다 된 시각이었다. 경찰서 직원들도 공무원이니 6시면 퇴근해야 할 것 같아 그때까지만 문서고를 뒤져보겠다고 처음부터 약속해둔 상태였다.

그래서 그 시간에 맞춰 부지런히 확인했으나 우리가 찾던 문서는 끝내 보이지 않았다. 그러다가 문서고를 함께 뒤지던 두 명의 조사관에게 1975년 당시 포천 지역의 공안 관련 관찰자에 대한 기록을 복사하라고 말한 후 혼자 나머지 부분을 찾던 중이었다. 이제 남은 문서의 분량은 팔 하나 벌리면 되는 정도였다. '결국 없구나' 싶은 생각에 더 확인할 필요가 없다고 체념하고 나머지를 손가락으로 드르륵 치면서 돌아서던 그때였다.

순간적으로 '88'이라는 숫자가 내 눈에 잔상으로 남았다. '어!' 하며 급히 그 부분을 뒤져봤다. 있었다. 다른 문서의 갈피에 우리가 그토록 찾았던 1988년 장준하 사건 재조사 기록이 있었던 것이다. 그때의 기쁨은 그야말로 전율이었다. 그리고 없다는 것도 정말 없는지를 분명하게 확인하자며 세웠던 원칙이 이처럼 큰 수확을 가져다줬다는 생각에 내가 느낀 행복감은 대단했다.

한편 극적인 과정을 통해 우리가 확보한 1988년 경찰 재조사 기록은 이 사건 조사 과정에서 많은 의문과 의혹을 정리해주는 매우 중요한 역할을 했다. 무엇보다 1975년 변사 기록이 폐기된 마당에 추락 경위를 목격했다는 김용환의 진술과 이후 행적 등에 대한 경찰 기록이기에 그 가치는 매우 중요한 결과물이었다. 그동안 구전으로만 전해져오던 장준하 사건에 새로운 계기가 만들어졌다고 평가하기에 충분한 자료였던 것이다.

# 극적으로 찾아낸
# 장준하 의문사
# 관련 기록들

이제 다시 본론으로 돌아가서 김희숙 여사의 집에서 실시한 실지조사에 대해 좀더 상세히 알아보자. 약속된 며칠 후, 우리는 김희숙 여사의 동의를 받고 마천동 자택을 방문했다.

나를 포함하여 모두 세 명으로 구성된 장준하 사건 팀은 평균 연령이 매우 젊었다. 처음 조사팀을 구성할 때 마음에 맞는 조사관끼리 구성할 수 있도록 해주겠다는 김희수 위원의 배려가 있었기에 가능했던 일이다. 일단 민간 출신으로 지난 1기부터 일해온 문형래 조사관이 장준하 사건에 참여하고 싶다고 자청했다. 나머지 한 명은 파견 나온 공무원 중에서 선발해야 했다. 민간 출신과 파견 나온 공무원이 함께 조사에 참여하는 것이 조직 운영 방침이었기 때문이다. 고심 끝에 결정한 이가 동국대 경찰행정학과 출신으로 이제 막 경찰에 입문한 유혜경 경위였다.

참고로 문형래 조사관은 성격이 아주 꼼꼼하고 치밀했다. 그래서 중정으로부터 협조받은 문서를 매우 잘 분석했고 이를 통해 상당한 사실을 밝혀냈으며 우리에게 비협조한 문서가 무엇인지를 찾아내는 성과를 냈다. 또한 장준하가 만약 약사봉에서 추락했다면 실제로 어느 정도로 부상을 입게 될 것인가를 밝히자며 제안한 이도 문형래 조사관이었다. 그 후 문형래 조사관은 우리나라에서 자동차 충돌 시 신체가 입게 될 부상 등을 연구하는 최고의 전문가인 홍익대 최형연 교수를 상대로 협조를 이끌어냈다. 그리고 많은 노력 끝에 '실족 추락 시 컴퓨터 시뮬레이션 실험' 결과를 도출하여 장준하의 사인을 규명하고자 많은 노력을 기울였다.

또한 경찰에서 파견 나온 유혜경 조사관은 사건에 관여한 당시 경찰관과 자료에 대한 분석 조사를 담당했다. 무엇보다 경찰관의 입장에서 당시 이 사건을 처리한 이들의 심리에 대해 많은 정보를 제공했고 퇴직하고 행방을 알 수 없는 경찰관의 인적 사항을 찾아내어 조사하는 등 많은 역할을 해주었다. 젊었기에 참으로 열정과 의욕이 충만하던 때였다.

한편 결론적으로 이날 김희숙 여사 자택에서 실시된 실지조사 역시 많은 성과를 얻었다. 우리가 그토록 찾았던 장준하의 사라진 사체 필름은 물론이고 그 외에 생각지도 못한 중요한 자료 역시 확보한 것이다. 이들 자료를 찾게 된 경위는 어쩌면 단순했다.

혹시 집에서 오랫동안 방치된 물건이 있느냐는 물음에 잠시 생각하시던 김희숙 여사가 작은 방에 두 개의 큰 박스가 있다고 답변하셨다. 그래서 일단 그 박스를 확인하는데 온갖 잡동사니가 다 나오고 나서야 맨 밑바닥에 '숨겨져 있던' 관련 자료가 쏟아져 나왔다.

횡재한 기분이 바로 그런 느낌일 것이다.

만약 우리가 찾아낸 자료 중 가장 중요한 것 하나를 꼽아보라고 한다면 장준하의 장남 장호권 씨가 작성한 7쪽 분량의 자필 메모라고 답할 수 있다. 아버지의 장례식이 끝나고 3일이 지난 1975년 8월 24일 호림산악회 회장인 김용덕 등 18명과 함께 사고 현장을 다녀온 사실을 비롯하여 이후 네 차례에 걸친 사고 현장 방문 후 그 결과를 아버지의 49재가 끝난 1975년 10월경에 작성한 메모였다.

이 메모가 특히 의미 있는 이유는 목격자라고 자처하는 김용환의 진술이 나름대로 잘 정리되어 있는 데다 사건 현장을 방문한 중정 요원들의 모습, 그리고 그들이 타고 온 안테나가 높은 검은 세단 자동차에 대한 기록 등 사건을 전후한 여러 정황과 목격 사실이 꼼꼼하게 기재되어 있다는 점이었다. 이를 통해 우리는 사건을 둘러싼 그날 밤 무슨 일이 있었는지 이해하는 데 많은 도움을 받았다.

그런데 이 모든 자료의 가치를 넘어서는 정말 중요한 것이 따로 있었다. 바로 1975년 8월 20일 밤 10시 40분에서 12시 사이에 녹음된 낡은 녹음테이프를 찾는 일이었다. 모두 1시간 7분 분량의 음성이 녹음된 테이프였는데 이 테이프가 만들어진 경위 역시 그 사연이 기구했다. 1989년 북한을 밀입국한 사건으로 큰 사회적 파문을 일으켰고 이후 평화적인 통일을 위해 큰일을 해내신 문익환 목사가 30여 년 후 우리 조사팀을 위해 남겨주신 선물이었던 것이다.

# 사라진
## '1시간 7분' 증언,
## 녹음테이프를 찾다

1975년 8월 17일 포천 약사봉에서 숨진 장준하가 집으로 돌아온 시각은 8월 18일 아침이었다. 걸어서 집을 나간 장준하가 들것에 실려 운명한 채 집으로 돌아온 것이다. 그가 생전 마지막으로 남긴 재산은 고작 150만 원짜리 전셋집 하나였다. 그 당시 국회의원을 지냈던 사람으로서 그가 얼마나 청렴한 인생을 살았는지 알 수 있는 일이었다.

장준하의 장례는 5일에 걸쳐 치러졌다. 장준하의 죽음을 실족 추락사로 믿는 조문객은 없었다. 말하지 못하는 비통함과 분노가 좁은 상가를 가득 채웠다. 할 수 없이 길거리에 천막을 치고 조문객을 맞이했다고 한다. 하지만 조문객은 끊이지 않았다. 생전 장준하가 남긴 굴곡 많은 인생만큼 참으로 다양한 직업을 가진 많은 이들이 장준하의 죽음을 애도했다고 한다.

그런데 단 한 사람이 보이지 않았다. 많은 이들이 기다리고 찾

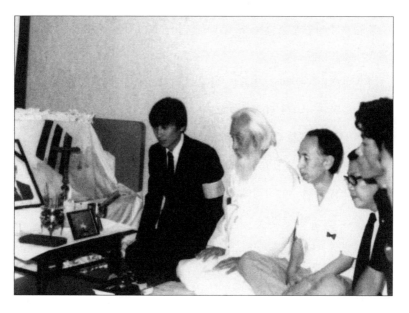

1975년 8월 의문의 죽음으로 세상을 떠난 장준하의 빈소를 지키는 유가족.
지인들과 함석헌(왼쪽 두 번째).

앉는데도 그의 행방을 알 수 없었다고 한다. 바로 장준하의 실족 추락사를 봤다는 김용환이었다. 상식적으로 누구보다 먼저 상가를 방문하여 유족과 지인들에게 장준하의 사망 경위에 대해 설명해야 할 사람인데 5일장이 다 지나가도록 그가 나타나지 않는 것이었다. 이런 상황에서 사람들이 김용환에 대해 의심하는 것은 오히려 당연한 일이 아니었을까.

한편 그렇게 찾던 김용환이 마침내 장준하의 상가에 나타난 것은 8월 20일 밤 10시 40분경이었다고 한다. 갑작스러운 그의 등장에 많은 사람들이 분주해지기 시작했다. 먼저 김용환을 상대로 목격 경위에 대해 물어보자며 장준하의 시신이 모셔져 있던 안방으로 그를 불렀다고 한다. 이 자리에는 문익환 목사를 비롯하여 계훈제, 함석헌, 장호권 등이 있었다. 그때였다. 문익환 목사가 어디선가 그 당시 유명했던 이른바 '독수리표 카세트'를 구해왔다. 목격자를 자처하는 김용환의 말을 녹음하여 이를 기록으로 남겨야겠다고 생각했던 것이다.

문익환 목사의 이 같은 순간적인 판단은 실제로 우리가 이 사건을 조사하는 데 큰 도움을 주었고, 그래서 우리 입장에서는 너무나 귀한 선물이었다. 만약 이 녹음테이프가 없었다면 어쩌면 우리 역시 목격자를 자처하는 김용환의 말에 따라 춤을 추는 등 큰 어려움을 겪게 되었을 것이다. 자신의 말을 수시로 바꾸는 목격자의 주장 때문에 너무 힘들었는데 그나마 이마저 없었다면 우리로서는 비빌 언덕조차 없는 막막한 상태였을 것이다.

그런데 다 좋았는데 딱 한 가지 문제가 있었다. 그것도 매우 심각한 문제였다. 문익환 목사가 김용환의 목소리를 녹음하는 과정에서 이를 숨기고자 카세트를 이불로 덮어놨는데 이로 인해 녹음된 음질이 최악이었던 것이다. 더구나 근 30여 년간을 아무렇게나 방치되어 있었기에 더욱 그랬는지도 모른다. 또 하나는 목격 사실을 주장하는 김용환 씨의 특유한 어투와 작은 목소리 역시 한몫했다.

틀어본 녹음테이프는 그야말로 엉망이었다. 도저히 무슨 말인지 들리지가 않았다. 간간히 한두 마디 들리는 말 이외에 나머지는 온통 잡음뿐이었다. 그러다 보니 전체적으로 무슨 말을 하고 있는 것인지 확인하기가 어려웠다. 이런 수준으로는 증거 자료로 활용하는 것은 고사하고 참고 자료로도 사용할 수 없는 일이었다. 난감 그 자체였다.

# 국가와
# 민간 전문가를 동원한
# 음성 복원 싸움

논의 끝에 우리는 확보한 테이프를 국립과학수사연구소(이하 '국과수')로 보내기로 했다. 그리고 곧바로 국과수에 음질 보정을 요청했다. 하지만 국과수 측으로부터 '음질 보정' 작업이 끝났다는 연락이 와서 방문한 날, 우리는 뜻밖에 난감한 설명을 들어야 했다. 테이프 상태가 너무 심각하여 끝내 제대로 된 음질을 복원하는 데는 실패했다는 것이었다.

최대한 잡음은 제거했으나 여전히 테이프에 담긴 내용을 확인하는 것은 어렵다는 설명이었다. 그러면서 자신들도 최선을 다하고자 세 번이나 음질 보정 작업을 했지만 끝내 실패했다며 그들은 미안해했다. 우리로서는 난감한 상황이었다. 이 귀한 자료를 제대로 들어보지도 못한 채 이대로 버려야 하는 것일까 애가 바짝 탈 지경이었다.

그때였다. 국과수 담당 직원이 한마디를 툭 던졌다. "사실 음질 보정은 우리보다 민간 전문가가 장비도 더 좋고 실력도 더 뛰어납니다." 즉, 국과수가 다른 장비는 월등히 우수하지만 음질 보정만큼은 민간 녹음실이 보유한 장비가 훨씬 좋으니 민간 업체에서 한 번 더 시도해보라는 조언이었다. 희망이 끝나지 않았다는 사실에 나는 코가 땅에 닿을 만큼 크게 인사를 하며 다시 민간 전문가를 수소문했다.

그렇게 해서 만난 이가 경기도 광주의 한적한 시골 마을에서 녹음실을 운영하던 이석래 사장이었다. 의문사진상규명위원회의 공식 회의 때마다 속기 업무를 해주던 정민경 속기사의 소개로 만난 그는 정말 프로였다. 나는 만 3일간을 꼬박 밤낮없이 이석래 사장과 함께 그곳에서 음질 보정 업무를 했다. 음질 보정 작업이라는 것은 쉽게 말해서 테이프를 크게 틀어놓고 계속해서 잡음을 제거하는 것이었다. 그렇게 반복해서 잡음을 제거하다 보면 결국 최종적으로 그 안에 담긴 말만 남도록 하는 것이 음질 보정인 것이다.

지금도 참 고마운 일은 이석래 사장의 헌신성이었다. 그가 사명감을 가지고 이 일을 해주지 않았다면 불가능한 일이었기 때문이다. 그가 꼬박 3일간 잠도 못 자고 작업해준 대가로 지불한 금액은 사실 그 업계의 공정가격으로 치면 턱없이 적은 액수였다. 국가기관이 예산으로 쓸 수 있는 비용이 한정되어 있어 많은 돈을 지급할 수 없는 사정 때문이었다.

물론 이석래 사장 역시 처음에는 너무 적은 수고료를 듣고 난색을 표했다. 그러다가 그가 마음을 바꾼 것은 장준하 사건에 대한 설명과 그가 어떤 인물이었는지를 듣고 난 후였다. 이 사건의 진실을 규명하는 데 이 녹음테이프가 얼마나 중요한 것인지에 대해 조근조근 설명하자 이석래 사장의 마음이 움직였다. 다시 생각해봐도 참으로 고마운 일이었다.

더구나 이 작업을 끝내는 데 많은 시간을 주지 못한 것 또한 많이 미안한 일이었는데 이에 응해준 것 역시 그랬다. 넉넉하게 시간을 주면 별 문제가 없겠지만 의문사위원회의 조사 기간이 한시적이었기에 나는 3일 안에 이 작업을 마쳐줘야 한다고 다그쳤다. 그런데도 그는 적은 수고료와 꽉 짜인 시간을 제시하는 우리에게 짜증 한 번 내지 않고 이 일을 수행해줬다. 3일째 되던 날 오히려 미안해진 우리가 이제 그만하고 끝내자고 하는데도 그는 한 번만 더 음질 보정 작업을 하자며 나섰다. 조금만 더 해보면 음질이 훨씬 더 좋아질 것 같다는 말이었다. 전문가다운 근성을 가진 그를 만난 것 역시 우리의 행운이었다.

그 덕분이었다. 이 귀한 조사 자료를 제대로 써 먹어보지도 못하고 버려야 하나 걱정했던 녹음테이프가 국과수와 민간 전문가의 도움을 통해 살아난 것이다. 거의 알아들을 수 없었던 녹음테이프에서 목격자의 목소리가 들리기 시작한 것이다. 바로 그날, 그러니까 1975년 8월 20일 밤 10시 40분부터 12시까지 약 1시간 7분에 걸쳐 사고 경위를 말하는 젊은 김용환의 말이었다.

## 사건 후 3일간
## 행적이 묘연한
## 목격자?

그런데 여기서 한 가지 짚고 넘어가야 할 논란이 있다. 사건 발생 후 김용환이 장준하의 상가를 방문한 때가 언제냐는 것이다. 조사팀은 그가 장준하의 상가를 방문한 것은 장준하의 발인 전날인 20일 밤으로 판단했다. 그러나 김용환은 자신이 상가를 방문한 날짜가 서돈양 검사에게 조사를 받고 풀려난 바로 그날 저녁인 18일 밤이라고 주장한다.

하지만 그의 주장은 여러 가지 근거를 살펴볼 때 사실이 아니었다. 녹음된 1975년 녹음테이프에 담긴 대화를 분석해보면 그가 상가를 방문한 날짜를 알 수 있는 내용이 담겨 있기 때문이다. 김용환을 상대로 사건 경위를 묻는 문익환 목사가 언급한《동아일보》기사 관련 내용이다.

문익환은 녹음테이프에서 김용환에게 "(김용환 선생이 말하기를 장준하가) 소나무를 잡는데 여기가 휘면서 이제 떨어졌다, 그렇게 지난번에 얘기하셨는데 지금 《동아일보》에 난 그걸 보면 상당히 급한 벼랑이거든"이라고 말하고 있었다. 문익환 목사가 장준하의 사고와 관련한 《동아일보》 기사를 언급하며 김용환에게 사건 경위를 묻는 대목이다.

그렇다면 장준하의 죽음을 다룬 《동아일보》 기사는 언제 보도된 것일까. 1975년 8월 19일자였다. 이날 《동아일보》는 장준하 사망에 얽힌 의혹을 특집 기사로 보도했는데 이 기사를 쓴 장봉진 기자는 "장준하가 소나무를 잡고 내려오다가 나무가 휘면서 실족 추락사했다"라는 목격자의 주장에 대해 총체적인 의문을 제기하고 있었다. 그러면서 같은 의혹과 관련하여 목격자를 상대로 추가 조사를 할 계획이라며 검찰 역시 석연치 않게 이 사건을 보는 것으로 보도했다. 그런데 이처럼 문익환이 19일자 《동아일보》를 언급했다면 이 것은 김용환이 찾아왔다는 18일 이후여야 가능한 이야기였다.

이를 뒷받침하는 증거는 또 있다. 1975년 사건 발생 직후부터 장준하 사건을 취재해온 당시 동아방송의 송석형 기자가 남긴 취재 기록의 메모였다. 송석형 기자는 장준하가 사망한 직후 이 사건에 대해 광범위한 취재에 돌입했다. 그리고 그 결과를 자필로 꼼꼼하게 기록으로 남겨놓았는데 우리가 입수한 메모에 김용환이 상가를 방문한 사실도 기재되어 있었다. 그에 따르면 "문답은 8월 20일 장준하의 빈소 안방에서 가족과 함께 10시 40분부터 12시까지 있었음"이라고 기록해놓고 있었다.

김용환의 방문이 18일인지, 아니면 20일인지는 반드시 규명해야 할 매우 중대한 의혹이다. 만약 김용환이 장준하의 발인 전날인

20일에 상가를 방문했다는 여러 사람들의 진술이 사실이라면 적어도 사건 발생 당일인 오후 3시경 그가 사라진 후 3일 만에 나타났다는 결론에 도달한다. 그렇다면 이 3일의 공백기 동안 어디서 누구와 무엇을 했는지에 대한 추가 조사가 반드시 필요하기 때문이다.

나는 김용환이 자신의 상가 방문 날짜를 18일이라고 주장하는 것 역시 바로 이 때문이라고 판단했다. 만약 20일에 상가를 방문한 것이 사실이라고 인정할 경우 그동안 자신이 어디서 무엇을 했는지에 대해 설명하지 않으면 안 되기에 그가 이처럼 모두가 아니라는데 혼자만 맞는다고 하는 것이 아닐까 생각했다. 반드시 규명해야 할 의혹 중 하나다.

# 김용환, 그는 왜
# 사실이 아닌
# 신원보증을 말하나

또 하나의 의문이 있다. 김용환이 의정부지청에서 서돈양 검사에게 조사를 받고 풀려나오는 과정에 대한 그의 주장이다. 그는 그동안 《월간조선》 등 보수 매체와 인터뷰를 할 때마다 자신이 의정부지청에서 아무 일 없이 나올 수 있었던 근거를 김희숙 여사가 신원보증을 해줬기 때문이라고 늘상 말해왔다. 김희숙 여사가 "목격자인 김용환 씨는 우리 식구와 같은 사람이라 의심하지 않아도 되니 그냥 석방해달라"며 서돈양 검사에게 서류를 제출했고 이 때문에 자신이 아무런 의심 없이 석방된 것이라는 주장이었다.

하지만 조사 결과 이는 전혀 사실이 아니었다. 김용환의 주장과 같은 일은 없었다. 먼저 김희숙 여사에게 김용환의 석방을 요구하는 신원보증을 서돈양 검사에게 한 사실이 있느냐고 묻자 "김용환 씨가 의정부지청으로 갔다는 말을 듣거나 안 적도 없는데 무슨 신원보증을 하겠느냐"라고 진술했다. 그러면서 "남편이 죽어 하늘이 무너졌는데 무슨 정신으로 그런 일을 하고 내가 왜 그를 식구처럼 생각한다는 글을 쓸 수 있겠느냐"라면서 그의 주장에 황당하다는 반응을 보였다. 만약 그를 믿었다면 왜 그의 말을 녹음했겠느냐는 반문이었다.

이뿐만이 아니었다. 김용환에게 김희숙 여사의 신원보증 사실을 어떻게 알게 되었느냐고 묻자 그가 한 답변 역시 사실이 아니었다. 그는 석방되고 난 후 자신에게 김희숙 여사의 신원보증에 대해 알려준 사람이 호림산악회 회장인 김용덕이나 또는 김희로였다고 주장했다.

이러한 김용환의 주장을 김용덕과 김희로에게 확인하자 이들은 같은 말로 반박했다. 사건 직후 말도 없이 사라진 김용환을 자신들이 찾았는데 무슨 소리냐는 것이었다. 김희로는 의문사위원회 조사에서 "의정부지청에 지금까지 단 한 번도 간 적이 없고, 당시 나는 김용환 씨가 의정부지청에서 조사를 받고 풀려 나온 것도 모르고 있는 상황이었으며, 미망인의 신원보증으로 김용환이 풀려났다는 것에 대해 아는 바 없다"고 잘라 말했다.

또한 호림산악회 회장 김용덕 역시 위원회 조사에서 "사건 발생 당일 장준하의 사체를 벼랑에서 아래 소로길로 내린 후 김용환이 어디론가 사라졌으며 이때 자신이 이동지서로 가 있으라고 말을 한 것처럼 김용환이 주장한다고 하는데 그와 같은 말을 김용환에게 내가 할 이유도, 한 사실도 없다"고 진술했다.

그러면서 김용환이 그 당시 의정부지청으로 갔다는 말 역시 처음 듣는 말이며 그가 왜 자신들이 하지도 않은 말을 했다고 주장하는지 이상하다면서 화를 냈다. 하지만 이 같은 당사자들의 확인에도 불구하고 김용환은 끝까지 자신의 말이 맞는다는 말만 하고 입을 닫아버렸다.

그러나 김용환의 이 같은 일방적인 주장은 당시 검사였던 서돈양의 결정적인 진술을 확보하면서 사실이 아닌 것으로 최종 확인되었다. 서돈양에게 "김용환을 조사한 후 석방시킨 이유가 김희숙 여사로부터 신원보증이 있었기 때문이냐"고 묻자 그는 황당해했다. "김희숙 여사에게 당시 그런 서류를 받은 적도 없지만 그런 서류를 받을 이유도 없다"고 잘라 말했다.

서돈양에 따르면 당시 김용환은 피의자 신분이 아니라 그저 사고 상황을 목격한 참고인에 불과하여 조사가 끝나 돌려보낸 것일 뿐 그의 신원을 보증하는 유족의 서류를 받을 이유가 없다는 것이었다. 실제로 무슨 서류를 받은 사실 역시 없다고 그는 분명하게 확인해줬다.

그렇다면 김용환은 왜 이처럼 사실이 아닌 말을 마치 사실인 것처럼 오랫동안 주장해왔으며 또한 지금도 역시 이 같은 말을 되풀이하는 것일까.

자신에게 쏠리는 의혹을 방어하기 위한 차원에서 만들어낸 말이라고 나는 판단했다. 특히 유족의 대표성을 가지고 있는 김희숙 여사조차 자신에 대해 "식구 같은 사람"이라며 신원보증을 하여 검찰에서 당당하게 석방되었는데 왜 유족도 의심하지 않는 자신을 두고 잘 알지도 못하는 다른 사람들이 이러니저러니 떠드느냐는 강력한 반박 논리로 삼고자 만든 이야기라고 나는 봤다.

이 같은 김용환의 생각을 확인할 수 있는 자료가 있다. 2기 의문사위원회에 첫 출석한 날 우리에게 제출한 그의 자필 진술서였다. 그는 사건이 발생한 후 자신의 행적에 대해 다음과 같이 기재했다.

"나는 이동파출소로 가고 (다시) 이동파출소에서 포천경찰서로 가서 밤을 보낸 후 다음 날 의정부지청으로 간 후 사모님께서 신원보증을 해주셔서 의정부지청에서 오후에 나오게 됐다."

이처럼 그는 자신에 대해 의혹을 제기하는 이들을 향해 사실이 아닌 김희숙 여사의 신원보증을 언급했다. 정말 이해할 수 없는 주장이다.

# 김용환,
# 그는
# 누구인가

본격적인 조사에 앞서 먼저 김용환과 장준하가 처음 어떻게 인연을 맺게 된 것인지 확인할 필요가 있었다. 도대체 어떤 인연으로 장준하의 최후를 보는 마지막 동행자가 된 것인지 궁금했다. 장준하의 유족, 그리고 김용환을 잘 아는 호림산악회 관계자들을 상대로 조사한 결과 김용환이 장준하를 처음 찾아온 때는 1967년 4월 어느 날이었다.

1967년 4월 어느 날. 당시 야당 대통령 후보인 윤보선의 선거 지원 유세 중 장준하는 박정희를 향해 그의 친일 행적과 남로당 활동을 폭로하며 강도 높게 비판했다. 그가 '국가원수 모독죄'로 박정희 정권에 의해 두 번째로 구속된 이유였다. 그리고 이때 감옥에 갇힌 장준하는 국회의원 선거에 옥중 출마를 결심하고 서울 동대문 지역 출마를 선언했다. 하지만 후보자가 구속 중인 상태에서 급조된 선거 사무실 분위기는 어수선하기만 했다. 돈도 없고 사람도 없는 상태였던 것이다.

그때 낯선 한 남자가 사무실로 들어섰다. 그는 당시만 해도 생소한 선거 자원봉사를 자청하며 찾아왔다고 했다. 그가 바로 김용환이었다. 그리고 이렇게 찾아온 김용환을 처음 맞이한 사람이 1975년 8월 17일, 문제의 포천 약사봉으로 산행을 떠난 호림산악회 회장 김용덕이었다.

김용덕의 기억에 의하면 당시 자신들의 입장에서 자원봉사를 자청하며 찾아온 김용환은 구세주처럼 고마웠다고 한다. 돈이 없어 선거운동원을 구할 수도 없는 그때 스스로 찾아온 김용환에게 그는 자신이 책임자로 있던 홍보와 선거 유세 지원 업무를 맡도록 업무 분장을 했다고 한다. 그렇게 해서 시작된 것이 장준하와 김용환의 인연이었다.

한편 제2기 의문사위원회에 제출한 김용환의 자필 진술서에 의하면 이와 관련한 소상한 내용이 더 들어 있었다. 장준하와 인연을 맺게 된 구체적인 경위와 사건 발생 직전까지 자신의 행적에 대한 그의 주장이다.

군 제대 후 일정한 직업이 없이 생활하다《사상계》를 통해 알게 된 장준하 선생을 도와주고 싶어 67년 지구당 사무실을 찾아갔으며, 그곳에서 김용덕을 처음 만나 선거운동을 도와주게 되었다. 67년 6월까지 유세반에서 일하다가 선거운동이 종료된 이후에는 지구당에서 상근하며 일하였다. 그후 68년도 최인규 지구당 간사가 사퇴하여 본인이 간사 일을 했고, 사상계에 근무하던 김동준 씨가 총무를 하다가 종로 법문사로 이직하여 다시 총무로 일했다.

논란의 시작은 1971년 치러진 국회의원 선거에서 장준하가 낙선한 이후 김용환의 행적이었다. 그는 1975년 1월 자신의 집안 사정으로 인해 취직을 해야 했고, 그래서 당진의 모 중학교 시간 강사로 채용되기 전까지 장준하의 곁을 떠난 적이 없었다고 주장했다. 그래서 자신이 사라졌다가 몇 년 만에 갑자기 사건 당일 나타났다는 의혹은 사실이 아니라며 억울함을 호소했다.

우리 역시 그의 주장이 사실인지 아닌지 알 길이 없어 답답했다. 그런데 그가 줄기차게 주장해온 이 말이 사실이 아님을 확인할 수 있었던 결정적인 열쇠는 당시 장준하가 처한 경제적 어려움 덕분이었다. 중정의 공작으로 사상계가 부도난 후 그의 생계는 치명적인 상태에 이르렀다. 국회의원으로 당선은 되었지만 김희숙 여사는 월급을 한 번도 받아보지 못했다고 술회했다. 사상계의 부도로 국회의원 월급마저 이미 빚쟁이들에 의해 차압되어 있었던 것이다.

국회의원 신분이었던 그때도 이랬으니 1971년 국회의원에서 낙선한 후의 상황은 말할 것도 없는 실정이었다. 지구당 사무실은 고사하고 당시 장준하가 살던 집 역시 150만 원짜리 전셋집이었다. 그런데 김용환의 주장처럼 그가 이때에도 장준하의 곁을 떠나지 않고 상근하며 일을 계속했다면 도대체 어느 사무 공간에서 일을 했다는 것인지 의문이 들었던 것이다.

그래서 이를 집중적으로 따지고 확인하며 치밀하게 좁혀 들어가자 그의 말이 조금씩 달라져갔다. 처음에는 장준하의 지구당 사무실이 그대로 있었다고 주장했다. 가족들을 통해 사무실이 없었다는 사실을 확인한 후 이를 반박하자 그는 다시 장준하의 집에서 일을 했던 것 같다고 두루뭉술하게 답변했다. 하지만 이 역시 사실일 수가 없었다. 3남 2녀를 포함하여 모두 7명이 거주하는 전셋집에서 그가 일할 사무 공간도 있을 수 없는 일이었다.

그제야 김용환은 말을 바꿨다. 그동안 한 번도 곁을 떠난 적이 없다며 내내 주장하던 그가 사실은 장준하 선생이 낙선한 1971년 이후부터는 상근했다는 그동안의 주장을 취소한 것이다. 대신 그 사이 기간에 장준하를 전혀 만나지 않은 것은 아니고 틈틈이 접촉했다는 말로 주장을 바꿨다. 예를 들어 1973년 12월에 있었던 '100만인 서명운동' 기자회견이라든가 1974년 12월 감옥에서 석방된 장준하가 입원한 병원으로 당시 지구당 당원들과 병문안을 하기도 했다는 말이었다.

하지만 이 역시 그의 일방적인 주장일 뿐 실제로 그랬는지에 대해 그가 객관적으로 확인해준 사실은 없었다. 여하간 사건 발생 전까지 장준하의 곁을 떠난 적이 없었다는 그동안의 김용환의 주장은 사실이 아니었다.

# 직업 없이
# 무슨 돈으로
# 살았을까


이외에도 김용환에게 남는 의문이 또 있었다. 사실상 장준하의 곁을 떠난 후인 1971년부터 1975년 1월 사이에 어떻게 살았느냐는 질문에 그가 한 말이다. 그는 직업을 구하지 않고 그냥 생활했다고 답변했다. 김용환은 당시 40대 초반으로 당연히 결혼했고 자녀도 있었다. 그런데 가장으로서 돈도 벌지 않고 무슨 돈으로 살았다는 것인지 이해가 되지 않았다. 이에 대해 묻자 그는 "직장을 구하지 않은 것은 내키지 않아 그런 것이며 다만 당시 부친이 운영하던 충남 당진과 인천을 오가는 화물선이 있어 이 일을 도와주며 그 운반 수수료로 생활할 수 있었다"라고 답변했다.

이러한 김용환의 주장은 사실이었을까. 김용환이 《월간조선》 등 자신의 말을 믿어주는 보수 매체와 인터뷰를 할 때마다 의문사위원회를 비판하는 근거로 빼놓지 않고 지적하는 사항이 있었다. 2004년 8월 그가 《월간조선》과 인터뷰한 관련 기사의 일부를 발췌 인용한다.

**30회 이상 조사를 받아야 할 만큼 진술할 내용이 많습니까.**

그 사건이 복잡한 것도 아니고 단 1분, 아니 몇 초만 이야기
하면 끝나는 거예요. 내 생각에는 10분이면 조사가 끝나요.
그렇게 길어야 할 이유가 없어요. 반복에 반복을 하는 거예요.

**그런데 왜 의문사委에 자꾸 출두를 하십니까.**

자꾸 출두를 요구하니까. 그리고 나는 떳떳하니까. 내가 숨
기는 게 없으니까. 조사를 받으면서 난 느낄 수 있었습니다.
조사관들은 내가 거짓말을 안 하고 있다는 걸 알아요. 하다
하다 더 조사할 게 없으니까 내 뒷조사를 다 했어요. 가족
사항, 친구 관계, 군 생활까지. 도대체 내 가족 사항과 장 선
생님 사망 사건이 무슨 관련이 있다는 말입니까.

**그런데도 의문사위가 김 선생님에게 자꾸 출두 요구를 하는 이유는 뭐
라고 생각하십니까.**

자기들의 조직 수명 연장을 위해서예요. 공명심도 있겠죠.
장 선생님 사건만큼 의문사위의 수명을 연장해주는 데 더
좋은 사건이 어디 있겠어요? 의문사위의 사무실에 가보세
요. 1기 때보다 2기 때 인원이 훨씬 더 늘었어요.

김용환의 인터뷰만 놓고 본다면 의문사위원회 조사관이었던 나

는 참 '나쁜 사람'이다. 1분, 아니 몇 초면 해결될 이런 시시한 의문을 가지고 김용환을 억울한 피해자로 만들고 있는 것이다. 더구나 목격자를 자처하는 김용환이 거짓말을 하지 않는다는 사실을 조사관인 내가 다 알면서도 의문사위원회의 조직 수명을 연장하고자 그의 가족과 친척들까지 뒷조사를 했다는 그의 말에 분노하지 않을 사람은 없을 것이다.

하지만 우리가 그들을 만나지 않을 수 없는 이유가 있었다. 김용환이 직업 없이 생활할 수 있었던 이유로 제시한 화물선 운영에 대한 근거를 반드시 확인해야 한다고 생각했기 때문이다. 그리고 이를 잘 아는 사람은 그의 가족밖에 없었다. 그가 무슨 서류를 가져와서 우리에게 화물선이 실제로 있었다는 근거를 보여줬다면 모르겠지만 그의 말만으로 이 화물선이 있었다고 믿을 수는 없는 노릇이었기 때문이다.

그리고 확인된 사실은 역시 우리의 예측대로 김용환의 주장과 많이 동떨어져 있었다. 김용환의 작은아버지 김 모 씨로부터 확인한 진술이었다. 그는 의문사위원회 조사에서 "김용환의 부친이 농사일과 함께 화물선을 운영하였는데 기억하기에 1950년 6·25 전쟁 전까지 화물선을 운영했던 것으로 기억된다"고 진술했다.

김용환의 남동생이 한 진술은 더욱 구체적이었다. 그는 "형제 사이지만 자주 왕래하는 편이 아니었기 때문에 형이 무슨 일을 했는지에 대한 기억은 거의 없다"라고 말했다. 그러면서 "서울 이문동에 거주하던 1970년대에 형이 어느 지구당 사무실에서 일한 적이 있다는 것은 알았지만 자세한 내용은 모른다"면서 "아버지가 주로 농사

일을 많이 하였으나 화물선도 운영한 사실이 있는데 주로 인천 등지에서 소금을 운반하는 일이었다. 그러나 이 사업을 직접 한 것이 아니라 사람을 두고 운영했는데 이렇게 화물선을 운영했던 것은 자신이 고등학교를 졸업할 당시였던 1964년경까지였다"라고 말했다. 이들의 진술에 의하면 사실은 하나였다. 적어도 1971년 당시에는 이미 화물선이 없었다는 사실이다. 따라서 김용환이 이 운반비를 받아 생활했다는 진술은 앞뒤가 맞지 않는 말이었던 것이다.

그렇다면 그는 도대체 무슨 소득으로 생활했던 것일까. 그리고 왜 이처럼 명백한 거짓을 말하는 것일까. 그런데도 이 사건이 1분, 아니 몇 초면 해결될 일이라며 그가 억울함을 주장하니 오히려 우리가 더 억울한 일이 아닐까. 이런 사소한 문제부터 의문이 해결되지 않으니 그를 상대로 한 장준하 사건에 대한 의혹은 말할 필요도 없지 않겠는가.

# 1971년 이후
# 사라진 김용환이
# 다시 장준하에게 나타나다

그래서 조사관의 욕심으로 가장 먼저 만나고 싶은 이는 당연히 목격자를 자처하는 김용환일 수밖에 없었다. 사건 당시부터 지금까지 수많은 이들로부터 끊임없는 의혹의 중심에 서 있는 사람. 도대체 어떤 사람인지, 그가 주장하는 진실이 무엇인지 정말 알고 싶고 묻고 싶은 것이 너무 많았다.

장준하 선생의 죽음이 정말 실족사인지? 정말 김용환이 그것을 본 것이 사실인지? 그렇다면 왜 장준하의 몸에는 그 같은 명백한 외상이 없는 것인지? 1971년 이후 행방이 사라졌다는 그가 어떤 경위로 사건 발생 당일 나타난 것인지와 사건 발생 후 알 수 없는 그의 행적은 무엇인지, 그리고 그 사이 누구를 만나 어떤 일을 한 것인지 따위의 의문과 질문이 두서없이 떠올랐다.

하지만 나는 이 같은 욕망을 억눌렀다. 막연하게 그를 만나 그냥 궁금한 것을 물어보는 형식으로 진실을 확인하는 것은 불가능하다고 여겼기 때문이다. 그를 만나기 전 그가 해온 그동안의 주장이 무엇인지를 먼저 확인하고 여러 사람들이 제기하는 의혹이 무엇인지 그 근거를 뒷받침하는 자료를 확보하는 것이 필요하다고 생각했다. 조사 기간도 넉넉하지 않은 상태에서 철저한 준비가 아니면 낭패할 가능성이 높다고 판단했기 때문이다.

참고로 법적으로 정해진 2기 의문사위원회의 조사 활동 기간은 정확히 1년이었다. 그러나 이마저도 실질적인 조사 기간은 사실상 8개월 남짓밖에 되지 않는다고 봐야 했다. 먼저 사건을 분석하기 위해 적어도 한 달간은 다른 일을 할 수 없었다. 그리고 조사 업무를 모두 마친 후에는 최종 보고서를 작성하여 전원위원회에 상정한 후 위원들의 표결로서 '인정, 또는 기각이나 진상규명 불능'으로 결정하게 해야 했다. 이 작업을 하는 데 역시 적어도 두 달 이상의 시간이 필요했다.

그러니 이 같은 시간을 제외하면 사람을 부르고 관련 자료를 기관에 협조 요청하는 등의 실제 조사 업무를 할 수 있는 기간은 불과 6~7개월밖에 되지 않는 것이었다. 물론 이만큼의 기간이 무조건 적다고 말할 수는 없을지 모르겠다. 하지만 의문사위원회에서 조사해야 할 사건 대부분은 이미 수십 년씩 경과한 것들이었다. 더구나 사건의 실체를 볼 수 있는 수사 기록조차 대부분 폐기되어 확인할 수가 없었다.

다시 말해서 간단한 사건이 없었던 것이다. 그러니 조사는 늘 시간에 쫓겼고 힘들 수밖에 없었다. 최대한 시간을 활용하기 위해 쓴 방법이 하루에 세 명씩 참고인을 불러 조사하는 것이었다. 오전에

한 명을 조사하고 난 후 다시 오후에는 비교적 간단한 사실만 물어볼 참고인을 불러 조사했다. 그런 후 오후 3시경에 도착하도록 참고인을 부른 뒤 그에게 양해를 얻어 저녁까지 조사하는 방식이었다.

참고인이 돌아간 후에도 우리의 업무는 끝나지 않았다. 그날 받은 조사 결과를 토대로 다음 날 불러 조사할 참고인에게 확인할 질문을 정리해야 했다. 그리고 필요한 참고인에게 출석 요구서를 만들어 발송하는 한편 위원회로 출석을 하지 못할 사정이 있는 참고인이나 또는 불응하는 참고인에게는 직접 지방까지 출장을 가서 조사를 해야 했다. 사족이지만 당시 우리에게는 초과근무 수당도 없었다. 그런데도 우리는 개의치 않고 일했다. 젊은 열정이 있었기에 가능한 일이었다. 참 열정적으로 조사했던 기억이 새롭다.

# 4부
# 목격자 김용환,
# 그에게 묻다

# 김용환은
# 정말
# 목격자인가?

이 같은 준비 과정을 끝내고 마침내 목격자를 자처하는 김용환을 만난 때는 조사가 시작되고 5개월쯤 지난 2003년 12월 26일이었다. 처음 본 그는 당시 60대 후반으로 충청도 억양을 쓰는 지극히 평범한 시골 아저씨 인상이었다. 험악해 보이거나 또는 나쁜 사람처럼 보이지도 않았다. 그런 그가 이 엄청난 의혹의 중심인물이 되었다는 것은 그의 개인사적인 입장에서는 비극이었다.

그와 나는 적어도 열여덟 번 이상 만났다. 공식적으로 남은 기록만 15회이고 조사 초기에는 조서 작성 없이 그냥 그의 주장을 듣기만 하고 조서를 작성하지 않았으니 횟수는 더 되었을지도 모르겠다. 나는 그에게 이 건과 관련하여 본인이 하고 싶은 말을 다 해보라고 요구했다. 나의 엉뚱한 요구에 그는 조금 당황해했다. 그동안 많은 조사를 받아왔던 그로서는 이번에는 어떤 사람이 자신을 담당할지 생각했을 것이고 나름대로 그동안 자신이 경험한 사례를 토대로 예측한 것이 있을 텐데 나의 요구는 예상 밖이라고 생각한 듯싶다.

다만 내가 그에게 요구한 것은 하나였다. 어떤 말이든 다 좋은데 본인이 분명하게 자신할 수 있는 말만 추려서 해달라는 요구였다. 조금이라도 분명하지 않거나 또는 정확한 사실이 아니면 말하지 않아도 된다고 나는 주문했다. 속된 말로 "누가 때려 죽여도 이것만은 틀림없는 사실"이라고 믿는 진실만 우리에게 말해달라고 한 것이다.

그렇게 해서 얻은 조사 결론은 너무나 실망스러웠다. 정말 장준하가 실족 추락사했다면, 그리고 그것을 정말 김용환이 목격한 것이 사실이라면 있는 사실 그대로만 확인하면 된다고 우리는 생각했다. 굳이 장준하의 타살을 입증하는 것이 우리의 목표가 아니었기 때문이다. 우리가 할 일은 오직 사실만 있는 그대로 밝히면 되는 것이었다. 타살이든 사고사를 당했든 이미 장준하는 우리 역사에서 분명한 족적을 남긴 위대한 인물이기에 우리는 오직 진실만 밝히면 되는 것이었다. 그것이 우리의 사명임을 우리는 잘 알고 있었다.

하지만 이 같은 진실을 규명하는 데 흑백을 명백하게 가려줄 것으로 기대했던 김용환의 진술은 매우 실망스러웠다. 김용환의 진술을 통해 이 오래된 '의문사건'에 종지부를 찍고자 했는데 그의 오락가락하는 진술로 인해 오히려 더 많은 의혹과 의문이 다시 재생산되고 있었던 것이다. 무엇보다 그는 자신이 목격했다는 사고 경위에 대해 조사팀 앞에서 일관성 있게, 그리고 신빙성 있게 제시하지 못했다. 먼저 사고 당일인 1975년 8월 17일, 김용환이 사건의 발생 경위를 설명하는 것부터 문제였다.

일요일이었던 그날 오전 9시경, 김용환은 서울 동대문 운동장을 출발하는 경남관광 버스를 타고 42명의 일행과 포천 약사봉으로 향한다. 일부에서는 장준하가 동대문 운동장에서 탑승했다고 주장하기도 하는데 이는 사실이 아니다. 전날 김희로와 약속한 것처럼 동대문 운동장에서 약사봉으로 가는 길에 위치한 상봉동 약국 앞에서 버스를 기다렸던 장준하가 승차한 것이다. 그리고 장준하는 김희로가 양보한 버스기사 바로 뒷좌석에 앉아 약사봉으로 간 것으로 확인되었다.

한편 그렇게 출발한 버스가 약사봉에 도착한 시각은 오전 11시 30분이었다. 이어 약사봉 입구에서 개울가 옆길로 30분을 걸어 올라간 지점에서 호림산악회 회원들은 점심을 먹고자 자리를 폈다. 이른바 식사 자리로 알려진 계곡의 끝자락 지점에 도착한 시각이 낮 12시였던 것이다. 여기까지가 살아 있는 장준하의 행적을 봤다는 이들의 기억이다. 장준하가 다른 일행들과 같이 식사 지점까지 올라왔다는 증언이었다.

그중 김희로의 진술이다. 식사 자리까지 올라온 장준하가 "산이 야트막하니 마치 뒷동산 같네. 나는 산을 좀더 둘러보고 올 테니 밥을 지어놓고 있게"라고 말한 후 계곡을 따라 올라갔다는 것이다. 그리고 약 10여 분 정도 지났을 때였다고 한다. 무슨 이유인지 모르지만 그제야 뒤늦게 김용환이 식사 자리로 왔다는 것이다.

그러면서 김용환이 자신에게 장준하의 행방을 물었고 이에 "장선생이 계곡 위쪽으로 등산을 한다며 올라갔다"는 말을 해준 사실이 있다고 진술했다. 자신의 말이 끝나자마자 김용환이 장준하 선생

을 따라가겠다며 올라간 게 자신이 기억하고 있는 내용이라고 김희
로는 말했다.

# 장준하는 정말
# 군인 두 명을
# 만났을까

그리고 이제부터 살펴볼 행적은 오직 단 한 사람, 김용환의 일방적인 주장임을 밝혀둔다. 사실인지 아닌지 알 수 있는 사람은 오직 세상에 둘밖에 없는데 그중 한 사람인 장준하가 사망하여 유일한 증언자는 김용환 혼자이기 때문이다. 그가 말하는 장준하의 마지막 행적이다.

김용환이 이후 장준하를 찾아낸 곳은 김희로의 말을 듣고 위로 올라간 지 약 10여 분 정도 후였다고 한다. 이등병 계급을 단 시골 출신 군인 두 명과 장준하가 커피를 나눠 마시고 있었다는 것이다. 그런데 장준하가 이들 군인을 만나고 있었다는 장소를 두고 그 위치를 설명하는 김용환의 진술이 참으로 어지러웠다. 그는 그 장소에 대해 때로는 산속 어디라고도 했고 또 어느 때는 산이 아닌 개울가라고도 했다.

김용환은 이 사건과 관련하여 1993년 민주당 국회의원 강수림과 대화할 때 "산기슭으로 찾아 올라갔다. 선생님이 어디로 가셨는지 몰랐던 것이다. 왼쪽으로 잡아 올라가니까 산 입구에 다다른 것이다. 조금 더 산으로 들어가니까 선생님이 거기에 계셨다. 혼자 계신 것이 아니라 군인 두 사람이 있었다"라고 말했다.

또한 1기 의문사위원회 위원장이었던 양승규 서울대 법대 교수와 2001년 5월 31일 약사봉 현장 실지조사를 갔을 당시에도 장준하가 군인을 만난 장소를 확인해달라고 하자 "(산의) 등산로를 밟아 올라가 초입을 조금 지난 후 장준하 선생이 군인들과 얘기를 나누었다는 지점을 (김용환 씨가) 가리켰다"라고 했다.

그래서 2012년 9월 1일 보도된 SBS 〈그것이 알고 싶다〉에서도 장준하가 군인을 만난 장소를 설명하면서 그 위치를 약사봉 산 1/3 지점 어딘가로 방영했다. 그렇다면 장준하는 정말 김용환의 주장처럼 산속 어딘가에서 군인을 만난 것이 사실일까. 그는 2004년 나에게 조사를 받던 당시에도 장준하가 군인을 만난 장소가 어디인지에 대해 확인을 요구하자 산속 어디인데 지금은 알 수 없다고 거듭 주장했다.

하지만 나는 김용환의 이 같은 주장을 믿을 수 없었다. 이유는 김용환이 군인을 만났다는 장소가 산이 아니라는 그의 또 다른 주장을 확인한 이후부터였다. 김용환의 육성이 녹음된 1975년 테이프 녹취록에서 그는 이렇게 말하고 있었다.

"빠른 걸음으로 계곡을 타고 한참 올라가니까 거기 사람이 두 사람……, 거기 군인 두 사람이 서 있는데 차를 먹고……, 차를 먹는 것까지는 또 못 봤어. 군인들이 서 있고요. 장 선생님이 '나 여기 있다', 차를 군인들한테 따라주고 나서……, 선생님이 조금 좋으세요. 풍채도 좋으시고……. 개울가에서 산으로 올라가신다고 그러면서 산으로 올라가시겠다고……. 그래서…… 저도 따라가겠습니다."

김용환은 분명 군인을 만난 장소를 계곡이라고 말하고 있었다. 또한 '개울가에서 산으로 올라가신다'는 구체적인 표현도 있었다. 이를 뒷받침하는 그의 진술이 또 있었다. 1988년 경찰 재조사 기록이었다. 역시 그의 진술이다.

"호림산악회 회장 김용덕 씨에게 '선생님 어디 가셨느냐'고 물어보았더니 이쪽으로 가셨다고 하면서 손으로 가리켜줘 제가 장준하 씨가 올라갔다는 방향대로 뒤따라 올라 약 500미터가량을 올라가는데 계곡 골짜기에서 장준하 씨가 성명 미상 이등병 군인 두 명과 함께 커피를 마시고 있는 것을 발견하고 선생님 왜 혼자 가셨느냐고 하였더니 별 말씀 없으시면서 '차나 한잔하게' 하여 장준하 씨가 따라주는 커피 한 잔을 마시는데 장준하 씨가 저보고 산에 올라가자고 하였습니다."

여기서 주목해야 할 표현이 '계곡'이라는 단어였다. 이 표현이 무엇인지 종잡을 수가 없었다. 산의 계곡을 의미하는 것인지, 아니면 물이 흐르는 개울이라는 것인지 종잡을 수 없이 어지러웠다. 그래서 "선생님이 쓰시는 계곡이라는 의미가 정확하게 무엇을 뜻하는 것인지 설명해달라"고 요구했다. 그는 망설이다가 "제가 계곡이라고 표현하는 의미는 개울이라는 뜻입니다"라고 확인했다.

나는 차후 또다시 김용환이 군인을 만난 장소와 관련하여 말을 바꾸지 못하도록 약사봉 일대의 항공사진을 구해 그에게 제시했다.

그리고 지도 위에서 당신이 군인 두 명과 같이 있는 장준하를 만났다는 위치를 직접 손가락으로 짚어보라고 요구했다. 그러자 그가 적지 않게 당황했다. 그러면서 쉽게 그 위치를 짚지 못하고 머뭇거리기만 했다. 나는 "본인이 직접 경험한 일인데 왜 빨리 짚지 못하느냐"며 다그쳤다. 그러자 그가 잠시 후 짚은 곳은 바로 산속이 아닌 개울이었다.

내가 이해하지 못하는 일 중 하나가 바로 이것이다. 그렇다면 김용환은 왜 그동안 때로는 산이라고, 또 때로는 개울 어디라고 그때그때 다르게 말한 것일까. 분명히 산과 개울은 다른 것인데 만약 자신의 주장이 사실이라면 어떻게 이렇게 큰 차이가 있을 수 있을까. 더구나 1기 위원회 조사 당시 그는 현장에서도 산속 어디라고 분명히 말했다. 설명이 잘못되어 전달에 오해가 있었던 것이 아니라는 말이다.

도대체 왜 이런 사소한 문제부터 그의 주장은 다른 것일까. 내가 그의 주장을 믿지 못하는 이유 중 하나다.

# 장준하의
# 약사봉 산행은
# 과연 사실일까

한편 군인들과 헤어진 장준하와 김용환이 개울가에서 약사봉 정상을 향해 본격적으로 산행을 시작한 때는 최소한 낮 12시 20분이 넘은 시각으로 판단된다. 장준하보다 약 10분 정도 늦게 식사 자리에 도착한 김용환이 다시 장준하를 만나기 위해 위쪽으로 올라가는 데 적어도 10여 분 이상이 걸려 군인들과 커피를 마시는 등의 시간을 전혀 계산하지 않아도 최소한 12시 20분은 넘었다고 보는 것이 상식적이기 때문이다.

그리고 이후 약 798미터에 이르는 약사봉의 정상을 거쳐 약간 밑으로 내려온 후 그 자리에서 장준하가 준비해온 샌드위치와 커피로 점심을 먹었다고 김용환은 주장한다. 나는 점심을 먹으며 무슨 대화를 나눴느냐고 물었다. 그러자 김용환은 처음에 별말 없이 그냥 샌드위치만 먹었다고 말했다. 나로서는 납득할 수 없는 답변이었다. 모르는 사람도 아니고 더구나 오랜만에 만났는데 그저 점심만 먹었다는 것이 이해가 가지 않았다. 그러자 그의 말이 또 변했다.

생각해보니 당시 시국에 관한 이러저러한 말을 나눴던 것 같다고 했다. 박정희 유신독재에 대한 비판과 당진에 낙향한 후 어찌 살아가는지 장준하가 물었다고 말했다. 내 느낌으로는 의문을 제기하면 그때 다시 필요한 말을 하는 것처럼 보일 뿐이었다.

한편 그러다가 하산을 시작한 것은 장준하가 "너무 늦어 사람들이 기다릴지 모르니 지름길로 하산하자"며 재촉했기 때문이라고 그는 말했다. 그런데 그때 장준하의 사인 의혹과 관련하여 이를 뒷받침하는 작지만 매우 중요한 근거가 되는 변화가 있었다. 처음 산행을 시작할 때 김용환이 내내 메고 올라왔던 배낭을 이번에는 장준하가 등에 메고 일어섰다는 김용환의 진술이었다. 이에 자신이 배낭을 메고 내려가겠다며 장준하에게 내달라고 했으나 "빈 가방이니 괜찮다"며 거절했다는 것이다.

운명적인 사건으로 점점 다가가고 있었다. 김용환의 주장에 의하면 장준하가 하산 길을 재촉하면서 경사가 급하고 매우 위험한 곳만 찾아갔다는 것이다. 그래서 김용환이 몇 번이나 왔던 길로 되돌아가자고 장준하에게 요구했으나 장준하는 대꾸도 없이 위험한 곳으로 앞장서 걸어가기만 했다고 그는 주장해왔다. 만약 김용환의 주장이 사실이라면 이는 평소 장준하답지 않은 일이었다고 사람들은 입을 모았다.

장준하는 평소 산을 잘 다녔다. 산을 좋아하기도 했지만 독립군 당시 산악 훈련을 많이 하면서 유난히 등산을 좋아했다고 한다. 특히 그가 일본군에서 탈출한 후 무려 6,000리 길을 걸어 임시정부를 찾아간 일도 그렇고, 미국 OSS 훈련 시 산악 훈련을 많이 받았다는 사실에 주목해야 한다고 지인들은 말했다. 그렇다면 많은 이들은 장준하가 위험한 코스로 등산을 하는 것을 즐긴 게 아닐까 오해할 수 있다. 하지만 이는 잘못된 추측이다. 장준하와 함께 산을 다녀본 사람이라면 그가 얼마나 산에서 조심했는지 이를 증명하는 많은 일화를 한두 개씩은 들었다고 말한다. 장준하는 평소 산을 다닐 때 무리하게 산행을 하지 말라고 거의 잔소리에 가까울 정도로 사람들에게 주의를 줬다고 한다. 그때 장준하가 사람들에게 일러준 말도 있다. 산을 다닐 때는 이른바 팔(八)자 걸음으로 걸어야 한다는 말이었다고 한다.

즉, 발을 벌려 걸으면 접지 면이 넓어져 산에서 미끄러지지 않는다며 등산할 때는 꼭 팔자로 걸어가라고 했다는 일화다. 그런데 이처럼 조심성 많던 장준하가 김용환의 주장에 의하면 그날은 평소와 달리 매우 무모한 등산을 했고 결국 그러다가 사고에 이르렀다는 것이다. 많은 이들이 이해하지 못하는 일이었다.

그렇다면 김용환이 봤다는 장준하의 실족 추락 사고 당시의 목격담은 일관된 주장이었을까. 우리 역시 그의 주장에 대해 큰 관심을 가지지 않을 수 없었다. 과연 목격자를 자처하는 그가 본 사고 순간은 무엇이었을까. 하지만 안타까웠다. 나는 김용환이 말하는 목격자로서의 진술에 대해 끝내 이해할 수도, 동의할 수도 없었다. 지금까지 나온 그의 모든 주장이 대부분 오락가락했지만 특히 추락 경위를 봤다는 그의 진술은 정말 난해했다. 결론적으로 정리하면 "장준하가 실족 추락할 당시 당신이 본 목격 사실이 무엇이냐"는 질문에 대해 그는 지금까지 단 한 번도 일관되게 진술한 사실이 없다. 이에 대해 장준하의 의문사를 부정하는 이들은 벌써 수십 년도 더 지난 일인데 이를 어떻게 정확하게 기억할 수 있겠느냐며 항변하기도 한다. 나는 그들의 말이 전혀 틀렸다고 생각하지는 않는다. 맞는 말일 수 있다고 생각한다. 하지만 분명한 사실은 있다. 그것은 적어도 1975년 8월 20일, 그러니까 사고가 발생하고 불과 3일밖에 지나지 않은 그날, 목격자를 자처하는 김용환이 장준하의 상가를 찾아와 사람들에게 사고 경위를 설명했던 그날만큼은 분명한 기억이어야 한다는 점이다.

한편 목격자를 자처하는 김용환은 자신이 장준하의 상가를 찾아온 날짜가 8월 20일이 아니라 8월 18일이라고 주장하기도 한다. 하지만 사건 당시 동아방송 송석형 기자의 취재 기록을 비롯하여 장준하의 발인 전날 상가를 방문했다는 김용환을 만난 이들의 증언을 종합하면 김용환이 장준하의 상가를 방문한 것은 8월 20일이 맞다. 여하간 18일이든 20일이든 사건이 발생한 지 불과 하루에서 사흘밖에 지나지 않은 이때, 충격적인 현장을 목격한 그가 거짓말을 하지 않는다면 그가 한 이날의 목격 진술은 틀림없는 사실이어야 한다. 그렇다면 김용환은 이때 뭐라고 말을 했을까. 정말 어렵게 복원시킨 김용환의 1975년 사건 당시 목격 사실이 담긴 녹음테이프 중 관련 부분을 최초로 공개한다.

# 최초 공개,
# 1975년 8월 20일
# 김용환은 뭐라고 말했나

김용환의 사건 경위 발언을 보다 쉽게 이해할 수 있도록 추가적인 설명을 괄호 안에 표기하고자 한다. 또한 '……' 표시는 그 부분이 확실히 들리지 않아 무음 표시한 것임을 참고로 밝힌다.

**김용환:** (앞부분 생략) 갖다 주고 돌아와 보니까 선생님 안 계시네. 선생님 어디 갔냐고 그러니까 김희로 씨가 "산에 올라가신다고 가셨는데 어느 쪽으로 가신지는 모르겠다." 김희로 씨는 그런 것 같애. 자꾸…… 가시네. 그거보다도 제가 선생님 찾아야되겠다는 그런 생각을 갖게 됐고, 어디로 가신지도 모르겠고 또 김희로 씨나 그 사람 김용덕 씨나 어디로 가셨냐고 하니까 모른다고. 제가 저쪽으로 가셨지 않으냐 계곡 쪽으로…… 빠른 걸음으로 계곡을 타고 한참 올라가니까 거기 사람이 두 사람……, 거기 군인 두 사람이 서 있는

데 차를 먹고……, 차를 먹는 것까지는 또 못 봤어. 군인들이 서 있고요. 장 선생님이 '나 여기 있다', 차를 군인들한테 따라주고 나서……, 선생님이 조금 좋으세요. 풍채도 좋으시고……. 개울가에서 산으로 올라가신다고 그러면서 산으로 올라가시겠다고……. 그래서…… 저도 따라가겠습니다. 따라 나와서 그래서 거기서부터 제가 배낭을 선생님이 안 주시겠다는 것을 제가 부득 달라고 (해서) 지고 쫓아나갔죠. 선생님은 긴팔을 입으셔 가지고 내가 앞서서 나가겠다, 저는 그때 아마…… 잠바를 반팔을……, 나는 완전히 무장을 했으니까 배낭…… 산길을 따라 계곡을 쭉 나가다가 나는 계곡으로 갔으면 좋겠다고 그랬죠. 선생님은 계곡보다도 능선이 좋다 하면서 왼쪽으로 능선……, 이렇게 능선은 참 보잘것없고, 이런 보통 나선과 같은 산인데 그래서 정상을 가서 조금 내려갔더니 선생님이 식사를 하고 가자 그러시는.

**문익환**: 정상에 올라갔어요?

**김용환**: 정상은 가서 가지고 좀 내려갔죠. 내려가서 식사를 했죠. 정상이라고 그러는 거는 한 야산과 같은 느낌, 정상……, 내려가서 앉으시면서 '식사하고 가자' 그래서 제가 배낭을 풀어서 배낭에 참 물, 포크까지 끌러서 이렇게 선생님을 드렸어요. 그래서 선생님이…… 같이 가져갔는데 식사가 없다고. 그러시면서 일어나셔서 배낭을 자꾸 풀어도 보고 선생님 그냥 따라 드리고.

**문익환**: ……배낭 아닙니까?

김용환: 능선을 따라 내려갔는데 저……, 저 자신도 참 그 밑의 계곡은 절벽이다. 선생님도 아마 그런 판단을 하신 것 같고, 그래서 그 산, 한 반 정도 이상 내려오는데 야산이 눈 감고도 다닐 수 있는 그런 야산, 나무도 그렇게 우거지지 않고…… 한참 내려왔는데 이제 계곡을, 가까운 계곡으로 들어가시는 거예요. 그래서 계곡을 따라서 좀 내려왔어요. 내려왔는데, 거기서부터는 참 길이 험하게 느껴져요, 제가 기억하는 것은. ……2미터를 따라 내려왔나? 당시에 거기가 어떻게 되어 있느냐 하면은.

미상남 A: ……뭐 이런 것 같아요?

김용환: 그 밑에는 이제 암벽이 60도 정도가 되는 암벽이 있어요. 그 길이 난…… 계곡에…… 그냥 폭포와 같은 절벽이에요.

계훈제: 어디에서 내려왔나요?

김용환: 이쪽에서 지금 내려온 거거든요.

계훈제: 거기 무슨 길이 있어요?

김용환: 그래서 여기서 봤는데 이쪽으로는 험하고 해서 내려갈 수가 없어요. 험하고 여기서 이리 가려면 여기는 참 험해요. 우리도 잘 감히 건너가지를 못할 정도로. 여기가 그래요. 나무도 없고 삐쭉삐쭉 되어 있는 굴뚝 머리카락 같은 풀 있지 않습니까? ……돌이……여기서 제가 "이 밑에는 절벽이고 못 가겠습니다. 다시 내려가셔야겠습니다." …… 여기가 발을 한 발을 가까스로 딛고 뛰어야만…… 여기는 이렇게

놓으시고 여기다 발을…… 여기를 붙잡고 뛰세요. 여기는 이제 건너도 여기는 뛸 만한 여기는 아닌…… 건너가셔, 건너라고 그래서 이쪽으로 발을 바른발은…… 막 다리 떨리고 못 가겠습니다. 그러니까…… 선생님이 발을 오른발을…….

**문익환:** ……(무슨 말인지 알 수 없음)

**김용환:** 그러니까 여기서는 잡으시고 이렇게 구부리고 잡고, 그래서 여기를 건너갔어요. 건너가고, 여기는 이쪽으로 걷고 뛸 수도……, 여기는 내려갈 수 없는 곳이에요. 이렇게 험하지도 않고…… 선생님이 이쪽으로 조심해서…… 여기를 한참 내려갔어요. 벼랑…… 그래서 이제 순서가 여기서 선생님이 이쪽으로 가실라고…… 이쪽이 아니다…… 제가 먼저…… 그런데 여기서 발단이…… 암벽은 아니지만 급락 지역 돌로 된…… 제가 기억되는…… 그리고 소나무…… 이 위로 1미터 정도 벗어나 있지 않은 나무가 거짓말 아니고 1미터 큰 대나무, 그래서 저는 이 나무를…… 여기는 여기는 내려오지 않았고 나무 있는 쪽으로는 내려오지 않았고 돌아야만…… 이쪽으로 내려가는 선생님께서 아마 맞다, ……그래서 제가 그때 이제 선생님 어떻게 다리를 딛으셨는지 기억은 잘 나지 않지만 나무가 휜, 나무가 휜.

**문익환:** 그때 간격이 얼마나 되는데요, 선생님?

**김용환:** 3미터나.

**문익환:** 아, 3미터 앞에.

**김용환:** 여기는 아직 이렇게 아니었거든요. 여기 여기가 그렇

게 벼랑이라고 계곡이라면은 그래서 제가 가까이 따랐을 텐데.

**문익환**: 나무를 타고 내려오는.

**김용환**: 가까이 따랐을 텐데, 보면은 여기가 소나무가 자라서 소나무가 이렇게 자라서 이런 것이니까 평평하고 크게 이렇게 이렇게 위험한 곳도 아닌데 그런데 이게 위험한 곳도 아닌데 이것이 휘어져서 이렇게 ……나무에 선생님이 의지하지 않고. 예전에 중량이 크셨잖아요, 선생님이. 나무 윗부분을 잡으시고 아마 나무…… 그래서 제가 여기서 보았을 때 나무가 휘는 걸 봤어요.

**문익환**: 뒤에서 봤단 말이에요?

**김용환**: 옆에요, 옆에.


김용환은 분명 여기에서 "장준하가 하산하던 중 소나무를 잡고 내려오다가 그 나무가 휘면서 실족 추락사했다"라고 말하며 이렇게 휘는 나무를 바로 옆에서 자신이 봤다며 여러 차례에 걸쳐 거듭 주장했다. 이 같은 그의 주장은 이 녹취록 여기저기에서 재차 확인된다. 문익환 목사 등이 그의 말을 거듭 확인했기 때문이다. 예를 들어 이런 내용도 있다.

> **문익환**: 그리고 저 우리 기록을, 분명한 거는 이번에 내가 난 어떻게 기억을 할 수 있는가 하니 장준하 선생님이 갔을 때 거기는 너무 위험해서 분명히 이 아래 골짜기를 타고 내려

오셨다고 그랬고, 그리고 이제 소나무를 잡고 휘어져……, 휘어지면서 떨어졌다 그랬거든요. 그래서 제가 물었잖아요. 그 소나무가 휘어서 떨어지면 거꾸로 떨어져야 되지 않겠느냐고. 내가 그렇게까지 물었는데, 지금 오늘 얘기는 (김용환) 선생님이 그 나무를 타고 먼저 그리로 내려가시고, 그리고 이제 장 선생님이 어……, 뒤따라 내려오다가 사고가 났다, 그런 얘기가 어느 게 맞습니까?

**김용환**: 아니, 그게 맞는 거죠.

**문익환**: 지금 얘기가?

**김용환**: 예.

**문익환**: 알겠어요.


따라서 이 같은 유일한 목격자 김용환의 주장에 따라 이후 잡은 나무가 휘어서 장준하가 실족 추락사한 것으로 최종 정리하게 된다. 그런데 이러한 장준하의 실족 추락사를 완벽하게 뒤집어엎는 새로운 진술이 확인되었다. 놀랍게도 그 당사자는 김용환, 바로 그였다.

## 장준하는
## 나무를 잡은 사실이 없다?
## 목격자의 '반란'


먼저 1988년 경찰 재조사 기록에서 확인된 그의 진술이다. 경찰관 한희권이 김용환에게 장준하가 추락할 당시 목격한 내용을 묻는 질문에 그가 한 놀랍고도 충격적인 답변이었다.

"저는 장준하 씨가 실족 추락할 때 소나무를 잡았는지, 안 잡았는지 보지 못하였는데, 며칠 후《동아일보》신문에서 소나무를 잡고 내려오다 떨어졌다고 한 것을 보았습니다."

1988년 경찰 재조사 기록을 찾아낸 후 이 대목을 읽던 나는 순간 '헉' 소리가 나도록 충격을 받았다. 이유는 간단했다. 사건 발생 이래 지금까지 세상 사람들에게 알려진 그동안의 장준하 실족 추락사의 근거가 실은 전혀 사실이 아니었다는 것을 확인했기 때문이다. 이 모든 것은 유일한 목격자 김용환의 일방적 진술에 기초한 것인데 김용환이 이를 전부 부정해버린 것이다.

그렇다면 장준하가 나무를 잡았는지 아닌지 보지도 못했다는 그는 왜 1975년 녹음테이프에서는 이를 수차례에 걸쳐 확인하는 문익환 목사 등에게는 거듭거듭 자신이 봤다고 부득부득 밝힌 것일까. 더 황당한 일은 그가 언급한 《동아일보》 기사에 대한 내용이었다. 그는 나무와 관련하여 자신이 본 것은 없고 다만 《동아일보》 기사를 보니 거기에서 장준하가 나무를 잡다가 나무가 휘면서 떨어졌다는 사실을 알았다고 밝혔다.

이 기사를 작성한 장봉진 기자는, 그래서 참으로 어처구니없어 했다. 자신이 이 기사를 쓴 이유 때문이었다. 1975년 8월 18일 장봉진 기자는 장준하의 사건을 취재하기 위해 의정부지청 서돈양 검사 방 앞에서 김용환이 밖으로 나오기를 기다렸다고 한다.

그러다가 마침내 목격자인 김용환을 만나 장준하가 어떤 경위로 사고가 났는가를 물어보니 그가 "장준하가 나무를 잡고 하산하던 중 나무가 휘면서 추락하여 사망했다"고 말해줬다는 것이다. 그래서 이 같은 목격자 김용환의 인터뷰를 바탕으로 기사를 작성한 것인데 그게 무슨 말이냐며 그는 황당해했다.

나는 김용환에게 이를 추궁했다. 그러자 그는 자신이 지장까지 찍으며 확인한 1988년 경찰 재조사 기록 중 자신이 말한 《동아일보》 기사를 보고 사고를 알았다는 말을 부인했다. 그는 2기 의문사 위원회 11회 조서에서 1988년 경찰 재조사 당시 장준하가 소나무를 잡았는지 아닌지 보지 못하고 《동아일보》 기사를 보고 알았다는 말은 잘못된 것이라며 다시 부인했던 것이다.

그러다가 김용환이 다시 1988년 경찰 재조사 기록과 같이 장준하가 나무를 잡았는지 아닌지 사실은 보지 못했다며 진술을 번복한 것은 2기 의문사위원회의 12회 조사 때였다. 오랜 추궁 끝에 그가 다시 말을 바꾼 것이다. 그의 진술을 그대로 옮기면 다음과 같다.

"사실 저는 장준하 선생이 소나무를 잡는 것을 본 적이 없습니다. 다만 그 지형으로 보아 장준하 선생이 소나무를 잡지 않고서는 그 단애 지점으로 내려올 수 없다고 생각하여 장준하 선생이 소나무를 잡았다고 주장한 것입니다."

김용환의 말이었다. 결론적으로 정리하면 장준하가 나무를 잡다가 나무가 휘어서 실족 추락사했다는 그동안의 김용환의 주장은 완벽한 거짓말이라고 나는 단언한다. 정확하게 말하면 지금까지 알려져왔던 것과 달리 김용환은 나무가 휘면서 추락하는 장준하를 본 적이 없다. 이제 남은 그의 주장은 "지형으로 보아 그렇게 하지 않고서는 내려올 수 없어 소나무를 잡았다고 주장했다"는 추측만 남았다. 그런데 왜 그는 그동안 사실과 다르게 적극적으로 장준하가 추락하는 것을 봤다고 억지 주장을 한 것일까?

오히려 더 나아가 "휘는 나무를 옆에서 봤어요"라는 거짓말까지 만들어가며 그는 거듭거듭 장준하가 떨어져 죽었다고 강조했다. 도대체 무슨 이유로 그는 이 같은 명백한 거짓말을 한 것일까? 이에 대해 김용환을 상대로 따져 묻자 그가 한 답변이 나를 황당하게 했다. 그의 진술을 듣고 너무 어이가 없어 이를 2기 의문사위원회 조사 기록 1,475페이지에 남겨놨다. 그의 진술이다.

"소나무가 휜 것을 본 적이 없고, 휜 소나무가 있다는 말을 지금까지 한 사실이 없다."

1975년 녹음테이프에서 수차례 거듭거듭 확인된 이 사실, "휜 소나무를 옆에서 봤다"는 말을 수차 확인해준 그의 답변치고는 너무나 야비할 정도로 일방적이었다. 이런 명백한 사실조차 '그냥' 아니라고 부정해버리는 참고인을 조사해야 하는 당시 심정은 답답함을 넘어 심장이 터져버릴 것 같은 현기증마저 느껴야 했다.

만약 1988년 경찰 재조사 기록이 확보되지 않았다면 이는 영원히 밝혀지지 않았을 진실이었을지 모른다. 그 기록을 찾은 것이 얼마나 다행인지 모르겠다.

# 사건 직후 사라진
# 목격자의
# 미스터리

그에 대한 의혹 중 빼놓을 수 없는 부분이 또 있다. 오후 3시경. 사망한 장준하를 그가 추락했다는 벼랑에서 약 300미터가량 떨어진 물가의 넓은 바위로 옮긴 직후 김용환의 행방이다. 일행들은 이때 김용환이 말도 없이 사라졌다고 증언한다. 그리고 그렇게 사라진 김용환이 사람들 앞에 다시 나타난 것은 사라진 후 3일이 지난 8월 20일 밤 10시 40분경 장준하의 상가로 그가 조문을 와서였다고 한다.

그렇다면 그는 그동안 어디서 무엇을 한 것일까. 김용환이 주장하는 행적은 이렇다. 장준하를 바위 위로 옮긴 직후인 오후 3시경, 호림산악회 회장인 김용덕이 자신에게 "사건 목격자니까 이동파출소로 가 있으라"고 말했다는 것이다. 그래서 김용환은 자신이 입고 있던 점퍼를 벗어 장준하의 얼굴을 가린 후 남자들이 입는 상의 속옷인 이른바 '난닝구'만 입고 이동파출소로 내려갔다고 한다.

하지만 이 같은 김용환의 주장에 대해 김용덕은 펄쩍 뛰었다. 김용환에게 이동파출소로 가 있으라고 말한 사실이 있느냐고 묻자 그는 "말도 안 되는 소리"라며 버럭 화를 냈다. 김용환이 말도 없이 사라져 그곳에 남은 사람들끼리 김용환의 행방을 찾았는데 무슨 소리냐는 것이었다. 그리고 자신이 무슨 자격으로 그에게 파출소를 가라 마라 하냐며 억울한 말이라고 그는 주장했다. 결국 이 역시 사실이 아닌 것이다.

이 같은 김용환의 주장은 계속된다. 김용환의 주장에 의하면 이동파출소에 도착한 후 파출소 경찰관에게 "장준하가 실족 추락사하였고 내가 그것을 본 목격자"라고 말했다는 것이다. 그러자 경찰관이 잠시 대기하라고 하여 교회에서 예배 볼 때 앉는 긴 나무의자 같은 곳에서 대기했다고 한다.

그런 후 어스름 해가 질 무렵인 저녁 8시경, 어떤 경찰관이 자신을 데리고 포천경찰서로 갔고 그곳에서 하룻밤을 보낸 후 다음 날 아침 의정부지청 서돈양 검사에게 조사를 받았다는 것이다. 그러다가 식구 같은 사람이라는 김희숙 여사의 신원보증에 따라 석방되어 이후 자신의 동생 집인 서울 이문동 집으로 돌아갔다는 것이 그동안 김용환이 주장해온 알리바이다.

그런데 이 같은 김용환의 주장이 여러 사람들에 의해 부정된다. 결론만 말하면 김용환이 말한 그날 동선, 즉 김용환이 움직였다는 이동파출소와 포천경찰서 등에서 당시 남자 상의 속옷인 '난닝구'만 입고 나타난 사건 목격자를 봤다는 경찰관이 단 한 명도 없었다. 또한 그의 주장처럼 이 같은 목격자를 이동파출소에서 포천경찰서로 데려간 경찰 역시 전혀 없었다. 자신 있게 말할 수 있다. 우리 조사팀이 이동파출소에 근무했던 당시 경찰관 네 명을 모두 만나 확인한 결과이기에 분명하다는 것이다.

2004년 당시 이들 경찰관 네 명 중 현직으로 있는 이는 두 명이었고 나머지 두 명은 퇴직 후 다른 일을 하고 있었다. 전남 순천과 강원도 삼척 등 전국으로 흩어진 이들을 일일이 찾아가 만나는 것은 쉽지 않았으나 우리는 절박하게 그들을 만나야 할 이유가 있었기에 먼 길을 마다하지 않고 찾아갔다. 그리고 그들을 통해 우리가 확인한 사실은 분명했다.

그들은 1975년 당시 지금과 달리 공권력의 권위주의가 극에 달하던 그때 이런 속옷 차림으로 누가 오는 것이 흔한 일이 아닌데 그런 사람을 자신들이 기억하지 못한다는 것은 불가능하다고 잘라 말했다. 더구나 그런 특이한 복장을 하고 나타난 사람이 장준하 추락을 목격한 사람이라고 한다면 더욱 그러하고 또한 업무적으로도 당연히 그를 상대로 사건 실황 조서 등을 작성했어야 마땅한데 이 같은 업무 역시 한 적이 없어 그가 파출소에 왔다는 주장은 사실이 아니라고 반박했다.

특히 이들 경찰관 중 이 아무개의 증언은 더욱 명료했다. 그는 사건이 발생한 직후부터 다음 날 장준하의 시신이 상봉동 집으로 운구되는 새벽까지 문제의 이동파출소에서 철야근무를 했다고 진술했다. 과연 그는 뭐라고 말했을까. 그는 김용환이 분명히 이동파출소를 갔다며 주장한다고 하자 "그것은 김용환이 거짓말하고 있는 것입니다. 만약 그런 차림으로 목격자라는 사람이 왔다면 제가 기억을 할 텐데 제가 소내 근무를 할 당시 그런 차림의 남자를 본 적이 전혀 없습니다"라고 확인했다.

김용환은 정말 사건 직후 이동파출소를 간 것이 사실일까. 정말 그의 주장처럼 이동파출소를 갔다면 왜 당일 근무했던 경찰관 네 명은 한결같이 김용환을 봤다는 사람이 없을까. 그 의문에 새로운 의문을 더한 것 역시 김용환이었다. 이동파출소 방문과 관련한 의혹에 대해 당시 재조사 담당 경찰관 한희권이 묻는 질문에 그가 남긴 1988년 경찰 재조사 진술 조서 내용이다.

앞선 진술에서 김용환이 바로 경찰서로 가서 조사를 받은 후 의정부지청으로 갔다고 하자 한희권이 재차 "이동지서에 들르지도 않고 바로 경찰서에 갈 수 있겠느냐, 이동지서에 들르지 않았느냐"고 오히려 반문하자 이에 대한 김용환의 답변이었다.

"이동지서에 들어간 기억이 안 난다. 현장에서 형사를 만나 간 것인지 잘 모르겠으나 경찰서에 가서 조사를 받았고, 다음 날 아침 검찰청에서 조사를 받고 나왔으며 서울에 있는 집에 갔다가 장준하 선생 댁에 가서 사건 경위를 설명해주었고 가족(유족)들이 아무런 의심도 가지지 않아 그대로 돌아와 장례가 끝난 후 다시 당진으로 돌아갔다."

이동파출소를 갔다는 김용환의 주장이 거짓이라고 내가 판단한 이유는 바로 이 부분 때문이다.

# 사라진 그가
# 다시 사건 현장에
# 나타났다?

김용환의 이상한 주장은 계속된다. 이번에는 그가 포천경찰서에 있었다는 주장에 대한 새로운 의혹이었다. 이동지서를 갔다가 어느 경찰관과 같이 포천경찰서로 가서 하룻밤을 보냈다는 그가 새벽 12시에서 1시경 다른 곳에서 목격되었다는 주장이다. 이는 또 어쩌된 일일까. 더군다나 그를 본 사람이 다른 사람도 아닌 장준하 사건을 담당했던 의정부지청 검사 서돈양의 주장이니 더욱 놀랍지 않을 수 없었다.

서돈양의 주장에 따르면 1975년 8월 17일, 일요일을 맞아 그는 자신의 집이 있는 수유리에 있었다고 한다. 그런데 당직검사였던 그에게 청에서 긴급 연락이 왔다. 장준하가 의정부지청 관할인 포천 약사봉에서 숨졌다는 보고였다. 서돈양은 만약 일반인이 변사한 사건이라면 군이 갈 필요가 없겠으나 유명한 사람이 자신의 관할에서 사망했다고 하니 가야 할 것 같은 생각이 들었다고 한다.

그래서 사건 현장을 방문한 시각이 18일 새벽 12시에서 1시 사이였다고 한다. 포천 지역 의사협회 회장이었던 의사 심구복과 포천 경찰서장 등을 대동하고 사건 현장에 도착했으며, 이어 장준하의 사체가 누워 있는 바위와 그가 추락 사망했다고 알려진 벼랑 사이를 플래시를 비춰가며 확인하던 중 누군가가 자신에게 목격자라며 한 남자를 데리고 왔다는 것이다. 이에 서돈양은 그를 상대로 장준하의 사고 경위에 대해 물어봤다고 한다. 그러다가 이야기가 너무 길어질 것 같은 생각에 서돈양은 주변에 있던 경찰관에게 "이 사람을 데리고 갔다가 내일 다시 검찰청에서 조사할 수 있도록 하라"고 지시했다는 것이다.

이 같은 서돈양의 구체적인 진술은 매우 놀라운 것이었다. 만약 이것이 사실이라면 김용환의 그동안 알리바이는 사실이 아닌 것이다. 이미 장준하가 나무를 잡다가 실족 추락사한 것이라는 김용환의 주장이 사실이 아닌 것으로 확인되었는데 또다시 그동안 주장해온 목격자의 알리바이마저 모두 허위라면 이는 매우 중요한 의미를 띠기 때문이다. 그런데 이것이 사실이 아니라는 새로운 단서가 나온 것이다.

우리는 즉시 서돈양과 김용환에게 각각 동의를 요구한 후 대질 조사를 실시했다. 하지만 사건 현장에서 김용환을 봤다는 서돈양의 주장과 달리 김용환은 부인도, 시인도 하지 않은 채 엉거주춤한 자세였다. 그러더니 김용환은 끝내 "나는 그날 밤 사건 현장에 가지 않고 분명히 포천경찰서에 있었다"며 서돈양의 주장을 부인해버렸다. 서돈양은 "잘 좀 생각해봐라. 분명 그날 밤 당신과 내가 만난 것이 사실인데 왜 그러냐"며 반박했다. 분명 둘 중 한 명은 사실이 아닌 주장을 하고 있었다. 누구의 말이 사실일까.

서돈양의 말이 사실임을 확인한 것은 포천경찰서 김삼용을 찾아낸 덕분이었다. 서돈양이 한 말에서 힌트를 찾은 것이다. 즉, 사건 현장에서 만난 김용환에게 경위를 묻던 중 너무 길어져 "데리고 있다가 내일 검찰청으로 같이 오라"고 어떤 경찰관에게 지시했다는 사실을 근거로 확인하던 중 찾아낸 경찰관이 바로 김삼용이었다.

김삼용의 주장은 서돈양과 일치했다. 자신이 사건 현장을 간 것은 검사 서돈양이 그곳을 방문하던 그때뿐이었는데 서돈양 역시 현장 방문은 한 번뿐으로 김용환을 만났다는 바로 그날 새벽 12시였던 것이다. 그리고 그 자리에서 검사 서돈양이 자신에게 목격자인 김용환을 데리고 있다가 다음 날 자신에게 데리고 오라는 지시를 하여 본인이 그를 의정부지청으로 데리고 갔다는 것이다.

한편 김삼용은 서돈양의 지시에 따라 김용환을 포천경찰서로 데리고 와 이후 수사과장실에서 직접 조사까지 했다고 진술했다. 이같은 '전직 검사'와 '전직 경찰'의 일치된 진술에도 불구하고 김용환은 끝내 자신이 그 시각 사건 현장에 있었다는 사실을 부인했다. 끝까지 포천경찰서에 있었으며 다른 곳에 간 사실이 없다고 그는 막무가내로 주장했다.

김용환은 끝내 부인했으나 그가 1988년 경찰 재조사 진술 조서에 남긴 기록까지 없앨 수는 없었다. "사고 당일 밤늦게 성명 미상 검사가 사건 경위에 대하여 설명을 요구하여 사고 경위에 대하여 설명을 해주고 난 후 경찰관인지 누구인지 모르나 조사를 받았다." 그는 사건 직후 어디서 무엇을 했느냐는 경찰관 한희권의 질문에 대해 위와 같이 말했다. 다시 말해서 검사 서돈양의 주장처럼 "사고 당일 밤늦은 시간에 검사에게 사건 경위를 설명했다"고 한 것이며 또한 경찰관 김삼용의 진술처럼 "(그날 밤) 경찰관에게 조사를 받았다"고 말하고 있었다. 그가 부인했던 사실이 실은 1988년 경찰 조서에 기록된 그 자신의 입을 통해 서돈양과 김삼용의 말을 완벽하게 뒷받침하고 있었다.

돌이켜 생각할수록 그날 밤, 그가 어디에서 무엇을 했는지 나는 여전히 궁금하다. 정리해보면 그가 주장한 모든 것이 전부 사실과 달랐다. 아주 사소한 문제에서부터 사건의 뼈대와 줄기에 해당하는 모든 부분이 그랬다. 이 책에서 이 모든 것을 완벽하게 다루는 것이 어려워 생략해버릴 수밖에 없는 사실까지 더하면 실상 그가 주장하는 내용 중에 '남는 진실은 없다'고 표현해도 무리하지 않을 정도다.

내가 정말 이해하기 어려운 것이 왜 그만 유일하게 아니라고 하는 것일까에 대한 의문이다. 모든 전직 경찰, 전직 검사, 그리고 그와 함께 산행에 나선 호림산악회 회원과 장준하의 유족 등이 한결같이 아니라는 어떤 사실에 대해 오직 김용환만이 다르게 말하고 있다. 그 이유가 내내 이해되지 않는다.

# 장준하는
# 약사봉을
# 등반하지 않았다

가장 큰 쟁점 중 하나인 '장준하의 약사봉 등반은 사실이냐'에 대해서도 반드시 정리할 필요가 있다. 김용환은 장준하와 함께 산에 올랐고 정상을 거쳐 하산하던 중 사고가 났다고 주장했다. 하지만 우리는 김용환의 주장은 불가능하다고 생각했고 따라서 사실이 아니라고 판단했다. 김용환이 말하는 바와 같은 약사봉 산행이 가능하려면 적어도 1시간 30분 이상이 필요한데 이렇게 볼 때 김용환의 주장은 전혀 신뢰성이 없다고 본 것이다.

8월 17일 낮 12시를 기준으로 시간을 계산해보면 무슨 말인지 쉽게 이해할 수 있다. 먼저 김용환이 군인 두 명과 함께 있는 장준하를 만났다는 개울에서 처음 산으로 진입했다는 시각이다. 이 시각은 이미 언급한 것처럼 최대한 넉넉하게 잡아도 낮 12시 20분이 넘는 시각일 수밖에 없다. 그리고 1975년 녹음 진술과 1988년 경찰 재조사 기록에 의하면 김용환은 장준하의 사고가 발생한 시각은 낮 1시라고 말해왔다.

그렇다면 산에 진입한 후 사고에 이르기까지 이들은 798미터 약사봉의 정상을 거쳐 조금 밑으로 내려온 후 그곳에서 장준하가 점심으로 가져온 샌드위치와 커피를 나눠 먹으며 시국과 개인사에 대해 대화를 나눴고, 이어 다시 출발하여 능선 2, 3개를 넘어 어렵게 어렵게 사고 지점에 이르렀으며 그곳에서 장준하가 추락했다는 것인데, 이 시각이 모두 40분 이내에 다 해결되어야 할 일이었다는 말이 되므로 이는 물리적으로 가능하지 않다는 이야기가 된다.

특히 당시 장준하의 건강이 좋지 못해 걸음이 빠르지 못했다는 진술이 있어 더욱 그렇다. 사건 당일 우연히 약사봉 산행에 합류하게 된 당시 경향신문 기자였던 동행자 이규은을 찾아내 그에게 얻은 진술이었다.

8월 17일, 그는 경향신문 동료 기자와 무작정 동대문 운동장으로 갔다고 한다. 당시 동대문 운동장에는 산행을 출발하는 버스가 다 모여 있었는데 산악회 회원이 아니라도 당일 회비만 내면 산행에 따라갈 수 있었다는 것이다. 그래서 여기저기를 기웃거리는데 생소한 이름의 약사봉이 적혀 있는 버스를 발견했다는 것이다. 그래서 회비를 내고 따라갔는데 그것이 바로 호림산악회였다.

한편 버스가 출발한 후 얼마 지나지 않아 상봉동 약국 앞에 버스가 정차했는데 이규은은 그때 승차한 사람을 보며 그가 사상계 사장인 장준하라는 사실을 알게 되었다고 한다. 그래서 약사봉 입구에 도착한 직후 바로 장준하에게 다가가 인사를 드렸고 이후 이들은 약 30여 분 동안 함께 소로길을 걸어갔다고 진술했다.

그러다가 식사 지점에 못 미치는 곳에서 이규은이 멈췄다. 어차피 산악회 일행이 아니니 그들은 그만 가겠다고 말했고 장준하는 혼자 위로 올라갔다고 한다. 이규은이 기억하는 장준하의 모습은 그래서 각별했다. 평소 존경하던 장준하가 걸어가는 모습을 뒤에서 한참 바라봤다는 것이다. 그런데 장준하의 걸음이 느려 '여전히 몸이 불편하시구나'라고 생각했다는 것이 그의 기억이었다.

그런데 이런 장준하가 만약 김용환의 주장처럼 40여 분 남짓 사이에 이 모든 산행을 마치고 사고를 당했다는 것은 그야말로 죽기 살기로 등산을 했다 해도 불가능한 일이었다. 건강이 좋지 않아 평지에서도 천천히 걸었다는 장준하가 이렇게 했을 리가 없다고 나는 판단했다. 이런 김용환의 주장이 얼마나 불가능한 일인지 확인하는 산행 역시 무수히 많다. 나 역시 최소 20회 이상 약사봉의 다양한 코스를 올라가봤다. 결론은 불가능했다. 어느 지점이든 1시간 30분 이상 필요하지 않은 코스가 없었다.

가장 최근인 2012년 9월 1일 방영된 SBS 〈그것이 알고 싶다〉에서 전문 산악인으로 구성된 10여 명이 직접 실험한 결과에서도 마찬가지였다. 등산 전문가 그룹인 이들이 김용환의 주장처럼 약사봉을 등반하고 사고 현장에 도착하는 실험을 한 결과는 '불가능하다'는 공통 의견으로 모아졌다. 그러면서 이들은 "최소한 1시간 30분 이상 필요한 코스이며 이 역시도 점심 등을 먹으며 잡담하지 않고 오직 산행만 했을 경우"라고 못 박았다.

따라서 2기 의문사위원회는 "장준하의 산행은 처음부터 없었다"라고 의심했다. 그런데 이 같은 판단을 한 것은 우리만이 아니었다.

1975년 장준하 사건을 담당했던 의정부지청 검사 서돈양 역시 마찬가지였다. 그는 "사건 당시 김용환을 상대로 산행 사실을 확인한 바가 있느냐"는 물음에 "당시 김용환이 주장하는 바와 같은 약사봉 정상을 거친 산행은 하지 않은 것으로 판단했다"라고 답했다.

그렇게 판단한 이유를 묻자 그 역시 우리와 같은 결론이었다. "김용환이 산행했다는 시간이 약 30분 정도에 불과하여 산행을 하지 않고 가장 가까운 길을 거쳐 사고 지점으로 향해 갔다고 판단했다"는 것이다. 따라서 당시 검사 서돈양 역시 김용환의 산행 주장을 인정하지 않았다. 김용환의 산행 주장이 사실일 수 없음을 거듭 확인한 것이다.

# 장준하는 정말
# 벼랑에서
# 추락했나?

장준하가 산행을 하지 않았다면 남은 의혹은 또 있다. 실족 추락사 했다고 알려진 14.7미터 높이의 약사봉에서 장준하가 정말 추락했 느냐에 대한 논란이었다. 이에 대한 의혹을 규명하기 위해 그동안 여러 사람이 많은 노력을 기울였다. 특히 마네킹을 떨어뜨려 그 파 손 정도를 확인하여 추락 시 얼마나 많은 상처가 남는가를 확인하 기도 했다.

하지만 우리는 다른 방법을 선택하기로 했다. 마네킹 추락과 같 은 방식이 아니라 과학적인 방법으로 객관적 결과를 입증하는 방안 을 고민했다. 이를 통해 장준하가 정말 추락사한 것인지 확인하고 싶었다. 많은 이들이 장준하의 죽음을 추락사로 인정하지 않는 출발 점이 바로 이것이었기에 우리로서는 중요한 문제였기 때문이다. 사 망 당시 장준하는 마치 잠든 사람과 같았다. 얼굴이나 머리 등에 겉 으로 보이는 외상 하나 없이 깨끗했다. 다만 머리 뒷부분에 움푹 파인 상처만 있을 뿐이었다.

고민 끝에 우리가 찾아간 이는 홍익대학교 최형연 교수였다. 그는 컴퓨터 시뮬레이션 실험으로 자동차 충돌 시 승차자가 입게 되는 부상 등을 확인하여 이를 개선하는 연구자였다. 하지만 최형연 교수는 난색을 표했다. 자신이 해온 일들과 다른 성격의 요청이었기에 당황한 듯싶었다. 하지만 우리로서도 적극적으로 부탁할 수밖에 없었다. 그리고 결국 고민 끝에 최형연 교수가 승낙했다. 지금도 고맙다.

그리고 몇 달에 걸친 연구가 진행되었다. 지금도 기억나는 것은 돼지 두 마리를 사서 연구를 위해 낙하시킨 일이다. 크레인에 묶은 돼지를 장준하가 추락했다는 14.7미터까지 끌어올려 떨어뜨린 후 장기와 뼈가 얼마나 손상되는지를 부검을 통해 확인하는 실험이었다. 생각했던 것보다 많은 손상이 확인되었다. 갈비뼈가 부러지고 장기 역시 마찬가지였다. 또 하나는 장준하가 추락했다는 벼랑을 아주 세밀하게 측량한 것도 기억난다. 그래서 약사봉의 벼랑에 측량사를 동원, 그 각도와 튀어나온 돌 등을 일일이 체크하여 데이터로 입력했다. 이를 통해 실제 벼랑과 똑같은 형태의 컴퓨터 시뮬레이션 연구를 할 수 있었던 것이다.

그렇게 고생한 끝에 소중한 결론을 얻었다. 2004년 5월경, 우리는 공식 기자회견을 통해 장준하의 추락을 가정한 컴퓨터 시뮬레이션 결과를 발표했다. 결론적으로 장준하의 추락은 사실이 아니라는 내용이었다. 무엇보다 주목해야 할 부분은 추락했을 경우 얼굴과 머리에 입을 충격이었다. 다양한 예측을 위해 모두 12가지 자세로 추락 실험을 한 결과 장준하는 최소 3회에서 최대 8회까지 벼랑에 머리를 부딪힐 수밖에 없음을 확인했다. 또한 머리 골절 외에도 추락할 경우 갈비뼈를 비롯하여 다양한 부위에서 뼈가 부러지는 충격이 불가피한 것으로 드러났다.

그런데 이장 과정에서 확인된 장준하의 유골에서 보듯 이 같은 골절이 확인되지 않아 우리는 장준하가 실제 추락사했다고 볼 수 없었던 것이다. 따라서 우리는 이 같은 정황과 컴퓨터 시뮬레이션 결과에 따라 장준하가 추락했다고 알려진 장소에서 추락했다고 보기 어려우며, 장준하의 사망 과정이 추락이 아닐 수 있다고 추단한다는 발표를 한 것이다.

이외에도 장준하가 김용환의 주장과 달리 벼랑에서 추락하지 않았음을 입증하는 증거는 또 있다. 바로 현장에서 발견된 장준하의 배낭에 그 진실이 남아 있었던 것이다. 앞서 언급한 것처럼 김용환은 산을 오르던 처음에는 자신이 배낭을 메었으나 점심을 먹고 난 이후부터는 장준하가 메었다고 했다. 그리고 김용환의 주장처럼 장준하가 실족 추락사했다면 당연히 메고 있던 배낭과 함께 추락했다는 결론에 도달한다. 그런데 놀라운 사실이 있었다. 커피를 담아 오기 위해 가져온 보온병이 파손되지 않은 채 멀쩡했던 것이다. 유족들은 만약 장준하가 실제 추락했다면 어떻게 이 보온병이 파손되지 않을 수 있느냐며 강력하게 의문을 제기했다. 이는 누구나 수긍하지 않을 수 없는 강력한 의혹이었다.

당시 보온병은 지금과 달리 동그랗고 얇은 유리 막을 넣어 보온하는 형식이었다. 그런데 이 보온병 안의 유리가 견고성이 매우 약해 조그마한 충격에도 쉽게 깨졌다. 이런 보온병이 14.7미터에서 떼굴떼굴 구르며 추락한 장준하의 배낭 속에서 멀쩡했다는 것이 말이 되는가. 장준하의 추락을 사실로 인정할 수 없는 중요한 근거 중 하나가 아닐 수 없었던 것이다.

# 사라진
# 보안사령관
# 직보 문서

하지만 진실에 도달하는 길은 너무도 어려웠다. 목격자를 자처하는 김용환 씨의 주장은 신뢰하기 어려운 일방적 주장이었고 이를 확인하는 과정에서 오히려 더 많은 새로운 의혹이 불거졌다. 그래서 남은 방법은 하나였다. 바로 중앙정보부(현 국가정보원)와 보안사령부(현 기무사령부), 그리고 경찰 등 정보 수사기관이 존안하고 있는 문서를 확보하는 것이었다.

하지만 이에 대한 우리의 노력은 가당찮은 일이었다. 이른바 '국민의 정부'와 '참여정부'로 대변하는 민주정부 10년의 세월이었지만 '변한 것은 청와대 권력'이었을 뿐 이들 정보기관의 속성에는 아무런 변화가 없었다. 그나마 국가정보원으로부터는 사건과 직접 연관은 없더라도 최소한의 문서라도 협조를 받았으나 기무사령부는 전혀 아니었다. 우리가 요청한 문서 중 기무사령부로부터 협조받은 문서는 단 한 장도 없었다.

이를 항의하자 기무사 측은 장준하와 관련한 문서를 정말로 갖고 있지 않다며 억울하다는 입장을 표명했다. 거짓말이었다. 적어도 우리가 확인한 조사에 의하면 '반드시' 있어야 할 '한 장의 문서'가 남아 있어야 했다. 사건 당일 현장을 방문한 이른바 105 보안부대장의 진술로 확인한 사실이었다. 참고로 그는 앞서 두 차례 있었던 조사에서는 자신이 사건 당일 현장을 방문했다는 사실을 극구 부인했다. 그는 민간인 사망 사건에 군이 갈 이유가 없다며 일체 의혹을 차단했다.

그러나 나는 그가 하는 말에 분명히 거짓이 있다고 의심했다. 조사관으로서의 감이었다. 특히 중정과 보안사가 정보를 놓고 서로 대립하던 그때 자신의 관할 지역에 중정 요원이 대거 나타났는데 보안부대가 아무런 행동도 하지 않았다는 것은 상식적으로 믿기 어려웠다. 또한 민간인 사망 사건 운운하지만 장준하가 징역 15년형을 선고받은 재판이 군사재판이었으므로 이는 가당찮은 변명이었다. 군이 지배하던 그 기간에 그러한 변명이 오히려 더 의심스러웠다.

그래서 우리가 은밀하게 찾아낸 사람이 운전병이었다. 그는 1975년 문제의 보안부대장 차량을 운전한 사람이었다. 병적 기록부를 통해 그의 신원을 확인했고 소환해서 조사한 결과 그에게서 새로운 진실을 확인할 수 있었다. 그는 보안부대장의 부인과 달리 "사건이 일어난 당일, 자정이 다 된 시각에 내가 직접 운전하여 부대장을 모시고 사건 현장인 약사령에 다녀왔다"라고 순순히 진술했다. 내색은 하지 않았지만 그때의 쾌감은 이루 말할 수 없이 컸다.

곧바로 문제의 보안부대장을 다시 불렀다. 그리고 전회에 진술한 내용이 모두 사실이냐고 물으며 우리가 확인한 사실을 가지고 다그치려는 순간 그가 뜻밖의 말을 했다.

"사실은 제가 거짓말을 한 것이 있습니다. 장준하가 사망하던 그날 사건 현장을 방문한 사실이 있습니다."

한편 좋았고 한편 허탈했다. 치열한 논쟁을 각오했는데 그가 너무 쉽게 백기를 들어버린 것이다. 어찌되었든 그가 진실을 밝히니 그다음 질문은 당연히 "현장에서 당시 한 일은 무엇이며 이후 조치는 무엇이냐"로 넘어갔다.

그러자 그는 "제가 직접 보고서를 작성하여 이를 부대 통신병에게 건네주었고 그 후 통신병이 보안부대와 보안사령부로 연결된 직통선을 이용하여 이 문서를 텔레타이프(영문)로 작성해 당시 진종채 보안사령관에게 직보했다"라고 진술했다. 그러면서 그 내용에 대해서는 "사고 일시와 장소를 밝힌 후 장준하의 사망 사실을 알리는 내용이었으며 6하 원칙에 따라 장준하의 사망 사건 개요에 대해 적었는데 그 분량은 16절지 절반 정도였던 것으로 기억된다"라고 답변했다. 우리는 이 같은 105 보안부대장의 진술을 근거로 그 즉시 기무사령부에 공문을 발송했다.

나는 기대가 컸다. 그동안 우리가 기무사령부에 요구해온 장준하 관련 존안 문서 협조 요청에 대해 "존안 자료 없음"이라며 무조건 거부해온 기무사가 이번에는 절대로 그냥 발을 빼지 못할 것이라고 자신했다. 다른 것은 몰라도 105 보안부대장이 보냈다는 한 장의 보고문은 분명히 있어야 하기 때문이다.

또한 설령 105 보안부대장이 보낸 이 문서가 없다 하더라도 반드시 있었던 이 문서를 누가, 언제, 어떤 이유로 폐기한 것인지 밝혀 달라고 공문에서 요구했으니 이번에는 기무사도 그냥 빠져나갈 수 는 없을 것으로 믿었고 또 기대했다. 하지만 순진했다. 돌아온 회신 결과는 또다시 여섯 글자였다. "존안 자료 없음."

차후 사실인지 아닌지 알 수 없으나 국가정보원 측 관계자에게 전해들은 말은, 그래서 우리를 더 참담하게 만들었다. 그의 전언에 의하면 기무사 측 관계자가 국정원 직원을 향해 "정보기관이 그렇 게 정보를 외부에 막 내주고도 부끄럽지 않냐"며 자신들은 의문사 위원회에 단 한 장의 문서도 협조하지 않았음을 자랑스럽게 말했다 는 것이다. 그 씁쓸했던 기억이 어제 일처럼 아프게 느껴진다.

# 유족에게 걸려온
# 괴전화의 정체를
# 추적하다

한편 퍼즐 조각을 찾듯 사건의 진실을 파헤치던 우리 조사팀이 가장 알고 싶었던 진실이 하나 있었다. 장준하의 유족 역시 가장 궁금해 했던 의문이기도 했다. 바로 장준하가 사고를 당한 1975년 8월 17일 낮 시간, 상봉동 자택으로 걸려왔다는 이른바 '괴전화'를 건 사람이 누구인가에 대한 것이었다. 이와 관련한 부인 김희숙 여사의 1983년 12월호《여성동아》인터뷰 내용이다.

> 사고 소식을 들은 것은 (오후) 3시경이었어요. 집에는 저와 두 딸, 그리고 막내아들만 있었는데 전화를 받은 건 막내였어요. 한 1분 정도나 통화를 했을까요. 산에 올라가셨다가 떨어지셨는데 서울서 사람들이 많이 와야 모셔올 수 있다고 하더래요. 목소리는 처음 듣는 사람이었구요.

유족이 이 사건에 대해 의혹을 품게 된 첫 출발점도 바로 이 괴전화 때문이었다. 이유는 간단했다. 1975년 당시에는 지금처럼 전화가 흔하지 않았다. 실제로 확인해보니 장준하가 사망한 포천 약사봉 일대의 민간 전화는 딱 한 대였다. 그 동네 이장 집에 설치된 행정 전화가 그것이었다. 국가가 각 마을의 이장에게 정부 시책을 하달하거나 또는 어떤 사항에 대해 보고 등을 받기 위해 놔준 행정용 전화였던 것이다.

이처럼 전화가 귀하던 그 시절 사고가 발생한 지 불과 얼마 되지도 않은 시각에 자신의 정체를 밝히지도 않은 낯선 남자로부터 사고 소식을 듣게 되었으니 유족이 의혹을 가지는 것은 너무나 당연한 일이 아니었을까. 더구나 당시 현장에 있었던 사람들 중 집으로 이 전화를 했다는 사람이 나타나지 않으니 더욱 이상한 일이 아닐 수 없었다. 그렇기에 우리 역시 이 괴전화를 했다는 사람이 바로 이 사건의 비밀을 쥔 '열쇠'라고 봤다.

답답한 마음에 원점부터 다시 시작하자고 다시 한번 꼼꼼하게 국정원 측으로부터 협조받아 확보한 중정 관련 문서를 확인하던 그때였다. 지금 생각해봐도 참 이상한 일이었다. 그전에도 수차례 확인하고 또 봤던 문서였는데 그날 처음으로 눈에 들어오는 문서가 있었다. 놀랍게도 우리가 그토록 목마르게 찾았던 괴전화의 주인공 이름이 적혀 있는 중정의 문서였다. 1975년 8월 17일자 중정 판단 기획국에서 생산한 단 한 장의 문서, 이른바 '중요 상황 보고'였다.

# 중앙정보부
## '중요 상황 보고'에 적힌
## 괴전화의 주인공

장준하는 8. 17. 08:30 호림산악회(서울운동장 앞 소재) 회원 일행 41명과 경기도 포천군 이동면 도평리 소재 운악산으로 출발 등반 도중, 동일 14:40분경 동 운악산 약사봉 계곡에서 실족으로 추락, 뇌진탕으로 사망하였음. 시체는 검사 지휘를 받기 위해 사고 현장에 보존 중이며 현지 경찰 3명이 현장을 경비 중에 있는데, 동 일행인 김용환(동대문구 이문동 거주)으로부터 연락을 받은 장준하 부인 및 가족 등이 20:30분경 현장에 도착하였음.

나는 내 두 눈을 의심했다. 그래서 그 충격으로 한동안 아무 말 없이 다시 한번 그 이름을 한 자 한 자 읽고 또 읽었다.

김, 용, 환.

목격자였다. 장준하 선생의 사고 현장을 목격했다는 목격자 김용환이 바로 사건 당일 상봉동 집으로 전화하여 장준하의 사고를 알린 괴전화의 주인공이라고 거기에 쓰여 있었다. 적어도 중앙정보부 문서에 의하면 그렇게 되어 있었다. 너무 황당하고 어처구니가 없어 나는 바보처럼 내 눈을 의심했다. 그래도 마찬가지였다. 분명히 그가 맞았다. 그래서 옆에 앉은 문형래 조사관에게 물어봤다.

"우리가 괴전화를 했다는 사람, 이름을 알고 있었나?"

뜬금없는 내 질문에 문 조사관이 웃으며 "형, 갑자기 무슨 소리예요? 지금까지 우리가 몰라서 계속 찾고 있잖아요. 왜 장난치고 그래요?"라고 가볍게 타박했다. 아무 말 없이 내가 들고 있던 문제의 '중요 상황 보고' 문서를 보여줬다. 순간 문 조사관 역시 깜짝 놀랐다. 정말이지 믿기 어려운 사실이었다.

그래서 오히려 의심했다. 이 문서에 적혀 있는 장준하의 유족에게 전화했다는 김용환이 정말 목격자를 자처하는 그 '김용환'과 같은 사람인지부터 확인할 필요가 있다고 생각했다. 대한민국에서 '김용환'이라는 이름은 정말 흔하기 때문이었다. 그러나 이는 복잡하게 확인할 필요도 없을 정도로 분명했다. '중요 상황 보고'에 이를 확인할 수 있는 근거가 분명하게 나와 있었기 때문이다.

첫째는 문서 내용 중 "동 일행인 김용환으로부터……"라고 쓰여 있는 부분이다. 즉, 같이 산행 온 일행 중 김용환을 뜻하는 표현인데 일행 중 김용환이라는 이름을 쓴 사람은 목격자 외에는 없었다. 두 번째는 유족에게 전화를 했다는 김용환 옆에 쓰여 있는 그의 주소였다. 중정 문서에 기재된 김용환의 이름 옆에 '(동대문구 이문동 거주)'라고 적혀 있었는데 이는 목격자 김용환이 1975년 당시 거주하던 집 주소와 일치했다. 다른 누가 아닌 목격자, 바로 김용환이었던 것이다.

그렇다면 이제 두 번째로 우리가 해야 할 일은 이 중정 문서가 얼마나 신빙성 있는 자료인가를 확인하는 것이었다. '중요 상황 보고'가 엉터리로 작성될 가능성에 대한 부분을 확인해야 한다고 판단한 것이다. 그래서 우리가 먼저 만난 사람은 H였다. 그는 1975년 당시 이 '중요 상황 보고' 문서를 작성했던 부서의 책임자였다. 그는 자신의 임무를 설명하라고 하자 "반정부, 반체제 인물을 상대로 하루도 빠짐없이 24시간 감청을 하여 정보를 수집하는 것"이라고 밝혔다.

우리는 그에게 "중요 상황 보고에 기재되는 실명은 어떤 경위로 기재되는 것이냐"고 물었다. 그는 담백하게 답변했다.

"중요 상황 보고에 기재되는 실명은 사실로 확인된 것이며 사실로 확인되지 않았다면 보고서에 정확하게 기재되지 않는다."

또 다른 중정 관련자 B씨 역시 마찬가지였다. 그에게 같은 질문을 하자 "기재된 내용 중에 김용환이 장준하의 집에 연락한 사실이 적혀 있다면 이는 장준하의 집을 감청한 것이 아닌가 생각되고, 그렇다면 김용환이라는 사람이 전화한 것은 분명한 사실이다"라고 말했다.

우리는 보다 확실하게 하고자 세 번째로 당시 중정 과장으로 재직했던 C씨를 상대로 다시 한번 조사했다. 그에게 "중요 상황 보고에 실명이 적혀 있을 경우 얼마나 신빙성이 있는 것이냐"고 물었다.

그의 답변이다.

"이름을 얘기하지 않더라도 서로 통화 내용을 들으면 이름을 알수 있고, 보고서에 이름이 명시되는 경우는 당사자가 이름을 얘기했거나 어떤 방식으로든 확인된 것이다."

이 같은 조사를 모두 마친 우리는 마침내 확신했다. '중요 상황보고'에 적히는 이름이 잘못 기재될 가능성은 전혀 없다는 확인이었다. 2004년 5월 12일. 의문사위원회 법적 조사 종료 예정일인 7월 30일을 불과 두 달하고 18일 남겨둔 시점이었다. 우리는 자신 있게 우리가 확인한 의혹을 규명하고자 목격자를 자처하는 김용환에게 다시 한번 출석할 것을 요구하는 공문을 발송했다. 과연 그가 이같은 의혹에 대해 어떤 말을 할 것인가 우리조차 긴장되는 그날이었다.

# 괴전화를 했다는
# 김용환의 분노,
# "모두 조작이다"

"장준하의 집에 전화하여 사고 사실을 알린 적이 없는데 중앙정보부 문서에 제가 전화했다고 기재되어 있는 것은 조작이라고 주장하는 것입니다."

그가 무너질 것인가. 아니면 또 지금까지 보여준 모습처럼 무조건 아니라고 부인하며 잡아뗄 것인가. 하지만 우리의 예상보다 그의 반응은 더 대단했다. 중정의 '중요 상황 보고' 문서를 제시하며 "장준하의 집에 전화하여 사고 사실을 알린 적이 있느냐"는 물음에 그는 거의 폭발하듯 소리쳤다. "절대 모르는 일"이라며 책상을 쳐가며 소리를 질렀다. 평소 잘 들리지도 않을 만큼 작게 말하던, 그래서 좀 크게 답변해달라고 몇 번이나 부탁해야 했던 그답지 않은 반응이었다.

우리 역시 강경했다. 그동안 중정 관계자를 통해 확인한 사실에 대해 설명했다. 적어도 우리가 확인한 바에 의하면 문제의 '중요 상황 보고' 문서는 아무렇게나 막 작성되는 것이 아니며 이를 뒷받침하는 당시 중정 직원들의 진술 역시 상세하게 설명했다. 하지만 그는 우리의 설명을 귀담아들으려 하지도 않았다. 너무 답답하여 "그럼 당시 중정이 선생님의 이름이 쓰여 있는 이 문서를 조작이라도 했다고 지금 주장하시는 건가요?"라고 반문했다. 그때였다. 그의 답변이 예상치 않은 방향으로 굴러갔다. "맞습니다. 중앙정보부 문서가 조작된 것입니다."

생각지도 못한 그의 반응에 어이가 없어 다시 되물었다. "아니, 중앙정보부가 왜 선생님이 하지도 않은, 더구나 장준하 사망 후 그 유족에게 전화했다는 사람에 대해 굳이 문서까지 조작해가며 허위로 만들었다는 것인가요? 더구나 무려 30년이 지난 지금에 와서 중정이 선생님을 난처하게 할 목적으로 그런 조작을 했다고 하는 것은 말이 안 되잖아요"라고 반문했다. 하지만 그는 요지부동이었다. "그것은 나도 모르는 일"이라고 말한 후 입을 다물어버렸다.

나는 이날 조사가 마지막임을 알았다. 더 이상 조사할 시간도 없었다. 무조건 부인하는 그를 붙잡고 옥신각신하다가 결국 나는 그동안 확인되었던 모든 사항을 마지막으로 정리하고자 그의 진술을 담기 시작했다. 그러면서 지금까지 확인된 그의 주장이 왜 다른 이들과 한결같이 다른가에 대해 꼼꼼하게 다시 물었다. 이렇게 확인해보니 그가 그동안 주장해온 말 중에 사실이라고 인정할 만한 것들이 거의 없었다.

그는 자신이 직접 사고 경위를 설명한 내용이 담긴 1975년 녹음테이프에 대해서도, 그리고 자신이 직접 지장까지 찍어 확인해준

'88년 경찰 재조사 진술 조서' 역시 필요하면 모두 사실이 아니라고 부인했다. 모든 사실을 단 한 번도 일관되게 말한 적이 없었고 추락 사실을 목격했다는 것도, 사건 후 어디로 갔고 누구를 만났는지에 대해서도 다른 이들과 모두 다르게 말했다. 그러더니 이제는 중앙정보부가 작성하고 존안해온 기록마저 조작된 것이라고 주장하고 있었다. 그렇다면 그의 주장대로만 본다면 이 세상 모든 사람들과 기관이 하나로 단결하여 단 한 사람, 목격자를 자처하는 김용환을 궁지로 몰아넣고자 사전에 공모라도 했다는 것이 된다. 과연 이것이 말이 되는가.

그때였다. 갑자기 그가 자리에서 벌떡 일어났다. 그러면서 "다 필요 없어"라고 소리치면서 조사실 밖으로 나가버렸다. 그리고 그는 이내 자신의 집으로 돌아가 버렸다. 나는 한동안 그냥 조사실에 그대로 앉아 있었다. 일방적으로 조사를 거부하고 나가버리는 그를 강제로 잡아 앉힐 권한도 없었지만 어차피 그를 다시 데리고 들어온다 해도 다시 돌아온 그가 진실을 말할 것이라고 생각되지도 않았기 때문이었다. 그래서 따라 나가려는 문형래 조사관에게도 그냥 놔두라고 말했다. 순간 그동안 거쳐왔던 시간들이 주마등처럼 떠올랐다. '애증'이라는 단어가 있다. 목격자를 자처하는 김용환을 보는 내 심정이 그랬다. 적어도 나는 그를 열여덟 번 이상 만났다. 그리고 그때마다 짧게는 여섯 시간, 길게는 여덟 시간을 넘게 마주 앉아 대화를 하기도 했다. 또 몇 번은 거듭 거듭 사양하는 그와 같이 식당으로 가서 한 냄비에 끓인 김치찌개를 퍼서 나눠 먹기도 했고 가족과 사는 이야기를 함께 나누기도 했다. 그랬던 시간들이 새록새록 떠올랐다.

한편 내가 김용환을 마지막으로 만난 날은 2004년 5월 14일이었다. 이른바 "유족에게 괴전화를 했다는 당사자가 당신이냐"는 사실을 따져 묻자 더 이상의 조사를 거부하고 나가버린 그날이 우리가 본 마지막이었던 것으로 기억된다. 그런 김용환을 생각하면 떠오르는 기억이 하나 있다. '언론에 대한 불신감'이었다. 그는 우리나라 언론이 장준하의 사인과 관련하여 자신을 향해 던지는 의혹은 모두 거짓이며 말도 안 되는 허위 보도라고 주장했다. 그래서 평소 신문이나 방송 뉴스도 잘 보지 않는다며 1975년 당시 보도된 기사를 토대로 의문을 제기하는 나에 대해 비판하기도 했다. 언론에 대한 불신이 깊어 어떤 언론과도 말하고 싶지 않다는 것이 그의 주장이었다. 그래서 그냥 물어봤다. 그런 분이 왜 지난 1993년 SBS 〈그것이 알고 싶다〉에서 장준하의 사인에 대한 의혹을 보도하자 이후 《월간조선》과 인터뷰를 했느냐고. 그러자 그는 잠시 당황하더니 "그것은 내가 하고 싶어 한 것이 아니라 《월간조선》 기자가 갑자기 집에 찾아와 물어보니 어쩔 수 없어 하게 된 것"이라고 말했다.

그런데 이번에는 달랐다. 2기 의문사위원회가 1년여 간의 조사를 마치고 문을 닫은 후인 2004년 8월호 《월간조선》에 그의 인터뷰가 장문으로 실렸다. 1993년에 이어 다시 11년 만에 그가 《월간조선》과 인터뷰를 한 것이다. 다만 큰 차이는 지난번엔 《월간조선》 기자가 일방적으로 그의 집을 찾아가 인터뷰를 했다면 이번에는 그가 직접 《월간조선》 본사를 찾아가 인터뷰를 자청했다는 점이다. 그의 《월간조선》 인터뷰를 읽으며 나는 참 많은 생각을 했다. 많은 부분이 사실과 달랐으나 어차피 그가 일부러 찾아가 《월간조선》과 인터뷰한 목적이 자신의 정당성과 억울함을 주장하고자 한 것이니 이에 대해 일일이 반박하지는 않겠다. 다만 한 가지 사실만은 꼭 집어서 말하고 싶다. 그는 당시 의문사위원회 조사관인 내가 자신이 거짓말하지 않는다는 사실을 알고 있으면서도 '조직의 수명을 연장하고자' 억지 조사를 벌이고 있다며 격하게 비난했다. 또한 장준하 사건과 관련하여 더 이상 새로이 나올 사실이 없는데도 자신 하나만 괴롭히는 것도 부족해 자신의 남동생과 작은아버지까지 조사하고 있다며 국가기관이 너무나 야비하다고 거듭 비난했다.

처음에 이 인터뷰를 보고 인간적으로 화가 나기도 했다. 그가 여전히 사실과 다른 주장을 하고 있기 때문이었다. 그래서 전후 과정에 대한 사실을 잘 모르는 사람의 입장에서 그 인터뷰만 읽어본다면 의문사위원회에서 일하는 조사관들은 참 '나쁜 사람'이라고 여기기에 충분할 듯싶었다. 하지만 다른 것은 몰라도 나는 목격자를 자처하는 김용환과 '피도 눈물도 없이' 늘 날카롭게 대립하기만 했다고 생각하지 않는다.

그는 내 아버지와 비슷한 연배였다. 그런 그에게 어찌 인간적인 연민조차 없었겠는가. 그래서 정말 어떨 때는 그에게 몰린 의혹에 대해 그가 제대로 된 해명조차 하지 못한 채 엉뚱한 말만 되풀이하고 있음을 보며 화가 난다기보다 너무나 안타깝게 보이기까지 했다. 그래서 이런 부질없는 말도 한 적이 있다.

"선생님, 이 사건이 왜 이렇게 복잡해졌는지 아세요? 정말 제가 안타까워서 드리는 말씀인데요. 그 한 축은 바로 선생님 책임입니

다. 왜 자신의 행적에 대해 자신 있게 설명을 못하세요? 내가 본 것
은 무엇이고 내 행적은 이거다, 이렇게 딱 부러지게 하셨으면 이 사
건이 여기까지 오지도 않았어요. 정말 우리가 납득할 수 있게 말씀
좀 해주세요."

아무리 누가 뭐래도 진실은 하나다. 장준하 선생님은 약사
봉 등반 중에 실족하셔서 추락하셨고, 그래서 돌아가셨다.
그걸 내가 현장에서 봤다. 무얼 더 얘기하라는 것인가.

김용환이 2004년 8월호《월간조선》에서 했던 인터뷰 중 한 대목
이다. 그랬다. 우리가 역시 알고 싶었던 것도 그가 말하는 그 '진실'
이었다. 하지만 그는 우리에게 일관된 하나의 진실도 말하지 못했
다. 그는 필요할 때마다 여러 가지 진술을 언급했고 또 그러다가 필
요하면 다른 말을 했다. 그러니 의혹이 해소되는 것이 아니라 오히
려 파면 팔수록 새로운 의혹과 마주하게 되었다.

2012년 8월 24일. 한동안 잊혔던 그가 다시《동아일보》와 인터
뷰를 하면서 장준하 사건에 대해 언급했다. 그는 장준하의 유골에서
발견된 타격흔을 두고 국민적 의혹이 불거지는 것에 대해 기자가
의견을 묻자 "(장준하 사건은) 사실상 종결된 것 아니냐. 두 번에 걸
쳐 철저하게 조사를 했으니 이미 결론이 난 것과 다름없다"며 자신
을 향해 쏠리는 의혹을 전면 부인했다. 하지만 나는 여전히 그에게
묻는다.

1975년 8월 17일, 그날 장준하와 당신은 정말 무엇을 했나요? 그리고 약사봉 계곡에서 당신이 본 것은 정말 무엇이며 이후 당신은 3일간 어디로 가서 누구를 만났나요? 왜 장준하의 집에 전화하여 유족에게 사고 사실을 알렸다는 중정의 '중요 상황 보고' 문서에 대해 막연하게 부인하는 것입니까?

도대체 당신은 누구입니까?

# 괴전화를
# 부정한 이유,
# '새로운 늪'


나는 최근에야 비로소 2004년 5월 14일, 목격자를 자처하는 김용환이 왜 마지막 조사를 거부하고 밖으로 나가버렸는지 이해하게 되었다. 그가 왜 중정의 '중요 상황 보고'에 기재된 내용을 그토록 부인한 것인지 그 이유를 어렴풋이 이해하게 된 것이다.

사실 나는 그를 상대로 괴전화 여부를 묻기 전에 어쩌면 그가 쉽게 "사실은 내가 그 전화를 한 것이 맞다"라고 인정할지도 모른다고 생각하기도 했다. 그냥 쉽게 생각하면 사실 그럴 수도 있다고 판단했기 때문이다. 장준하와 같이 산행을 했는데 자신이 제대로 보살펴드리지 못해 사고가 났고, 어찌되었든 빨리 이 소식을 유족에게 알려 시신을 수습하도록 해야 할 텐데 전화를 하면서 순간적인 죄책감으로 자신의 이름을 밝히지 못한 것이 아닐까 싶었던 것이다.

그런데 이후 장준하의 유족이 자신의 전화에 대해 이를 '괴전화'라 하면서 의혹을 제기하고 다른 이들도 이를 의심하면서 마치 이

전화를 건 사람이 이 사건의 의혹을 풀 열쇠라고 의심하니 더더욱 자신의 행동을 바로 말할 수 없었다는 식으로 변명할지도 모른다고 생각했던 것이다. 그런데 이러한 나의 생각과 달리 김용환은 자신이 전화를 한 사실을 기재한 중정의 문서가 조작이라며 반발했고 끝내 조사마저 거부하고 그냥 가버린 것이다.

지금에 와서 고백하자면 나 역시 그의 이 같은 반응을 보고 판단에 혼란이 왔다. '정말 김용환이 전화를 하지 않은 것 아닐까' 싶었던 것이다. 그렇지 않고서야 저렇게까지 부인할까 싶었다.

그런데 아둔한 나는 이제야 내가 가진 세 가지 의문 중 하나에 대한 답을 알게 되었다. 참고로 내가 이 사건을 조사할 당시 끝내 이해하지 못한 세 가지 의문이 있었다. 그중 한 가지가 정말 중정의 보고서대로 김용환이 이 전화를 한 사람일까에 대한 확신이었다.

그런데 이제 나는 분명하게 확신하게 되었다. 중정의 문서 내용은 틀리지 않았다. 괴전화는 김용환이 한 것이라는 중정 문서가 틀림없다고 확신한다. "중정 문서에 기재된 내용은 틀릴 수 없다"는 당시 중정 고위 관계자 세 명의 진술을 나는 신뢰한다. 적어도 국가 정보기관의 자료가 틀렸다고 출발한다면 이 세상에 믿을 자료는 단 한 가지도 없다는 결론에 이르기 때문이다.

그렇다면 이처럼 분명한 사실에 대해 김용환은 부인했을까. 이미 위에서 언급한 것처럼 "그런 사정으로 말 못하다가 빚어진 일"이라고 해도 "충분히 그럴 수 있는 일"이라고 할 수 있는데 왜 그는 조사까지 거부하며 나가버린 것일까. 정말 그가 이처럼 부인할 수밖에 없는 불가피한 어떤 사정이 있는 것은 아닐까. 그러다가 깨달은 사실이었다.

그는 자신이 이른바 '괴전화'를 했다는 사실을 인정하고 싶어도 인정할 수 없는 조건임을 스스로 잘 알고 있는 것이 아닐까 하는 생각에 미친 것이다. 즉, 자신이 괴전화를 했다는 사실을 인정하는 순간 그는 '새로운 늪'에 빠질 수밖에 없다. "내가 사실은 그 전화를 했다"라고 인정하는 순간, 당연히 뒤따를 질문. 그렇다면 그 전화를 한 것은 어디냐는 물음에 그가 답해야 하기 때문이다.

이미 언급한 것처럼 그 동네에 설치된 전화는 단 한 대였다. 이장 집에 설치된 행정 전화였다. 1975년 당시 민가에 전화가 설치된 집이 어디였는지를 약사령 일대 주민에게 확인해보니 그 근방에서 유일한 전화는 오직 이장 집뿐이었다는 것이다. 그래서 이장 집을 찾아갔다. 그 당시 전화는 자신의 집 외에 없었음을 이장이 다시 한 번 확인해줬다.

그래서 그에게 물었다. "혹시 장준하 선생이 사망한 당일, '난닝구'만 입은 어떤 남자가 찾아와 전화를 빌려달라고 한 적이 있습니까?" 이장의 답변은 명쾌했다. 자신이 분명하게 말할 수 있는데 그 날을 비롯하여 누구에게도 전화를 빌려준 적이 없다는 것이었다. 그는 이장인 자기에게 국가가 업무로 놔준 행정 전화이기에 함부로 빌려줄 수 있는 전화가 아니라며 "지금까지 살면서 단 한 번도 전화를 사용하라고 허락한 적이 없다"라고 답했다.

그렇다면 이제 사건 현장 인근에서 사용할 수 있는 민가의 전화는 없다는 결론이 나온다. 김용환은 도대체 어디에서 장준하의 집으로 전화를 한 것일까. 장준하의 집에서 전화를 받았고 이런 전화를 김용환이 했다는 중정의 '중요 상황 보고'가 확인되었는데도 정작 김용환은 이를 계속 부인하고 있다. 도대체 그는 어디서 전화를 한 것일까. 이 답을 할 수 없는 김용환이기에 그가 이처럼 필사적으로 전화를 건 사실을 부정한 것이 아닐까. 나는 이것이 장준하 사건의 진실을 밝힐 핵심적인 열쇠라고 확신한다.

# 김용환은
# 중정의
# '사설 정보원'이다?


사건 당일 유족에게 '괴전화'를 한 사람이 다름 아닌 목격자 김용환이라는 사실이 적힌 중정 문서 외에도 우리가 주목한 문서가 하나 더 있었다. 중앙정보부가 존안하고 있던 김용환의 '특수인물 존안 카드'였다. 노란색의 A4 용지보다 조금 큰 사이즈였는데 보통 회사가 관리하는 '직원 인사 기록 카드'처럼 생겼던 것으로 기억된다. 카드의 상단에는 '특수인물 존안 카드'라고 적혀 있었는데 우리가 이것에 주목한 이유는 목격자인 김용환을 둘러싼 또 하나의 의혹 때문이었다.

그것은 장준하 사건과 관련한 1기 조사 막바지에 확보한 당시 중정 수사관의 진술이었다. 중정 수사관이었던 B가 의문사위원회에서 목격자를 자처하는 김용환이 사실은 중정의 '사설 정보원'이었다고 진술한 것이다. '사설 정보원'은 쉽게 말해서 중정이 돈을 주고 활용한 프락치를 의미하는 단어였다. 만약 이것이 사실이라면 이는 그냥 지나칠 수 없는 중대한 의혹이었다.

그런데 1기 위원회의 관련 조사 기록을 넘겨받은 후 이를 분석해보니 뭔가 아귀가 맞지 않는다는 의구심이 들었다. 이 같은 중요한 진술을 했다면 자연스럽게 이후 연속된 문답에서 이를 뒷받침하는 상세한 문답이 이어져야 하는데 그 진술 하나만 덜렁 하고 그냥 끝났기 때문이다. 뭔가 이상했다. 그래서 좀더 세밀한 조사가 필요하다는 판단으로 여러 경로를 통해 확인해보니 역시나 문제가 좀 있었다.

나는 김용환이 '사설 정보원'이었다는 진술을 남긴 B를 다시 불렀다. 그리고 그에게 찬찬히 사실을 확인해본 결과는 매우 실망스러웠다. 전회에 진술한 내용이 모두 사실이냐며 그가 진술한 김용환의 사설 정보원 언급에 대해 확인하자 그는 다음과 같이 말했다.

"내가 중정에 근무할 당시 모두 다섯 명을 유급 정보원으로 활용했는데 직접 관리한 사람은 이 중 두 명이었다. 그리고 나머지 세 명은 내가 직접 관리하지 않고 계원이 활용하여 누구인지 모르는데 1기 위원회 조사 당시 그가 바로 김용환이 아니냐고 자꾸 물어, 그런지 아닌지 나는 모르겠다고 했으며, 그런데도 자꾸만 되물어 나중에는 귀찮아서 그냥 맞다고 동의했다."

그의 답변에 황망한 느낌이 들었다. 사실을 뒷받침하는 자료가 부족한 상태에서 조사하다 보니 빚어진 '과잉 의욕'의 소산이었다.

그렇기에 나는 지난 1기 조사에서 확인했다는, 김용환이 중정의 '사설 정보원'으로 활동했다는 조사 보고는 근거가 부족하다고 판단했다. 물론 이 진술을 한 그가 자신이 활용하지 않았다는 세 명에 김용환이 포함될 수도, 또는 그렇지 않을 수도 있는 일이지만 이런 무리한 판단은 옳은 조사라고 할 수 없다고 판단해야 한다.

따라서 나는 이번에 장준하 관련 의혹이 불거지면서 일부 언론과 사람들 사이에 김용환이 중정 사설 정보원인 것처럼 언급된 것은 아직 사실로 판명되지 않은 내용임을 밝힌다. 이는 향후 추가적인 조사를 통해 확인해야 할 의혹일 뿐이다.

# 김용환의
# '특수인물 존안 카드'?

그러나 김용환을 '사설 정보원'이라고 단정한 것은 사실이 아니지만 반드시 규명해야 할 하나의 의혹은 남아 있다. 위에서 언급한 이른바 '특수인물 존안 카드'에 대한 의혹이다. 김용환의 '사설 정보원' 의혹을 확인하는 2기 조사 과정에서 새롭게 확보한 문서를 분석하다가 발견한 문서였다.

먼저 이 문서가 어떤 의미를 가지고 있는 것인지부터 확인이 필요했다. 당시 중정의 계장이었던 B를 만났다. 그에게 김용환의 이름으로 작성된 '특수인물 존안 카드'를 제시하며 이 카드의 작성 경위 및 용도에 대해 묻자 "이는 당시 서울시경(지금의 '서울시 경찰청')이 작성하여 중정에 입수된 것"이라고 그는 밝혔다.

그러면서 "장준하가 위원장을 맡던 신민당 동대문지구당 간사가 김용환이었다는 점을 고려할 때 이는 서울시경 정보과 형사가 김용환을 '사설 정보원'으로 활용하도록 중정에 추천하고자 작성된 것으로 판단되며, 그렇지 않고서는 사회적으로 큰 비중이 없는 김용환을 상대로 이 같은 '특수인물 존안 카드'를 작성할 이유도 없고 역시 이를 중정이 입수하여 존안할 이유도 없다"라고 답했다.

하지만 이 같은 의혹을 묻는 우리에게 김용환의 답변은 간결했다. 자신의 사설 정보원 의혹은 말도 안 된다는 주장이었다. 자신은 중정이라면 치가 떨리고 그들을 위해 일할 이유가 없다고 말했다. 그리고 이 같은 자료가 왜 중정에 존안되어 있는지 자신은 알 바가 아니라고 부인했다. 그러나 이 같은 그의 부인에도 불구하고 남은 의혹은 여전히 진했다. 무엇보다 당사자 동의도 없이 사설 정보원으로 활용하는 특수인물 존안 카드를 서울시경이 만들었다는 것도 말이 안 되고 중정 역시 아무런 이유 없이 이 같은 문서를 존안하고 있었다는 것 역시 쉽게 납득할 수 있는 일은 아니지 않은가?

정말 이상한 점은 김용환의 강력한 부인에도 불구하고 왜 그의 주변에 이런 의문이 계속해서 확인되는 것일까에 대한 것이다. 자신은 아니라고 주장하나 괴전화를 했다는 중정의 '중요 상황 보고'도 그렇고 '특수인물 존안 카드' 역시 왜 하필 그 많은 사람 중에 장준하의 마지막을 목격했다는 김용환으로 초점이 모아져 있는 것일까. 정말 그가 이 사건에 있어 순수한 목격자에 불과하다면 이러한 의혹이 어떻게 계속될 수 있다는 것인지 나로서는 정말 이해할 수 없는 일들이었다.

# '박정희'의
# 9년 3개월 비서실장,
# 김정렴을 만나다

조사 막바지에 내가 만난 사람이 또 한 명 있었다. 장준하가 사망하던 1975년 당시 대통령 박정희의 청와대 비서실장이었던 김정렴이었다. 그는 우리나라에서 가장 오래 대통령 비서실장을 지낸 사람으로 유명하다. 그 기간이 무려 9년 3개월이었다. 현행헌법에 의하면 대통령의 임기가 5년으로 제한되어 있다. 그러니 앞으로 박정희처럼 누군가 군사쿠데타로 정권을 찬탈하고 이후 18년 이상 장기 독재를 하지 않는 한 김정렴의 비서실장 재직 기록은 깨지지 않을 것이다. 그의 오랜 대통령 비서실장 기록은, 그래서 자랑스러운 것이라고 말하기는 어려울 것이다.

한편 내가 그를 꼭 만나고 싶었던 이유는 분명했다. 1975년 8월 17일 당시 청와대 비서실장으로 일하고 있던 그에게 꼭 확인하고 싶은 질문이 있었기 때문이다. 장준하가 사망한 후 이에 대해 당시 대통령 박정희에게 보고한 사실이 있는지에 대한 것이었다. 만약 보고했다면 이를 알게 된 박정희의 반응은 어떠했으며 또한 이에 따른 모종의 조치나 지시 사항이 있었는지가 궁금했기 때문이다.

그런데 1차와 2차 출석 요구서를 발송했는데도 김정렴으로부터 아무런 반응이 없었다. 예정된 출석 일자에 나오지도 않았고 이를 확인하는 전화 역시 없었다. 그래서 마지막으로 3차 출석 요구서를 보내기에 앞서 그의 집으로 전화를 했다. 살짝 우려했는데 그는 건강한 목소리로 전화를 받았다. 나는 장준하 사건 담당 조사관임을 밝힌 후 그에게 앞서 발송한 1, 2차 출석 요구서를 받았는지부터 확인했다. 그러자 그는 "보냈으니 받았다"라고 퉁명스럽게 답했다.

"그런데 왜 출석도 하지 않고 이에 대해 아무런 반응도 하지 않으셨느냐"고 되묻자 그는 나에게 전혀 생각하지도 못한 엉뚱한 역질문을 했다. "민간인이 받을 수 있는 최고 훈장이 뭔 줄 아냐"는 말이었다. 황당했다. 물론 나는 그 답을 몰랐다. 그래서 나는 말했다.

"모르겠는데 왜 그러시죠?"

그는 '무궁화 훈장'이 답이라고 했다. 그러면서 "내가 바로 그 훈장을 받은 사람인데 어디서 이런 출석 요구서를 보내면서 나에게 와라 가라 하는 거냐"며 화를 냈다. 불쾌했지만 연세가 많은 어른이라서 꾹 참았다. 대신 나는 "실장님, 그렇게 높은 훈장을 받고 또 나라에서 그만큼 혜택도 받으신 분이 국가 정책으로 하는 일에 이렇게 협조를 안 하시면 되겠습니까? 다른 분도 아니고 당연히 협조해 주셔야 할 분이 이러시면 안 되는 것 아닙니까?"라고 반문했다.

이런 나의 태도에 그는 오히려 더 화가 난 듯했다. 막무가내였다. 출석 요구에 응할 수 없다며 그냥 전화를 끊어버릴 기세였다. 나는 최후의 수단을 꺼내들었다.

"알겠습니다. 그럼 저는 오늘 마지막으로 3차 출석 요구서를 발송하겠습니다. 그리고 만약 끝내 출석하지 않으신다면 '의문사 진상 규명을 위한 특별법' 규정에 의거해 1,000만 원의 과태료를 부과한 후 다시 1차 출석 요구서를 또 보낼 테니 그리 아십시오."

잠시 침묵이 흘렀다. 아마도 문제가 더 이상 복잡해지는 것이 부담스러운 것 같았다. 그는 어디서 만나면 되겠느냐고 물어왔다. 나는 의문사위원회로 출석하는 것이 부담스럽다면 원하는 곳으로 내가 가겠다고 말했다. 그래서 결정된 곳이 서울 강남의 모 사무실이었다. 과거 3공화국에서 상공자원부에 근무했던 공무원들의 친목 모임 사무실이라고 했다. 2004년 2월 20일, 내가 김정렴을 만난 날이었다.

# "장준하가 누구지?",
# 생각지도 못한
# 김정렴의 반격

그런데 어렵게 만들어진 그 자리에서 나는 크게 실망했다. 그는 조사가 시작된 첫마디부터 전형적인 모르쇠로 일관했다. 아예 처음부터 '장준하가 누구야' 식의 반응이었다. 너무 심한 그의 답변에 실망스럽지 않을 수 없었다. 그에게 장준하가 어떤 사람인지 설명하는 것이 구차스러웠다. 어떻게 9년 3개월씩이나 박정희의 비서실장을 지낸 그가 장준하를 모를 수 있을까. 그래서 다시 물었다.

"박정희 대통령이 장준하 선생님에 대해서 언급하거나 이야기하신 것을 들으신 적이 있었나요?"

이에 김정렴은 다음과 같이 답변했다.

"박 대통령은 남에 대해서 이러쿵저러쿵 코멘트하는 법이 없습니다."

그는 자신이 청와대 비서실장으로 있을 당시 발표된 긴급조치 1호 및 2호 발동에 대해서도 기억이 없다고 했다. 박정희 대통령이 자신의 명의로 직접 담화문까지 발표하며 100만인 서명운동의 중단을 요구하고 이후 장준하 하나를 잡기 위해 긴급조치까지 발표했는데 청와대 비서실장이 몰랐다는 말을 과연 믿어야 할지 답답했다. 이렇게 모른다고 하는데 무얼 더 물어볼 수 있을까. 그는 내내 "경제발전을 위해 동분서주하며 정신없이 살던 그때 장준하라는 사람을 우리가 알 필요가 없었고 그를 알지도 못한다"라고 주장했다.

"그럼 박 대통령은 장준하의 사망에 대해 알고 있었느냐"고 다시 물으니 그는 "모르지요"라고 애매하게 답변했다. 어이가 없어 재차 "박정희 대통령이 장준하의 사망 사실을 몰랐다는 것이냐"며 따져 묻자 그는 "모르지요. 박 대통령도 신문 읽으시고 텔레비 보시니까"라고 답하는 것이었다.

즉, 자신은 장준하를 알지 못하고 따라서 보고한 사실도 없는데 박정희 대통령이 장준하의 사망을 알았는지 몰랐는지도 자신은 모르겠다, 다만 박 대통령도 신문과 텔레비전을 보니 뉴스를 통해 알았는지 아닌지도 모르겠다, 김정렴이 말하는 취지는 이런 내용이었다. 참으로 어처구니없는 그의 답변에 눈물이 나올 만큼 분했던 기억이 되살아난다.

정말 박정희가 장준하를 언급도 하지 않았을까. 자신을 향해 '밀수 왕초'니 '남로당 활동'이니 '친일파'니 하면서 공개적인 석상에서 비판하여 두 차례나 '국가원수 모독죄'로 감옥에 가야 했던 장준하였다. 그리고 유신체제하에서 전무후무한 '100만인 서명운동'을 주도하여 긴급조치가 발동되었고 이후 미국 등 해외에서 장준하를 석방하라는 압력이 쇄도하여 결국 11개월 만에 그를 석방시킬 수밖에 없었던 그 장준하를 정말 박정희가 몰랐던 것인가. 또 9년 3개월이나 박정희의 비서실장을 지낸 그 역시 장준하를 잘 몰라 그가 사망했다는데도 이를 보고조차 하지 않았다는 것을 어찌 믿으라는 것인가.

장준하의 존재를 부인함으로써 오히려 더 분명해진 의혹에 대해 추가 조사가 필요했으나 촉박한 조사 기간으로 인해 그를 다시 만날 기회를 잡지 못했다. 안타까운 일이었다.

# 뜬금없는 김정렴의 발언,
# '긴급조치 10호'와
# 김재규의 비밀

그런데 막상 내가 원한 장준하 관련 이야기는 완벽하게 차단하던 그가 조사 도중 엉뚱한 말을 꺼냈다. 모두 두 가지였는데 그중 하나는 1979년 10월 26일 박정희를 저격한 당시 중앙정보부장 김재규에 관한 이야기였다. 그는 사람들이 김재규를 영웅으로 받드는 것이 내심 못마땅한 듯했다. 그러면서 "야수의 심정으로 유신의 심장을 쐈다"는 김재규의 발언은 사실이 아니라고 말했다.

김정렴이 말하는 김재규의 또 다른 진실은 이랬다. 1978년 12월 청와대 비서실장에서 물러난 후 그는 일본 대사로 임명되어 동경으로 나갔다고 한다. 그런데 이때 일본을 방문한 이들이 동경에 들러 자신을 만나고 가곤 했는데 그럴 때마다 늘 듣던 말이 차지철 경호실장과 김재규 중정부장 사이에 마찰이 심해져 문제가 심각하다는 말이었다고 한다. 즉, 사람을 가리지 않고 권력을 농단하는 차지철 경호실장과 이 같은 차지철을 견제하려는 김재규 사이가 틀어져 점점 극단으로 치닫고 있다는 우려였다고 한다.

그러던 1979년 말경 어느 날이었다고 한다. 대통령이 주재하는 시국 대책회의에 김재규가 이른바 '긴급조치 10호'를 기안하여 가져 왔다는 것이다. 유신독재하에서 발표된 긴급조치는 모두 9호까지였 는데 이날 김재규가 '긴급조치 10호' 안을 가져와 이를 발표하자고 제안했다는 것이다. 그런데 그 내용이 유신독재자인 박정희가 봐도 너무 심했다고 한다. 말 그대로 그냥 '무조건 다 누르고 잡아들이자' 는 법안이었다는 것이 김정렴의 주장이었다.

그리고 김재규의 '긴급조치 10호' 안을 본 박정희가 오히려 크 게 화를 냈다는 것이다. 그러면서 공개적인 석상인 시국대책회의에 서 "이렇게 강경 조치만 쓰면 시국이 조용해지겠느냐"며 김재규를 심하게 질책까지 했다는 것이 김정렴이 전해준 말이었다. 결국 이 같은 일이 있고 난 후 충성 경쟁에서 밀린 김재규가 박정희에게 총 격을 가한 사건이 바로 10·26 사건의 전말이라고 김정렴은 말했다. 그러면서 김재규가 마치 민주화 인사처럼 일부에 알려져 있는데 이 는 사실이 아니라고 그는 거듭 주장했다.

사실 이날 김정렴에게 이러한 말을 듣기 전부터 나 역시 어디선 가 이런 주장을 들은 기억이 있었다. 그러나 그저 떠도는 소문인 줄 알았는데 정말 '긴급조치 10호'가 거론되고 있었다는 그 당시 고위 공직자 김정렴의 말을 들으니 그 소문이 정말인가 싶었다. 그런데 김정렴이 들려준 두 번째 이야기는 김재규에 관한 것보다 더 충격 적인 발언이었다. 바로 새누리당 박근혜 대통령 후보와 관련한 이야 기였다.

# 김정렴이 들려준
## '박근혜와 구국선교단',
## 그리고 진실

김정렴은 자신이 모셨던 박정희에 대해서는 그 어떤 언급도 가급적
꺼렸다. 좋은 이야기든 아니든 그것을 언급하는 것조차 자신이 모신
주군에게 누가 되지 않을까 조심하는 분위기가 역력했다. 그런데 그
런 그가 김재규에 대한 이야기에 이어 생각지도 못한 박근혜 후보
와 관련한 이야기를 꺼낸 것은 조사가 다 끝난 후 사담을 나누던 때
였다. 김재규와 관련한 긴급조치 10호 이야기를 사실은 어디선가 들
은 적이 있었는데 그것이 정말이었다니 놀랍다고 하자 김정렴이 갑
자기 꺼낸 말이었다.

청와대 비서실장으로 근무하던 어느 날이었다고 한다.
1974년 육영수 여사가 문세광의 총탄에 서거한 후 그 뒤
를 이어 '퍼스트레이디'로 활약하던 박근혜 후보가 자신에
게 뭔가를 적은 메모를 가져왔다는 것이다. 메모를 살펴보

니 기업체 이름이 세 개 적혀 있었다고 했다. 그래서 김정렴이 "이것이 뭐냐"고 묻자 "구국선교단에 기부금을 낸 기업체 명단"이라고 말했다는 것이다. 그러면서 "이 기업들이 바라는 민원을 원하는 대로 해결해달라"는 말을 자신에게 했다는 것이다. 구국선교단은 당시 최태민이라는 목사가 운영하는 단체였는데 퍼스트레이디였던 박근혜는 이 단체에서 명예총재를 맡고 있었다.

한편 구국선교단과 최태민 목사가 누구인가에 대해 잘 설명한 기사가 있다. 바로 지난 2012년 8월 22일자 《조선일보》가 특집 보도한 "[새누리 대선 후보 박근혜] 해묵은 '최태민 의혹'… 朴후보 정치적 고비마다 불거져"라는 제하의 기사였다. 이 기사에 따르면 박근혜 후보와 최태민 목사가 처음 만난 인연은 참으로 묘했다. 관련 기사를 일부 발췌 인용한다.

(보도 기사 전략) 최 씨를 수사한 당시 중앙정보부의 수사 자료에 따르면, "최태민은 박근혜에게 3차에 걸쳐 꿈에 '육(영수) 여사가 나타나 근혜를 도와주라'는 현몽(現夢·죽은 사람이나 신령이 꿈에 나타남)이 있었다는 내용의 서신을 발송, 1975년 3월 6일 박근혜와 접견했다"고 돼 있다. 당시 최 씨는 63세였다. 박 후보는 지난 2007년 검증 청문회 때 "어머니가 돌아가신 다음 해에 수많은 위로 편지와 전화를 받았다. 그 내용이 상당히 마음에 와 닿고, 만나서 얘기 듣고 싶

을 때 만났다. 최 씨는 그렇게 해서 만난 몇 분 중 한 분"이라고 말했다.

1970년대 중·후반 신문을 보면, 박근혜와 최 씨가 함께 행사에 참여한 사진과 기사들을 볼 수 있다. 최태민은 1975년 5월 임진강에서 구국기도회를 개최했고, 이 자리에 참석한 박 후보가 대한 구국선교단의 명예총재로 추대됐다. 선교단은 이후 대한구국봉사단(1976년), 새마음봉사단(1978년)으로 이름을 바꿨고, 박근혜와 최 씨는 각각 명예총재와 총재로 활동했다.

중앙정보부는 1970년대 말 최 씨를 조사했다. 중정의 수사 자료로 알려진 문건에는 "박근혜의 후원으로 구국봉사단을 설립, 매사 박근혜 명의를 팔아 이권 개입 및 불투명한 거액의 금품을 징수했다" "롯데, 신라호텔 등을 무대로 매일같이 정·관·재·언론계 등 중진인사와 접촉, 초호화판으로 행세하면서 이권개입, 금품수수를 하고 엽색(獵色) 행각으로 물의를 야기했다"는 등의 내용이 있다. 공사 수주, 장군 승진, 국회의원 공천 명목으로 돈을 받고 공금을 빼돌려 차명계좌로 세탁하는 등 총 44건 3억 1755만여 원의 비리 항목이 적시돼 있다. 별도로 12건의 여자관계도 있다.

박정희 대통령의 공보 비서관을 지냈던 선우련 씨의 1977년 9월 20일자 비망록에 따르면, "9월 12일 밤 대통령은 근혜 양과 김재규 중앙정보부장 및 백광현 정보부7국장을 배석시킨 가운데 구국봉사단 최태민의 부정부패와 뇌물

수수 혐의에 대해 친국(親鞠)을 했다. 대통령은 근혜양과 관련해 물의를 일으킨 최태민 구국봉사단 총재를 거세(去勢)하고, 최 씨를 청와대 근처에는 얼씬 못하게 하고, 구국봉사단 관련 단체는 모두 해체하라는 세 가지 지시를 했다"고 돼 있다. (보도 기사 후략)

　　김정렴의 말을 듣고 나는 내심 크게 놀라지 않을 수 없었다. 육영수 여사가 서거했던 1974년에 박근혜 후보는 만 22세에 불과했다. 그렇게 어린 나이에 어머니 육영수 여사를 대신하여 '퍼스트레이디'로 활동하면서 구국선교단에 기부금을 낸 특정 기업에 특혜를 주라는 부정행위를 청와대 비서실장에게 직접 요구했다는 것이 사실로 믿기지 않았다. 더구나 지난 1998년 정치인으로 입문한 후 지금까지 박근혜 후보는 늘 아킬레스건처럼 구국선교단 최태민 목사의 비리 부정행위에 어떤 관련성이 있는 것 아니냐는 의심을 받아왔으나 이에 대해 그는 늘 사실이 아니라고 극구 부인해왔다.

　　또한 박근혜 후보는 이 모든 보도가 과장된 사실이거나 또는 설령 최태민 목사의 비리가 사실이라 할지라도 이는 최태민 목사의 개인적 비리일 뿐 자신과는 절대 무관한 일이라며 단호하게 선을 그어왔다. 따라서 언론 역시 심증은 가나 이에 대한 증거를 찾을 수 없어 의혹만 제기해왔던 일이었다. 그런데 만약 그 당시 청와대 비서실장이었던 김정렴이 나에게 들려준 그 말이 정말 사실이라면, 이는 그동안 알려진 박근혜 후보의 주장이 실은 거짓말이었음이 밝혀지는 최초의 사례가 아닌가. 그렇기에 나로서는 정말 놀라지 않을 수 없는 말이었던 것이다. 그야말로 반신반의, 그 자체였다.

그런데 김정렴의 이날 발언이 '허튼소리'가 아니었음을 알게 된 것은 의문사위원회 업무가 종료된 2004년 8월 어느 날이었다. 새로운 재충전을 위해 글도 쓰고 책도 읽으며 지내던 중 문득 서재에 꽂혀 있던 한 권의 책에 시선이 갔다. 생각해보니 김정렴을 조사하러 간 날, 그가 조사에 앞서 나에게 선물로 준 책이었다. 김정렴은 젊은 조사관인 내가 과거 자신의 업적과 행적에 대해 잘 모르는 것 같으니 한번 읽어보라며 그 책을 건넸다.

당시에는 책을 받고도 너무 바빠 읽어보지 못하다가 우연히 그 책을 다시 발견하고 읽던 중 나는 그야말로 충격적인 사실을 알게 되었다. 그날, 그러니까 김정렴이 나에게 들려준 문제의 그 발언이 지나가는 '허튼소리'가 아니었다는 사실이었다. 다시 말해서 김정렴이 나에게 들려준 말보다 더 구체적인 사실이 그 책에 오롯이 적혀 있었던 것이다. 나는 비로소 그 책을 읽고서야 그날 김정렴이 들려준 말들이 모두 사실이었다는 확신을 갖게 되었다. 김정렴이 쓴 책 『아, 박정희』 중 관련 부분을 인용한다.

육(영수) 여사가 서거 후 큰 따님 근혜 씨가 충효사상 선양운동을 시작했는데 이때 최 모라는 목사가 구국선교단을 조직해서 가세하였다. 하루는 큰 따님으로부터 구국선교단을 지원하고 있는 어느 건설회사와 섬유공업회사의 현안 문제를 해결해 주었으면 한다는 이야기를 전해 들었다.

나는 딸로서 아버지 박 대통령을 돕겠다고 순수하게 충효

선양운동을 시작한 큰 따님이 구국선교단에 이용될 위험성
이 크다고 생각되어 즉각 박 대통령에 보고했다.

만약 대통령이 보기에도 큰 따님에게 자금이 꼭 필요하다
고 판단된다면 비서실장이 자금을 추가로 마련하여 드릴 터
이니 대통령이 큰 따님에게 직접 지원하되 그 대신 큰 따님
에게는 금전 문제에 개입되는 일이 없도록 원천봉쇄하는 것
이 좋겠다고 건의했다.

박 대통령은 나의 건의에 전적으로 찬성했다. 나는 박 대
통령의 양해를 얻어 모든 수석 비서관들에게 구국선교단에
이용당하지 말도록 당부했다. 그 후 박 대통령으로부터 추
가 자금 조달 지시가 없었으며 박승규 민정수석비서관은 구
국선교단의 동정을 살펴 큰 따님에게 누가 되지 않도록 애
를 썼다.


김정렴의 이 같은 주장에 대해 나는 박근혜 후보가 사실인지 아
닌지 여부를 밝혀야 한다고 생각한다. 박정희의 9년 3개월 비서실장
김정렴이 말하는 이 충격적인 증언이 정말 사실이라면 이는 매우
중대한 문제이기 때문이다. 따라서 박근혜 후보가 그동안 논란이 되
어온 구국선교단의 비리 의혹에 무엇을 얼마만큼 관여한 것인지 직
접 그 진실을 밝히는 것이 국민에 대한 도리라고 나는 생각한다.

# '무소유' 법정 스님이
# 말하는
# 장준하의 거사

한편 장준하 사건과 관련하여 많은 이들이 사인에 대한 의혹과 더불어 상당히 궁금해 하는 부분이 또 있었다. 지금도 장준하 의문사 사건에 대해 관심을 가진 이들을 만나면 조사관이었던 나에게 빠지지 않고 묻는 질문이기도 하다. "만약 박정희가 장준하를 죽였다면 왜 죽였겠는가"이다.

이 답에 실마리를 풀어준 이는 '법정 스님'이었다. 흔히 '무소유'로 널리 알려진 스님이다. 내가 처음 장준하와 법정 스님 사이에 있었던 모종의 사실을 알게 된 것은 1976년 8월, 장준하 선생의 추모 1주기를 맞아《씨알의 소리》가 특집 기사를 만들었는데 이 자료를 입수하여 확인하는 과정에서였다. 생전에 장준하 선생과 가까웠던 연세대 김동길 교수와 백기완 선생 등 많은 분들의 추모 글이 게재 되었는데 이 중 법정 스님이 쓴 추모 글이 나의 눈을 확 끌어당겼다. 법정 스님이 기억하는 장준하와 관련된 일화였다.

나는 바로 법정 스님을 찾아뵙고자 여기저기 수소문을 했다. 그러다가 법정 스님을 뵙기 위한 가장 확실한 방법은 서울 성북동에 위치한 '길상사'로 연락하는 것이라는 말을 들었다. 이에 길상사를 찾아갔다. 그리고 그곳 관계자에게 장준하 의문사 규명과 관련하여 스님을 꼭 뵙고자 한다는 청을 넣었다. 그리고 얼마 지나지 않아 길상사로부터 연락이 왔다. 오대산의 작은 오두막에 기거하시던 스님이 허락을 하셨다며 곧 서울로 올라오실 예정이니 그날 길상사로 오라는 전갈이었다.

약속된 날, 길상사에서 뵌 법정 스님은 참으로 인자하고 기품이 넘치는 강단 있는 눈매를 가진 분이었다. 귀한 분을 뵈니 너무나 송구하여 차마 진술 조서를 작성하자는 말씀을 드릴 수가 없었다. 그래서 준비해간 비디오 기기로 면담 장면을 촬영하는 것으로 기록을 대신하기로 했다. 먼저 《씨알의 소리》에 기고한 추모 글에 대해 여쭈었다. 법정 스님은 1974년 12월의 어느 날에 얽힌 기억을 차분하게 되살렸다. 바로 장준하 선생이 박정희 정권으로부터 죽음을 맞을 수밖에 없는 이유였다.

1974년 12월 말의 어느 날. 서울 종로의 조광현 내과로 법정 스님이 찾아왔다. 100만인 서명운동을 이유로 구속되었던 장준하가 구속 11개월 만에 미국 등의 도움으로 석방된 후 치료차 입원한 병원으로 문병을 온 것이다. 병문안을 온 법정 스님을 보고 장준하가 무척 반가워했다고 한다. 하지만 스님은 석방된 장준하의 건강이 몹시 좋지 않아 보여 걱정을 했다고 한다.

그래서 "어서 몸을 추스르라"는 덕담을 건네던 그때, 장준하가 갑자기 법정 스님에게 부탁이 있다며 자신의 베개 밑에서 한 뭉치의 서류를 꺼냈다는 것이다. 그러면서 "누구누구를 만나 그들에게 서명을 받아 나에게 가져와달라"며 장준하가 부탁했다는 것이다. 귀가 번쩍 뜨인 나는 스님에게 여쭈었다.

"스님, 그것이 무엇이었습니까?"

법정 스님은 그것이 바로 '유신헌법 개정을 위한 제2차 100만인 서명운동' 서명 용지였다고 증언했다.

법정 스님을 통해 나는 비로소 그동안 각종 설로 난무했던 장준하의 이른바 '거사'가 무엇이었는지 확인할 수 있었다. 그동안 장준하의 이른바 '거사'를 두고 많은 논란이 있었으나 이를 뒷받침하는 사실이 확인되지 않아 논란만 증폭될 뿐이었다. 어떤 이들은 장준하가 양심적인 군인들과 무장 게릴라 혁명을 준비했다고도 하고, 또 어떤 이들은 장준하가 광복 40주년을 맞이하는 1975년 8월 15일을 기해 모종의 성명을 발표하기로 했다는 말도 있었다.

그러나 이를 명확하게 뒷받침하는 근거가 부족하여 온갖 추측만 난무했을 뿐이었다. 그런데 법정 스님으로부터 확인한 이 사실은 장준하의 거사 실체가 무엇인지 분명히 알 수 있는 증거였다. 박정희 정권이 당시 가장 두려워했던 것은 민중이 움직이는 것이었다. 소수 명망가 몇 명만 움직인다면 이는 크게 걱정할 일이 아니었다. 그러나 민중이 참여하고 그들이 움직인다는 것은 다른 일이었다. 4·19 민중 혁명에서 보듯 이는 유신독재체제를 한순간에 몰락시키는 일이었다.

그래서 지난 1차 100만인 서명운동 당시에도 유신독재권력은

'긴급조치 1호 및 2호'까지 발동하여 장준하를 잡아넣었으나 구속 11개월 만에 석방시키지 않을 수 없었는데, 이제 그가 다시 움직여 '제2차 개헌 청원 100만인 서명운동'을 공식 선언한다면 그야말로 다시 잡아넣을 수도, 방치할 수도 없는 난감한 상황이 되어버리는 것이었다. 이런 상황에서 유신독재 세력이 선택할 수 있는 해결책은 무엇이었을까. 답은 상식적으로 출발해야 한다.

## 장준하의 거사를
## 알고 있었던
## 중정

그렇다면 당시 중정은 법정 스님이 증언하는 장준하의 '제2차 개헌 청원 100만인 서명운동'을 사전에 알고 있었을까. 의문사위원회가 입수한 1975년 3월 31일자 중정이 장준하를 대상으로 기안한 이른바 '위해분자 관찰계획 보고서'에 그 비밀의 답이 담겨 있다.

중정은 장준하에 대해 1960년대 초반부터 사망한 이후인 1970년대 말까지도 내내 감시의 끈을 놓지 않았다. 장준하의 유족이 어떻게 사는지, 장준하의 지인들이 무엇을 하는지에 대해서도 장준하 사망 후까지 계속해서 관찰하고 감시했던 것이다. 그런데 이처럼 장준하를 감시했으나 다른 자료와 달리 3급 비밀문서로 분류하여 이를 관리한 문서가 있었다. 바로 '위해분자 관찰계획 보고서'였다.

이 보고서에 따르면 당시 중정은 '장준하의 개헌운동 계획을 사전 탐지해 와해, 봉쇄함으로써 조직 확장과 세력 확산을 방지하고 공작 필요 시 보고 후 실시'한다고 되어 있었다. 여기서 눈여겨봐야 할 대목이 바로 '공작 필요 시 보고 후 실시'한다는 부분이다. 그리고 이 보고서가 만들어지고 나서 5개월이 지난 1975년 8월 17일, 포천 약사봉에서 장준하가 의문의 죽음을 맞은 것이다.

한편 애초 장준하는 광복 40주년이 되는 1975년 8월 15일 '제2차 개헌 청원 100만인 서명운동'을 선포할 계획이었다. 그러나 당시 야당 정치인이었던 김영삼이 외유 중이라서 그가 돌아오는 20일로 날짜를 바꿨다고 한다. 다시 말해서 장준하는 제2의 개헌 청원 서명운동을 알리는 성명 발표 3일을 앞두고 어이없는 죽음을 맞은 것이다.

장준하 선생 묘소 앞에 세워져 있던 표목.

# 1975년 7월 29일
# 김대중과 장준하는
# 왜 만났나?


법정 스님의 이 같은 증언을 뒷받침해준 자료는 많았다. 예를 들어 1975년 2월 21일 장준하가 자신의 집에서 민주회복 개헌운동의 단일화를 촉구하는 기자회견을 했는데 이 성명의 주체를 '개헌 청원 100만인 서명운동본부'라고 적은 것도 그중 하나다. 또한 문익환 목사의 동생인 문동환 역시 감옥에서 석방된 후 다시 만난 장준하가 자신에게 개헌 청원 서명 용지를 내밀면서 서명을 요구했다며 그는 초지일관 자신이 목적한 바를 포기할 줄 모르는 집념을 가졌다는 글을 쓰기도 했다.

한편 장준하의 거사에 대해 확인해준 또 다른 이는 김대중 전 대통령이었다. 2003년 12월 18일. 서울 마포구 동교동에 자리한 김대중 도서관에서 의문사위원회는 김대중과 면담을 가졌다. 우리가 확인하고 싶었던 핵심은 1975년 7월 29일, 그러니까 사고가 일어나기 약 19일 전인 그때, 김대중의 동교동 자택을 방문한 장준하와 무슨 밀담을 나눴는지를 알고 싶어서였다. 장준하가 이날 김대중과 밀담을 나눴다는 사실을 알게 된 것은 중정으로부터 입수한 '장준하 관련 행적 일지'를 분석한 결과였다.

장준하를 감시한 중정의 이른바 '행적 일지'는 정말 놀라웠다. 그야말로 장준하의 '모든 것'을 감시하고 기록했다. 누구와 몇 시에 어디서 어떤 내용으로 만났고 집에 출입한 이들은 누구인지가 소상하게 적혀 있었다. 심지어 장준하의 안방에서 가족끼리 나눈 대화마저도 모두 적혀 있었다. 어떤 방법이었기에 이렇게 철저하게 감시할 수 있었을까 생각하면 무섭고 두려울 지경이었다.

그런데 이처럼 철저하게 모든 것을 감시하고 기록한 중정 자료에서 특이한 사실이 확인되었다. 바로 1975년 7월 29일 장준하와 김대중이 만난 사실이었다. 이상한 점은 그저 이들이 만났다는 사실만 한 줄 쓰여 있을 뿐 그들이 왜 만났고 무슨 대화를 나눴는지는 단 한 줄도 적혀 있지 않았다는 것이다. 1971년 대통령 선거에 출마했던 야당 거물 정치인 김대중과 유신시대 박정희의 최악의 정적인 장준하가 만났는데 중정이 아무것도 확인하지 않았다는 것은 믿을 수 없는 일이었다.

나로서도 몹시 궁금한 내용이었다. 1975년 7월 29일, 과연 그들이 만나 나눈 밀담이 무엇인지 확인하고 싶었다. 하지만 전직 대통령 입장에서 과연 이런 민감한 사안에 대해 답을 해줄지 자신이 없었다. 아니, 면담을 요청하면 이에 선선히 응해줄지도 확신이 들지 않았다. 이후 여러 논의 끝에 내린 결론은 면담 요청 시도였다. 일단 도전해보자는 것이었다.

그런데 결과는 의외였다. 공문으로 면담을 요청하고 2, 3일이 지났을까 말까 한 어느 날이었다. 김대중 도서관의 비서실로부터 연락이 왔다. 대통령께서도 장준하 선생과 관련하여 꼭 전달하고 싶은 말씀이 있다며 방문하라는 답변이었다.

2003년 12월 18일. 오후 4시부터 40여 분 동안 이뤄진 이날의 면담 증언은 매우 유익했다. 우리가 궁금해 했던 밀담을 비롯하여 그 외 우리가 생각하지 못한 여러 사실에 대해서도 그는 가감 없이 있는 그대로 자신의 생각을 피력했다. 특히 우리가 가장 핵심적으로 알고 싶었던 장준하와 합의한 이른바 '거사'에 대해 김대중은 분명하게 말해주었다. 그의 말을 요약하면 다음과 같다.

장준하를 처음 알게 된 경위를 묻자 김대중은 "자유당 치하에서 장준하가 사상계를 운영하여 알게 되었으며 이후 장준하를 적극적으로 알게 된 것은 6대 국회 때 '한비 밀수 사건'(1967년 '삼성 사카린 밀수 사건')에 대해 '밀수 왕초는 박정희다'라고 발언하여 잡혀 들어가 석방운동을 하던 중 알게 되었다"라고 말했다.

본격적인 질문에 들어갔다. 1975년 7월 29일, 이른바 밀담을 나눴는데 무슨 내용이냐는 질문이었다. 김대중은 다음과 같이 답변했다.

> 7월 달에 장준하 선생이 찾아 오셨어요. 나는 그때 연금당해서 못 나가 가지고, 그때는 장준하 선생쯤 되면 미행, 도청, 감시 이런 것은 당연지사니까 그렇게 됐었고 내 기억에는 그때 오찬을 했는데 그때 유신 철폐에 대해서 서로 심도

있게 얘기를 하고 그랬죠. 장준하 선생이 이런 말을 한 것이 지금도 기억에 있어요.

자기가 이제 희생을 각오하고 싸우겠다. 그리고 당신한테 얘긴데, 사실은 나도 지금까지 어떤 대망을 가지고, 당신에 대해서 라이벌 의식도 갖고. 그러나 이제 포기했다. 나는 민주회복을 위해서 모든 것을 다 바치겠다. 당신이 움직일 수 없으니까, 나라도 움직여서 내가 하겠다. 우리가 힘을 합쳐서 이 일을 해내자. 그런 의미의 얘기를 그때 솔직히 자신의 심정을 얘기하면서 했던 것이 기억에 있습니다.

우리는 이른바 '거사의 실체'에 대해서도 다시 물었다. 1993년 당시 SBS 〈그것이 알고 싶다〉 인터뷰에서 장준하와 합의했다며 언급한 '거사'가 구체적으로 무엇을 의미하는지에 대한 것이었다. 김대중의 증언이다.

각계각층을 규합해가지고 민주화운동을 하는 것을 말한 거죠. 그때는 유신체제하에서 아무것도 못하고, 성명서 한 장도 전부 불법으로 처리될 때고, 툭하면 사형 선고 내리고 투옥되고, 장준하 선생도 그때 참 비장한 각오로 나섰다고 생각됩니다.

그리고 이어진 김대중의 진술은 매우 놀라웠다. 지난 1973년 동경에서 납치되었다가 겨우 살아난 자신의 사례에 비춰 "장준하의 죽음 역시 박정희 유신독재정권에 의한 죽음으로 볼 수 있냐"는 우리의 질문에 그는 이렇게 답했다.

내 사건은 의심할 여지없이 CIA와 중앙정보부가 했으니까 그건 다 알고 있는 사실이고. 장준하 선생 죽음에 대해서는 직접은 누가 현장에서 안 봤으니까 모르죠. 모르나, 의문점이 많고 또 그렇게 의문이 많은 것은 그분이 평소에 어떤 사람보다도 박정희 정권에 대해서 과감하게 투쟁을 했고 언동을 서슴지 않고 했고, 그래서 그것이 상당히 국민이나 지식인들에게 큰 영향력이 있었기 때문에, 그때 박정희 정권은 자기네 집권 계속에 지장이 되면 서슴지 않고 죽이는 거니까, 많은 사람 있지 않습니까, 인혁당 사건이라든가 여러 가지 있고, 나도 그 대상에 들어가고. 그러니까 장준하 씨가 그쪽에서 제거의 대상이 됐다고 해서 하나도 이상할 것이 없어요. 좌우간 그때 사회 분위기, 정부 태도로 봐서 나나 장준하 선생은 제거의 대상인 것은, 말살의 대상인 것은 틀림없어요. 나는 구사일생으로 살았고 장준하 선생은 희생이 됐는데 저것이 꼭 기관에 의해서 했냐 하는 것은 내 사건같이 확실한 증거는 없거든요. 내 사건은 확실히 나왔으니까. 여하튼 그 시대에 장준하 선생에 대한 박해, 음모, 이런 것은 충분히 있을 수 있다고 생각하고 내 개인으로서는 이것이 그러한 독재정권에 의한 희생이다 하는 생각을 가지고 있어요. 돌아가셨을 때도 내가 집에 가서 여러분들하고 그렇게 얘기했는데 그때도 그랬고, 지금도 그렇고.

　　면담 녹취록에서 선명히 드러나듯 김대중은 장준하의 의문사에
대해 아주 단호하게 '박정희 정권에 의한 죽임'으로 판단했다. 이 같
은 전직 대통령 김대중의 과감한 장준하 타살 확신 발언을 듣고 내
심 놀랐던 기억이 새롭다.

# 김대중
# 전 대통령이 전해준
# '조언'

그런데 면담 조사가 거의 끝나갈 무렵이었다. 기무사 등 정보기관으로부터 존안 자료를 협조받지 못하는 어려움을 호소하며 이런 자료를 확보할 수 있는 방법을 조언해달라는 요청을 듣고 난 김대중이 황망한 표정을 지으며 타박하듯 던진 말이었다.

> 그랬으면, 내가 대통령으로 재임 중에 얘기했으면 내가 지시해서 자료를 보내드리라 했을 텐데 왜 이야기하지 않았나요? 재임 중에 얘기했으면 내가 그 서류를 반드시 드렸을 텐데……

오히려 아쉬워하는 것이 아닌가. 순간 면담을 간 우리가 민망해지지 않을 수 없었다. 의문사위원회가 청와대를 너무 어렵게 여겨 이 같은 사정을 제대로 알리지 못한 것이 잘못이었구나 하는 후회가 교차하지 않을 수 없었다.

이어진 김대중의 조언은, 그래서 우리 귀를 번쩍 뜨이게 했다.

> 지금도 그 방법은 노무현 대통령한테 얘기해가지고, 대통령
> 이 지시하는 것이 제일 나아요. 노 대통령은 그런 점에 있어
> 서는 확실한 분이니까 난 응할 거라고 생각해요. 지금이라
> 도 노무현 대통령한테 접근하세요. 노 대통령은 그런 것을
> 은폐해줘야 할 이유가 없고, 감춰야 할 이유도 없고. 또 본인
> 이 인권에 대한 생각이 그런 분이니까 할 거라고 봅니다.

그러면서 김대중은 조속한 시간 내에 노무현 대통령에게 면담
을 요청하라고 조언했다. 더불어 청와대에 면담을 요청한 후 본인
에게도 그 사실을 알려주면 자신도 노 대통령에게 전화하여 면담이
이뤄질 수 있도록 한마디 거들어주겠다며 적극적인 도움까지 약속
했다.

면담을 마치고 돌아온 즉시 회의가 소집되었다. 전직 대통령 김
대중의 조언처럼 필요하면 우리가 처한 어려움을 청와대에 알리고
도움을 요청하는 것이 옳다는 쪽으로 중지가 모아졌다. 우리가 청와
대와 대통령을 어렵게만 생각하여 스스로 한계를 설정했다는 결론
이었다. 곧바로 청와대에 공문을 발송하여 노무현 대통령과의 면담
을 요청했다.

이후 각 사건 조사관들에게 지금까지 국정원과 기무사로부터 협
조받지 못한 문서와 그것이 반드시 필요한 이유, 또한 그 문서가 존

안되어 있다는 판단 근거가 무엇인지를 작성하여 제출하라는 지시가 내려왔다. 이렇게 준비한 자료를 노무현 대통령과의 면담 시 직접 챙겨달라고 전달할 계획이었던 것이다.

그리고 마침내 노무현 대통령과의 면담 일정이 잡혔다. 2004년 3월 말경이었다. 장준하 사건을 비롯하여 위원회에서 조사 중인 여러 의문사 사건의 성패가 걸린 당시 노무현 대통령과의 면담이 시시각각 다가오고 있었다. 정말 우리가 원하던 그 자료를 대통령이 받아줄지 기대와 걱정으로 긴장하던 그때, 생각지도 못한 일이 벌어졌다. 바로 노무현 대통령 '탄핵'이었다.

# 2004년 3월,
# 의문사위원회는 왜
# 시국성명을 발표했나?

2004년 3월 12일. 노무현 대통령이 탄핵을 당했다. 당시 한나라당과 민주당, 그리고 자민련과 일부 무소속 의원들이 합세하여 헌정 사상 최초로 대통령을 탄핵하는 사태가 벌어진 것이다. 설마 설마하며 대통령을 진짜 탄핵하지는 않을 것이라고 생각했는데 국회 상황을 생중계하던 텔레비전 방송에서 찬성 193표, 반대 2표로 '노무현 대통령 탄핵 가결'을 알리는 시커먼 활자체가 떴다.

참담했다. 대통령의 탄핵도 참담했지만 우리가 그토록 기대했던 면담 역시 허공으로 날아가 버린 순간이었기에 말할 수 없이 허탈했다. 대통령을 면담하여 우리가 협조받지 못했던 존안 문서, 그러니까 기무사령부로부터 단 한 장의 문서도 협조받지 못했던 기록은 물론이고 국가정보원이 우리에게 주지 않은 8월 17일 밤 9시 이후 다음 날 새벽 사이에 작성되었을 것으로 확신하는 추가 '중요 상황 보고'를 확보할 수 있다는 부푼 기대가 한순간에 허공으로 날아가 버린 것이었다.

허탈감에 휩싸인 우리는 분노했다. 사실상 마지막 기회나 다름 없었던 그때 우리는 무엇을 어찌 해야 할지 난감했다. 그때 김희수 상임위원이 각과 과장과 조사관들에게 깜짝 놀랄 만한 제안을 했다. "어차피 우리 조사는 다 끝난 것이나 마찬가지 상황이다. 국정원과 기무사의 존안 자료를 협조받지 못하는 상황에서 진실을 밝히고 규명하는 것이 가능할 것 같지도 않다. 그러니 일이 이렇게 된 거 세상에 꽥 하는 소리라도 질러보고 위원회의 문을 닫아야 하지 않겠느냐?"라는 제안이었다.

그것이 바로 2004년 3월 19일 '대통령소속 의문사진상규명위원회' 소속 공무원과 조사관 43명이 발표한 '탄핵 규탄 성명서'였다. 그 43명은 상임위원 김희수를 비롯하여 비상임위원이었던 이석영(전북대 교수), 황상익(서울대 의대 교수), 이기욱(변호사), 전해철(변호사)과 민간에서 채용된 조사관들이었다. 당시 발표한 시국선언문에서 이 당시 우리가 느낀 울분이 어떠한지 알 수 있을 것이다.

# 시국성명서

### (국민주권 찬탈 행위를 규탄한다)

지난 3월 12일 한나라당, 민주당, 자민련 그리고 무소속 국회의원 193명은 헌정사상 최초로 대통령 탄핵소추안을 가결했다. 4·15 총선을 불과 한 달가량 앞두고 거스를 수 없는 물갈이 심판에 직면한 부패한 수구부패 정치배들이 또 한번 본색을 드러낸 것이다. 이는 합법을 가장한 '의회 쿠데타'로서 민주주의와 국민주권에 대한 정면 도전이다.

대통령소속 의문사진상규명위원회는 민주화운동의 소중한 성과이자 과거사 청산 작업의 상징적 기구이다.

정부 수립 이후 권위주의 통치를 반대하는 민주화투쟁 과정에서 수많은 의문의 죽음이 발생하였다. 의문사 진상규명 활동은 국가 폭력의 구조와 실체를 드러내고, 국민의 고통과 희생을 치유하고 보상하여 다시는 불행한 죽음이 발생하지 않도록 하기 위한 역사적이며 미래지향적인 과업이다. 따라서 이 활동은 본질적인 성격상 친일과

독재, 냉전의 편에서 기득권을 누려온 수구반동세력과 양립하기 어렵다.

해방 이후 지금까지 한국 역사는 한 번도 과거 청산 작업을 성공시키지 못했다. 과거사 청산 운동은 번번이 수구세력의 완강한 저항과 방해 책동에 휘말려 좌절되고 왜곡되어왔다.

유족들과 민주단체들의 십수 년에 걸친 피눈물 나는 진상규명운동의 성과인 의문사진상규명위원회는 지난 3년여의 활동기간 동안 미약한 권한과 공안기관의 비협조, 수구세력의 끊임없는 견제와 방해로 인해 많은 어려움을 겪어왔다. 4차 의문사법 개정과 한국전쟁 민간인희생자진상규명법 제정의 무산을 비롯한 여러 과거 청산 운동의 좌절은 결국 올바른 과거 청산 없이는 역사가 앞으로 나가기 어렵다는 사실을 웅변하고 있고, 현재의 시국도 올바른 과거 청산 없이 이룩한 민주화의 성과가 얼마나 허약한 것인지를 분명하게 보여주고 있다.

수많은 방해 책동 끝에 누더기가 된 채 가까스로 국회를 통과한 '친일반민족행위진상규명특별법'의 입법 과정은 과거사 청산이 가해자들에 의해 가로막혀온 기막힌 현실을 극명하게 보여준다. 그 핵심에 오늘의 '탄핵 반란' 장본인들이 굳건하게 버티고 있다. 그들은 반세기가 넘는 세월 동안 권력의 핵심부에 자리 잡고 막강한 권력을 휘두르며 개혁과 민주주의를 향한 국민의 여망을 외면하고 호도하기 위해 온갖 술책을 부려왔다.

우리는 작금의 '탄핵 폭거'를 민주주의와 과거사 청산 작업에 대한 심각한 도전으로 받아들이며 이의 저지를 위하여 모든 노력을 다할 것임을 분명히 밝힌다.

우리는 대통령 소속기관인 의문사진상규명위원회가 대통령이 없는 상황에서, 그동안 진상규명을 반대하고, 우리 위원회를 음해하고 비협조로 일관한 기관과 관련자들의 방해 책동이 더욱 기승을 부릴 차제에 진상규명 작업을 제대로 수행할 수 있을지 심각한 우려를 갖고 있다.

국회에서 동의를 받아 임명된 위원들은 이런 반역사적 국회로부터 동의를 받았다는 사실조차도 부끄럽게 생각한다. 과거를 잊는 민족에게는 미래가 없다. 역사를 외면하는 국민은 반드시 대가를 치르기 마련이다.

의문사진상규명위원회에 몸담고 있는 우리는 위원회에 부과된 역사적 책무 앞에서, 그리고 민주주의와 개혁을 향한 역사적 전환점에서 의연히 우리에게 주어진 사명과 진상규명 과업에 충실할 것임을 천명한다. 그리고 잘못된 과거를 제대로 청산하고 역사를 바로 세워 후손들에게 밝은 미래를 열어주는 데 일익을 담당할 것을 국민 앞에 엄숙히 약속한다.

2004년 3월 19일
'대통령소속 의문사진상규명위원회' 상임위원 김희수 외 42명

## 감사원으로부터 받은
## 시국선언
## 배후 조사

성명서 발표 후폭풍은 상당했다. 시국선언 발표 후《동아일보》를 비롯한 보수 언론은 "국가기관이 정치적 사안에 개입하여 시국선언을 발표했다"며 온갖 비난과 함께 참여자에 대한 엄중 처벌을 주문했다. 예상했던 것처럼 감사원으로부터 시국선언 발표 경위에 대한 감사에 착수하겠다는 통보가 왔다. 시국선언에 참여했던 모든 이들이 조사를 받았고 나 역시 당연히 조사를 받아야 했다.

묻는 말도 간결했고 내 대답 역시 간결했다. 누가 시국선언을 주도했는지를 물어 "나 스스로 결정했고 옳다고 생각하여 선언에 참여한 것"이라고 답했다. 끝으로 하고 싶은 말이 있으면 하라고 하여 "다시 또 그런 상황이 온다 해도 마찬가지로 똑같이 행동할 것" 이라고 쓴 후 감사장을 나왔다. 감사원 직원들도 별말 없이 그냥 내가 말하는 대로 받아 적었다.

최종적으로 감사원은 상임위원이었던 김희수를 국가공무원법 위반 혐의로 형사고발했다. 이와 관련하여 2004년 4월 15일자 '머니투데이'가 보도한 기사 전문이다.

### 감사원 "의문사총, 탄핵반대 성명 주도자 고발"

감사원은 15일 대통령 탄핵반대 시국성명서를 발표한 의문사진상규명위원회에 대한 특별감사 결과 시국성명을 주도한 K모 상임위원을 고발하고 적극 가담한 4명에 대해 징계요구를 했다고 밝혔다. 이에 앞서 의문사위원회는 지난달 19일 과거사 청산을 부정하면서 자신들의 기득권만을 유지하려는 야 3당이 대통령 탄핵소추안을 가결한 것은 국민의 의사에 반하여 국민이 위임한 권한을 남용한 것이며, 과거사 청산을 임무로 하는 위원회는 이에 의견을 표시해야 한다며 대통령 탄핵반대 시국성명서를 발표했다. 이에 대해 고건 대통령 권한대한 국무총리는 20일 감사원에 의문사위원회에 대한 특별감사를 요청했으며, 감사원은 3월20일부터 26일까지 특별감사에 착수했다. 감사원은 감사결과 시국성명을 주도한 K모 상임위원은 국가공무원법 제66조 1항 공무원의 집단행위 금지 규정을 위반한 혐의로 고발하고, 집단행위에 적극 가담한 4명에 대해서는 징계를 요구했다. 또한 단순 참여한 실무자 34명에 대해서는 의문사위원장이 직접 처리하도록 '적의 처리'를 통보했다.

아울러 위원장에게 소속 직원들이 앞으로 집단행위를 하는 일이 없도록 복무관리에 대한 지도·감독을 철저히 하도록 '주의' 조치했다. 감사원 관계자는 "지난달 12일 위원장이 직접 소속 직원들에게 공직자로서의 복무 규율을 철저히 준수하도록 '특별 지시'를 내렸다"며 "그럼에도 불구하고 시국성명서를 발표한 것은 국가공무원법 제56조 성실의무와 제57조 복종의 의무, 제66조 1항 집단행위의 금지 조항을 위반한 것"이라고 설명했다. 한편 이번 감사는 의문사위원회가 대통령 직속기구여서 행정자치부보다는 같은 대통령 소속기관인 감사원이 담당하는 것이 적절하다는 판단에 따라 이뤄졌다.

그 후 상당한 시간이 흘렀다. 여러 재판 끝에 김희수 상임위원은 이 건으로 기소된 형사 사건에서 무죄를 선고받았다. 사필귀정이었다.

# '개구리 소년'
# 법의학자,
# 마지막 희망을 쏘다


노무현 대통령이 탄핵된 후, 우리가 기대했던 국정원과 기무사의 문서고를 열어보겠다는 야심찬 계획은 끝내 중단되었다. 이런 상황에서 조사는 더 이상 새롭게 확장될 수도 없었다. 그러기에는 우리에게 남은 시간이 별로 없었다. 1년이라는 시한부 조건을 가지고 출범한 의문사위원회로서는 모든 것이 시간과의 싸움이었다. 이기든 지든 이 1년 안에 모든 일이 정리되어야 했던 것이다.

결국 목격자를 자처하는 김용환의 신뢰할 수 없는 진술, 그리고 이러한 의혹을 풀 유일한 열쇠인 정보기관의 존안 자료를 협조받지 못하는 상태에서 나는 장준하 사건의 종합 보고서를 작성해야 했다. 1년만 더, 아니 다만 6개월이라도 추가적인 조사를 할 수 있는 시간이 있었으면 하는 아쉬움도 있었다. 그랬다면 좀더 분명한 사실을 확인할 수 있을 텐데 그것은 우리의 희망 사항일 뿐이었다. 거기까지였다. 2기 의문사위원회는 더 이상 연장되지 못했고 나는 '장준하 사건 결과 종합 보고서'를 작성할 수밖에 없었다.

그런데 그때였다. 마지막으로 장준하의 사체 필름과 기타 자료를 묶어 국내외 법의학자들에게 사인 규명과 관련한 법의학적 감정을 요청했는데 그중 한 명의 감정 답변서를 받아본 후 나는 새로운 기대에 흥분했다. 경북대 의대 채종민 교수의 답변서였다. 그는 장준하의 사인을 규명할 수 있는 새로운 해법을 우리에게 제시했다. 바로 장준하의 '분묘 개장을 통한 두개골 감정'이었다.

그는 흔히 '개구리 소년'이라 불리는 대구의 '성서 초등학생 실종 사건'의 사망 원인을 규명한 저명한 법의학자였다. 1991년 3월 26일 대구 달서구에서 다섯 명의 초등학생이 도롱뇽 알을 주우러 간다며 집을 나섰다가 실종된 이 사건은 지금까지도 많은 의혹과 의문이 제기되고 있는 실정이다. 특히 다섯 명의 아이들이 한꺼번에 실종되었다는 점에서 여러 공중파에서 아이들을 찾는 캠페인을 하는 등 전국적인 관심을 불러일으키면서 우리나라 실종 의혹 사건의 대명사로 알려졌다.

그런데 그렇게 많은 이가 애타게 찾던 아이들이 발견된 것은 2002년 9월 26일이었다. 아이들이 실종된 후 11년하고도 6개월 만의 일이었다. 하지만 찾아낸 아이들은 살아 있는 상태가 아니었다. 도롱뇽 알을 찾겠다며 올라간 산에서 모두 숨진 채 유골 상태로 발견된 것이다. 생환을 기대했던 가족들은 당연히 큰 충격에 빠졌고 이제 관심은 아이들의 사망 원인을 둘러싼 의혹으로 모아졌다. 사라진 아이들이 어떤 이유로 모두 숨진 채 유골로 발견된 것인지 알 수 없는 의혹이 증폭되었다.

한편 경찰은 처음에 아이들의 사망 원인을 타살이 아닌 '저체온증에 의한 사고사'로 봤다. 길을 잃은 아이들이 조난을 당했고 이후 밤이 되어 기온이 떨어지자 모두 저체온증으로 사망했다는 추론이었다. 그리고 이렇게 사망한 아이들의 사체 위로 산 위에서 조금씩 흙이 흘러 내려 시신을 덮게 되어 발견하기 힘들었다는 것이 경찰의 주장이었던 것이다.

그러나 이 같은 경찰의 엉성한 발표는 바로 반박되었다. 무엇보다 조난당했다는 산이 아이들이 집으로 찾아오지 못할 정도로 높은 산이 아니라는 반론이 먼저 제기되었다. 특히 산에서 마을의 불빛이 다 보일 정도의 야산인데 당시 열세 살 된 시골 아이들이 이를 못 찾아와 그 자리에서 저체온증으로 죽었다는 것이 무슨 말이냐며 가족들이 집단 반발한 것이다. 누가 봐도 경찰의 주장은 어설펐다.

아이들의 사인이 미궁으로 빠지려 할 때 이를 밝혀낸 이가 채종민 교수였다. 숨진 아이들의 두개골을 감정한 그는 아이들의 두개골에서 미상의 흉기에 의한 가격된 흔적이 있다며 저체온증에 의한 사고사가 아니라 사실은 타살되었음을 법의학적으로 규명해냈다. 만약 채종민 교수가 아니었다면 또 다른 억울함이 남을 수 있는 사건이었다. 하지만 여전히 그 범인은 검거되지 못하고 있어 현재까지도 미궁으로 남아 있는 것은 매우 애석한 일이다.

이러한 경력을 가진 채종민 교수가 보내온 제안이 바로 '장준하의 분묘 개장 후 유골 감정 실시'였다. 그는 이를 통해 장준하의 사망에 있어 제기되는 여러 의혹을 판단해볼 수 있을 것으로 추론했다. 즉, 두개골의 함몰 골절 및 이 골절과 연관된 다른 선상 골절을 분석해보면 사망 원인을 규명할 수 있다는 제안이었다. 다른 사람도 아닌 두개골 감정으로 억울하게 처리될 뻔했던 이른바 '개구리 소년'의 진실을 밝혀낸 그의 제안에 지체할 이유가 없었다.

나는 위원회에 채종민 교수의 제안을 보고한 후 유족을 만났다. 그리고 진지하게 채 교수의 제안을 검토해줄 것을 요청했다. 유족 역시 처음에는 매우 긍정적으로 이 제안을 받아들였다. "30년의 세월도 지났으니 선생님이 세상 햇빛을 한번 보시는 것도 나쁘지 않을 것 같다"며 필요하다면 적극 응하겠다는 반응이었다. 대단히 고무적인 일이었다.

하지만 이후 생각하지 못한 난관이 발생했다. 장준하의 지인들이 반대하고 나선 것이다. 특히 장준하의 평생 벗이었던 고려대학교 김준엽 전 총장을 비롯하여 여러 지인들이 장준하의 분묘 개장을 통한 유골 감정은 절대 안 된다며 반대했다. 그들은 "아직도 박정희 유신 세력이 큰 영향력을 발휘하는 상황에서 어떻게 유골 감정 조사가 공정하게 진행된다고 누가 장담할 수 있겠느냐"며 강한 우려를 표명했다.

심지어 어떤 이들은 이러한 제안이 또 다른 음모가 아닌지 의심스럽다고도 했다. 나는 그들을 좀더 설득하는 한편 그들의 우려가 충분히 가능한 일이라고 생각했다. 그분들이 겪어온 지난 세월의 기억에 따르면 얼마든지 가능한 의심이고 우려였던 것이다. 결국 유골 감정을 둘러싸고 설득과 반발이 어지럽게 교차하던 중 시간은 속절없이 지나갔고 마지막으로 기대했던 유골 감정은 끝내 '조사 기간 종료'와 함께 모두 무산될 수밖에 없었다.

아쉬운 마음이 매우 컸지만 나는 이 모든 상황을 그대로 '진정 제7호 장준하 사건 종합 보고서'에 담았다. 2004년 6월 3일 제출한 이 사건 보고서에 나는 그동안 장준하 사건과 관련한 모든 조사 결과와 더불어 국가를 상대로 한 권고 및 최종 평가를 이렇게 적었다.

### 국가 권고사항

국정원 및 기무사는 60~80년대 기관이 불법적으로 행한 전화 감청 등 국내 사찰 존안 자료에 대해 당사자에게 공개하고, 당사자의 반론권을 보장하여야 하며, 더불어 당사자와 국민에게 그 진상을 공표하고 응분의 배상을 실시해야 한다.

국정원 및 기무사는 30년이 경과한 사찰 관련 존안 자료에 대해 당사자에게 우선 공개하고, 이후 일반에 공개하는 일정을 제시하여야 한다.

### 평가

조사 재개 7호 장준하 사건은 사건 발생 30여 년이 경과한 상황에서 변사 사건 기록의 폐기, 중정의 존안 자료 비협조 및 실지조사 거부, 관련 참고인들의 오랜 시일 경과로 인한 엇갈리는 진술 등으로 인해 사건의 실체적 진실이 무엇인지를 판단하는 데 많은 어려움을 겪을 수밖에 없었다.

다만, 2기 위원회 조사를 통해 1기 위원회 조사 당시 이미 폐기된 것으로 회신되었던 88년 포천경찰서 장준하 사건 재조사 기록의 입수를 비롯하여 75년 김용환의 사건 경위 진술 녹음테이프, 장준하의 사체 촬영 필름 등 다수의 사건 관련 중요 자료를 입수할 수 있었고 이를 통해 그동안 장준하 사건의 동행자인 김용환의 사건을 전후한 일방적 주장이 사실인지 여부에 대해 판단할 수 있는 귀중한 자료로 활용할 수 있었다. 그러나 이 같은 조사 성과에도 불구하고 위 조사 결과가 장준하의 사망 과정에 어떤 연관성이 있는지에 대해서까지 규명되지 못한 점은 안타깝지 않을 수 없으며, 특히 위 장준하의 의문사를 규명하는 데 있어 국내 유수의 법의학자들이 장준하의 분묘 개장을 통한 유골 감정이 필요하다는 의견이 대두되어 위원회가 이를 추진하고자 노력하였으나 끝내 장준하 유족의 반대로 성사되지 못한 점은 대단히 아쉬운 결과로 평가된다. 따라서 향후 위원회가 장준하 사건에 대해 조사를 재개하게 된다면 적어도 국가정보원과 기무사령부가 현재 존안하고 있는 것으로 확신하는 사건 발생 당일을 전후한 장준하 관련 추가 자료의 확보와 그 존안 여부를 직접 확인할 수 있는 실지조사 실시, 그리고 유교적 정서 등을 이유로 유족이 반대한 장준하 선생의 분묘 개장을 통한 유골 감정이 이뤄져 현대사의 한 장으로 기록되고 있는 장준하 선생의 의문사가 규명될 수 있기를 기대한다.

의문사위원회 마지막 날. 나는 그동안 조사했던 장준하 사건과 관련한 2만여 쪽 분량의 종이 문서와 일체의 동영상 테이프 등을 모두 꼼꼼하게 챙겨 국가기록원으로 이관시켰다. 지난 1년여 간 모든

1975년 8월 21일 명동성당에서 김수환 추기경의 집전하에 거행된 장준하의 영결미사.

진심을 다해 뛰어왔던 이 사건 '진정 제7호 장준하 사건 조사팀'의 조사관이라는 짐을 내려놓던 그날, 아쉬운 것은 많았으나 부끄러움은 없었다.

> 그의 죽음은 별이 떨어진 것이 아니라 죽어서 새로운 빛이 되어 우리의 갈 길을 밝혀주기 위하여 잠시 숨은 것뿐입니다.

'행동하는 지식인'이었던 장준하(1918~1975)의 영결 미사는 1975년 8월 21일 명동성당에서 열렸다. 그리고 이날 김수환 추기경은 장준하에 대해 이렇게 추도했다. 그랬다. 추기경의 그 말씀처럼 잠시 숨은 그 별을 찾기 위해, 그리고 이제 그 별의 역할을 우리가 대신해야 한다는 생각을 하며 '대통령소속 의문사진상규명위원회'는 그렇게 역사 속으로 사라졌다. 2004년 7월 30일이었다.

|

# 장준하 사건은
# 왜 진상규명 불능으로
# 결정되었나

내가 이 책에서 반드시 밝히고자 하는 마지막 진실이 또 있다. 많은 이들이 잘못 이해하고 있는 사실이다. 장준하 사건이 '진상규명 불능'으로 결정된 이유를 잘못 이해하고 있어 이러한 오해를 바로잡고 싶은 마음이다. '의문사 진상규명을 위한 특별법'에서 말하는 '진상규명 불능'이 어떤 개념인지 잘 몰라서 빚어진 오해이자 '알려지지 않은 새로운 진실'을 밝히고자 하는 마음인 것이다.

'대통령소속 의문사진상규명위원회'는 사건 조사가 모두 완료되면 다음 중 하나로 그 결과를 도출해야 한다. 첫 번째는 '기각' 조항이다. 기각은 '공권력의 개입에 의한 타살을 인정하지 않는다는 것'으로 장준하 사건의 경우 '단순 실족 추락사'했다는 기존 수사 결과를 인정하는 의미인 것이다. 하지만 장준하가 '실족 추락사'했다는 것은 사실이 아니라고 판단했기에 장준하 사건은 '기각'이 아니었다.

두 번째는 '인정' 조항이다. 쉽게 말해 '기각'의 반대말로 이해하면 된다. 다시 말해 '공권력의 개입에 의한 타살을 인정한다'는 것으로, 예를 들어 장준하 사건의 경우 실족 추락사가 아니라 유신독재 정권하에서 중정이나 보안사 등 국가공권력이 개입하여 장준하를 타살했음을 인정할 경우 해당하는 조항이다.

그리고 마지막이 문제의 '진상규명 불능' 조항이다. 이는 말 그대로 사망자가 무슨 이유로 사망에 이르게 된 것인지 그 이유를 밝히는 데 실패했다는 뜻이다. 그런데 장준하 사건은 1기 조사에 이어 2기 조사에서도 재차 '진상규명 불능'으로 최종 결정되었다.

이와 같은 겉모습만 본 이들로서는 어쩌면 당연한 반응일지 모른다. 그들은 장준하에 대해 조사한 결과 결국 '진상규명 불능'으로 결정했는데 조사 당시 밝히지 못하고도 이제 와서 다시 장준하의 사인에 대해 재조사하자며 다그치는 것은 '정치적 공세'에 불과한 것이라고 비난하는 듯하다.

그래서 나는 이처럼 잘못된 일부의 오해를 해소하고자 장준하 사건이 '진상규명 불능'으로 결정되는 과정에서 밖으로 알려지지 않은 비화를 처음 공개하려 한다. 장준하 사건이 왜 이렇게 '진상규명 불능'으로 결정되었는가에 대해 제대로 알아야 할 필요가 있기 때문이다.

국가기관인 의문사위원회는 모두 아홉 명의 위원들이 참여하여 다수결로 의사를 결정하는 구조였다. 그래서 조사가 종료된 사건마다 보고와 토론을 마친 후 위원들 각각이 '인정'이나 '기각', 또는 '진상규명 불능'에 손을 들어 자유로운 의지로 과반 이상의 지지를 받은 조항으로 결정되는 방식을 따랐다.

한편 사람들은 장준하 사건이 '진상규명 불능'으로 결정된 최종 결과만 알고 있지 이처럼 결정될 당시의 실제 표결 결과를 아는 사람은 '당연히' 없다. 여기에 숨은 비밀이 있다. 장준하 사건이 전원위원회에 안건으로 상정된 날, 참석한 위원들은 모두 일곱 명이었다. 여러 가지 사정으로 아홉 명의 의문사위원회 위원 중 두 명이 사임했기 때문이다.

표결을 앞둔 어느 날 한 위원이 나에게 의견을 물어왔다. 그가 원하지 않아 그의 이름을 밝히지는 않겠다. 그는 이 사건 담당 조사관으로서 나의 정확한 의견을 묻고 싶다고 했다. 오래전부터 나와 함께 일해온 사이였기에 그가 이런 질문을 해온 것은 이상한 일이 아니었다. 그의 말은 이랬다. 자신은 장준하 사건에 대해 여러 정황과 근거로 판단하여 '공권력의 개입에 의한 타살'로 충분히 인정할 수 있다고 생각하는데 이 사건을 직접 조사한 사람으로서 어떻게 결정하는 것이 좋겠는지 내 의견을 듣고 싶다는 것이었다. 표결을 앞두고 진지하게 고민하는 그에게 담당 조사관으로서 고맙지 않을 수 없었다.

돌이켜 생각해보면 조사관 입장에서 최선을 다해 조사한 어떤 사건의 결과가 이왕이면 '인정'으로 나오는 편이 좋을 수 있다. '기각'이나 '진상규명 불능'보다 조사관 입장에서 볼 때 최선을 다해 일했다는 생각이 드는 것이 사실이기 때문이다. 그런데 내가 그에게 요구한 것은 '진상규명 불능'이었다. 순간 그 역시 매우 의외라는 표정으로 "왜 그러냐"고 물었다. 나는 그에게 진지하게, 그리고 성의 있게 말했다.

"저도 장준하 선생 사건이 충분히 '인정'으로 갈 수 있다고 생각합니다. 만약 이 사건이 법정에서 판단된다면 더욱 그렇죠. 지금처럼 유일한 목격자가 일관된 진술을 하지 못하고 있다면 당연히 법원은 진술의 신빙성이 없다며 바로 목격자의 진술을 탄핵해버릴 겁니다.

또한 사건 당일 중정 요원이 사건 현장을 방문하여 여러 조치를 취했음이 확인되나 이에 대한 자료를 은폐하는가 하면 당시 보안부대장 역시 자신이 사건 현장에 온 사실이 있음에도 이를 부정한 사실도 공권력의 개입을 인정할 수 있는 근거입니다.

나아가 보안부대장이 그 결과를 진종채 보안사령관에게 보고했는데도 이 자료를 내놓지 않는가 하면 당시 진종채 보안사령관이 장준하가 사망한 바로 다음 날인 8월 18일 박정희와 서재에서 독대하며 40여 분간 밀담을 나눈 사실도 매우 석연치 않으나 이와 관련한 기무사가 단 한 장의 문서도 내놓지 않는 것 등등을 모두 고려하면 충분히 공권력의 개입 여부에 대해 넉넉히 인정할 수 있다고 저역시 생각합니다.

그래서 저 역시 만약 오늘이 장준하 의문사 사건을 조사하는 이 세상 마지막 날이라고 한다면 이 사건을 인정으로 결정해주면 좋겠습니다. 그러나 저는 그러지 마시고 '진상규명 불능'으로 결정해주는 것이 더 좋겠다는 생각입니다."

이렇게 말한 이유는 더 있었다. 의문사특별법상 '인정'으로 한번 결정되면 그 사건은 어떤 경우에도 다시 조사할 수 없게 된다. 차라리 '기각'이면 재조사가 가능할 수 있다. 차후 의문사 관련 조사 기구가 만들어질 경우 앞서 이뤄진 '의문사위원회' 결정에서 설령 기각으로 결정된다 하더라도 그 유족이 억울하다며 재심의를 신청하면 이를 다시 심의하여 조사를 재개할 수 있는 것이다.

반면 한번 인정으로 결정된 사건은 그 어떤 일이 있더라도 다시 재조사할 수 없다. 이미 모든 진상이 다 규명되었으니 더 이상 조사할 것이 없기 때문이다. 그러면서 나는 '백범 김구' 선생을 예로 들었다. 우리 국민 모두가 안두희의 총탄에 백범 김구 선생이 사망했다는 사실은 알고 있으나 그렇다고 해서 백범의 암살 의혹이 밝혀졌다고 생각하는 국민이 있느냐는 논리였다.

그래서 나는 지금 이대로 장준하의 사인을 인정으로 결정하여 끝내는 것은 오히려 진실을 묻어버리는 잘못이 아닐까 생각한다고 말했다. 그러니 이번에는 '진상규명 불능'으로 결정해야 한다고 나는 주장했다. 그렇다면 '진상규명 불능'이 가진 법적 의미가 무엇인지를 정확하게 확인할 필요가 있다.

'진상규명 불능'은 단지 사건의 진실을 알지 못한다는 의미만 있는 것이 아니었다. '인정'이나 '기각'과 달리 진상규명 불능은 차후 다시 의문사 사건을 조사하는 위원회가 만들어질 경우 무조건 재조사할 수 있는 유일한 법적 장치였다.

즉, 인정은 절대 조사가 안 되고 기각은 유족의 재심 요청이 있어야 재조사가 가능하나 '진상규명 불능'은 유족의 진정 여부와 상관없이 바로 재조사에 착수할 수 있는 조항이었던 것이다. 그러니 나는 장준하 사건의 완벽한 진실을 규명하기 위해 이 사건을 '진상규명 불능'으로 처리해야 한다고 그를 설득한 것이다.

이러한 설득에는 나의 자신감도 한몫했다. 나는 장준하 사건이 절대 해결할 수 없는 사건이라고 여기지 않았다. 조금만 더 확인해보면 이 사건의 끝이 보인다고 생각했다. 그래서 아직도 조사를 통해 그 진실을 명확하게 규명할 여지가 많았으나 한정된 조사 기간이 만료되어 강제로 종료해야 했던 이 사건을 그냥 '인정'으로 결정하고 영원히 문을 닫아버린다면 이는 또 다른 진실 은폐라고 나는 생각했다.

한때는 장준하의 죽음이 '인정'이든 '진상규명 불능'이든 무슨 의미가 있겠는가 하는 생각도 있었다. 장준하가 김대중 전 대통령의 의심처럼 '유신독재정권에 의해 타살'되었든 아니면 목격자를 자처하는 김용환의 주장처럼 '실족 추락사'를 했든 장준하가 살면서 보여준 독립군으로서, 사상가로서, 그리고 민주주의와 인권을 위해 싸워온 민주 투사로서의 가치는 아무것도 달라질 것이 없다고 생각했기 때문이다.

오직 조사관으로서 내가 바라는 것은 '있는 그대로의 진실'을 꼭 규명하자는 것이었다. 나는 그것이 가장 중요한 일이라고 믿었고 그렇게 그를 설득했다.

마침내 위원 일곱 명이 표결에 돌입했다. 결과는 4대 3이었다. '인정'으로 하자는 위원이 세 명이었고 '진상규명 불능'에 손을 든 위원이 네 명이었던 것이다. 그리고 과반 이상이 찬성한 결과에 따라 '진정 제7호 장준하 사건'은 '진상규명 불능'으로 최종 결정되었다.

그렇다면 나에게 물어온 그 위원은 어디에 표를 던졌을까. 나에게 "인정으로 하려는데 어떻게 생각하냐"며 물어온 것과 달리 그는 표결에서 '진상규명 불능'에 손을 들었다. 그가 생각을 바꾼 것이었다. 즉, 애초 자신의 생각대로 그가 '인정' 조항에 손을 들었다면 장준하 사건은 지금 알려진 것과 달리 '진상규명 불능'이 아니라 오히려 4대 3으로 공권력의 개입에 의한 타살인 '인정' 조항으로 결정될 수 있었다는 말이다. 예상하지 못한 팽팽한 표결 결과를 보고 나는 많은 생각을 하지 않을 수 없었다.

여하간 최종 결과가 '진상규명 불능'으로 결정되었지만 이 당시 장준하의 죽음에 대해 '공권력의 개입에 의한 타살'로 인정해야 한다며 손을 든 세 명의 위원들은 '소수 의견'을 따로 적어 이를 장준하 사건 최종 결정문에 함께 남겨달라고 요구했다. 인정을 주장한 그들에게도 그만큼의 확신이 있었던 것이다.

당시 인정에 손을 든 상임위원은 먼저 '대통령소속 의문사진상규명위원회'를 대표하는 한상범(동국대 법대 교수) 위원장과 행정안전부에서 파견 나온 당시 1급 공무원으로 재직 중인 홍춘의 제1상임위원, 그리고 민주사회를 위한 변호사 모임 소속으로 활동하던 이

기욱 변호사였다. 당시 이들이 제출한 '인정' 소수 의견을 소개하면 다음과 같다. 장준하의 사인이 '공권력의 개입에 의한 타살'을 인정하는 내용으로 작성된 이 소수 의견은 사실상 일반인에게 최초로 공개하는 것이나 마찬가지이니 이 역시 중요한 역사적 기록이 될 것이다.

# 소수 의견('인정' 의견):

### 한상범, 홍춘의, 이기욱

<br>

**1.**

다수 의견이 박정희 정권의 권위주의적 통치에 항거한 장준하의 행위를 민주화운동으로 평가한 부분에는 찬성한다.

그러나 다수 의견은 장준하의 구체적인 사망 경위에 관한 사실이 밝혀지지 않았다는 이유로 장준하의 사망이 민주화운동과 관련하여 위법한 공권력의 행사로 인한 것인지를 판단하기 어렵다고 하였는바, 이러한 다수 의견에 반대하여 장준하가 민주화운동과 관련하여 위법한 공권력의 행사로 인하여 사망한 것으로 보아야 한다는 의견을 다음과 같이 밝힌다.

<br>

**2.**

다수 의견이 밝힌 바와 같이 장준하의 사망 과정에 김용환이 직접 개입하였는지 여부, 당시 중정 또는 보안사가 장준하의 사망에 어떠한 방식으로 개입하였는지는 확인되지 않았으나, 다음과 같은 사실 관계를 종합하면 장준하의 사망에 중정 또는 보안사 등 공권력이 직, 간접적으로 개입하였고, 그로 인하여 장준하가 사망에 이르게 된 것이라고 판단된다.

1) 장준하는 3선 개헌 반대 투쟁 및 유신헌법 개정운동으로 1974년 1월 13일 구속되었고, 같은 해 12월 3일 형 집행정지로 석방된 이후에도 지속적으로 개헌운동을 전개하였다. 이러한 과정에서 중앙정보부는 장준하에 대하여 24시간 자택 전화 감청 및 미행, 감시 등 지속적인 관찰을 하고 있었는데, 장준하는 1975년 8월 20일경 '제2의 100만인 개헌 서명운동'이라는 거사를 추진하던 중 거사 예정일을 불과 3일 앞둔 1975년 8월 17일 약사봉 등반 도중 사망하였다.

2) 목격자 김용환의 진술과 검찰 수사 결과와 같이 장준하가 추락사한 것이라면 사망 시 발견된 장준하의 시체는 이러한 추락사의 흔적을 조금이라도 나타내고 있어야 할 것이다. 그러나 장준하의 시체는 발견 당시 반듯하게 누워 있었고, 착용하고 있던 의복에는 미끄러지거나 긁힌 흔적이 전혀 없었으며, 시체 주변에 놓여 있던 안경, 등산모자, 등산가방, 보온병 등이 깨지거나 긁힌 흔적이 전혀 없었다.

3) 사고 당일 오후 5시경 성명 불상의 중앙정보부 요원 수 명이 사고 현장에 와서 포천경찰서 이동지서 소속 순경인 이수기에게 "안

본 것에 대하여 쓸데없는 말 하지 말라"라는 이야기를 한 바 있고, 육군 5군단 헌병대 수사과 속보병과 수사계장이 사고 현장에 와서 상황 파악 후 상부에 보고하였으며, 105 보안부대장도 현장 상황 파악 후 보안사령관에게 보고하는 등 군 수사기관과 중앙정보부 직원이 현장에 출동하여 사건의 정황을 파악하였다.

4) 당시 사건을 처리하는 과정에 있어서도, 포천경찰서 경찰관들은 목격자인 김용환의 신원 확보를 게을리 하고, 현장 검증을 나온 의정부지청 서돈양 검사는 검안의로부터 사인 관련 진술을 들은 후 약 5분 만에 현장 검증을 마치고 부검도 실시하지 않았으며, 사건 다음 날 김용환에 대한 조사 결과만을 근거로 추락사로 내사 종결하여 장준하에 대한 변사 사건 수사가 아주 급하게 졸속으로 처리되었다.

5) 목격자인 김용환은 장준하와 같이 시간적·물리적으로 불가능한 경로로 산행을 하였다고 진술을 하고 있고, 장준하의 추락사 장면에 대한 진술도 일관성이 없는 등 장준하의 사망 경위에 관하여 신빙성 없는 진술을 하고 있다. 또한 사고 이후의 행적에 있어서도 사고 당일 오후 5시경 갑자기 현장에서 사라졌다가 다음 날 새벽 1시경 서돈양 검사의 현장 검증 시에 다시 현장에 나타나 그 사이의 행적이 의심스럽고, 김용환의 부인에도 불구하고 장준하의 유족에게 당일 오후 3시경 사고 사실을 전화로 알려준 것이 김용환으로 밝혀졌으며, 사건 이후 이동지서에서의 조사 여부, 검찰청에서의 신원보증

에 의한 석방 여부 등 그 행적에 대하여 믿을 수 없는 진술을 하고 있는 등 김용환의 사고 전후의 행적에 의심스러운 면이 많다는 점은 다수 의견도 인정하고 있다.

6) 당시 장준하의 행적을 지속적으로 감시하고 있던 중앙정보부는 사고 현장 부근에서 출동한 경찰관에게 압박을 가하는 등 중정 직원들이 사고 현장에 출동하고, 변사 기록을 이동파출소에서 사본해 간 점, 이후 언론 취재 과정에 개입하여 취재 중단, 의혹 제기 기사를 쓴 기자를 긴급조치 위반 혐의로 구속하거나 기타 조치를 취하려는 움직임을 보였던 점, 장준하 사망 이후에도 장준하의 유족들을 감시하고, 장준하에 대한 추모식을 방해했던 점 등은 중앙정보부가 장준하 사망 사건에 지속적으로 개입하였고, 은폐 또는 조작을 위한 시도를 하였음을 보여준다.

7) 중앙정보부의 김용환에 대한 '특수인물 존안 카드'가 보존되어 있는데, 김용환을 정보원으로 활용하거나 김용환을 정보원으로 추천하기 위해서 존안되었을 것이라는 진술이 있었다.

8) 결정적으로 장준하의 사망 원인이 추락사임을 전제로 하여 현장 재현을 통해 진행된 컴퓨터 시뮬레이션 실험 결과와 사망 당시의 장준하의 시체 상태를 비교해 보면 장준하는 시체 발견 현장의 벼랑에서 추락한 것으로는 도저히 보기 힘들다.

9) 이상의 사실들을 종합하여 보면, 장준하는 목격자인 김용환이 진술한 바와 같은 현장에서 추락하여 사망한 것이 아니라, 오히려 인위적인 요인에 의하여 사망한 것으로 판단된다. 당시 장준하는 유신독재의 칼날 속에서도 지속적으로 반유신운동을 전개함으로써 중앙정보부 등 정보기관의 표적이 되어 끊임없는 감시를 받는 상태에 있었다. 이러한 상황에서 중앙정보부의 정보원으로 의심되는 김용환과의 산행에서 도저히 추락사로는 보기 어려운 의문의 사망을 당하였고, 사망 사고 이후에 이루어진 사건의 처리 과정에 중앙정보부가 깊숙이 개입하였던 것으로 판단된다.

10) 뿐만 아니라 중앙정보부가 장준하에 대한 감시를 계속하면서 매일 매일의 동향을 보고하고 있던 사고 전과 후의 상황에 비추어 보았을 때 중앙정보부가 정작 장준하 사망 사건 당일인 1975년 8월 17일에는 오후 9시경 '중요 상황 보고' 하나의 문서만이 작성되어 보고되었다면서 다른 보고 문건의 존재를 부인하고 제출을 거부하고 있는 것은 납득할 수 없는 일이며, 이러한 중앙정보부의 태도는 오히려 당시 장준하의 사망에 중앙정보부가 직, 간접적으로 개입하였음을 여실히 보여주고 있는 증거라고 할 것이다.

11) 따라서 비록 김용환이 당시의 상황에 대한 진실한 진술을 거부하고, 중앙정보부 등 정보기관이 당시 장준하와 관련된 기록을 공개하지 않아 중앙정보부 등 정보기관의 구체적인 공작 내용, 이 과정에서 김용환의 구체적인 역할 및 장준하의 직접적인 사망의 경위

등 사망 과정의 모든 면이 구체적으로 드러난 것은 아니지만, 위와 같은 장준하의 민주화운동 상황과 정보기관의 감시, 사건 후의 개입, 김용환이 중앙정보부 정보원이었을 가능성 및 장준하의 사인이 인위적인 요인에 의한 것이라는 점에 비추어 보았을 때, 장준하의 사망은 그가 민주화운동을 전개해가는 과정에서 이를 무력화시키기 위한 정보기관의 위법한 공권력의 행사에 의하여 사망한 것이라고 충분히 인정할 수 있다고 판단된다.

12) 이에 장준하의 사망은 민주화운동과 관련하여 공권력의 직, 간접적인 개입으로 인한 인위적인 사망이라고 판단되는바, 이에 대하여 '진상규명 불능'으로 결정한 다수 의견에 반대한다.

## 장준하 사건 '인정' 의견, 한상범 위원장 '소수에 또 소수 의견'

한상범 위원장은 더 적극적이었다. 세 명이 함께 낸 소수 의견 외에도 그는 또다시 자신의 의견을 하나 더 작성하여 이를 결정문 말미에 추가하도록 요구했다. 이른바 '소수에 또 소수 의견'을 제출한 것이다. 나는 한상범 위원장의 이 같은 열정을 존경한다.

평생 법학자로서, 그리고 양심적 지식인으로, 특히 '대통령소속 의문사진상규명위원회'를 대표하는 위원장으로서 한상범 교수가 보여준 이 같은 열정은 당시 우리 의문사위원회가 얼마나 치열하게 역사적 소명을 다하고자 노력했는지 극명하게 보여주는 '뚜렷한 증거'라고 나는 생각한다.

그래서 장준하 사건의 진실에 대해, 그리고 이 사건이 가진 역사적 의미에 대해 알고자 하는 독자라면 한상범 위원장이 남긴 이 외롭고도 처절한 '소수에 또 소수 의견'은 반드시 읽어야 할 명문이라고 나는 생각한다. 2004년 6월 28일 '인정 의견에 대한 보충 의견'이라는 제목으로 작성된 한상범 위원장의 글 전문을 소개한다.

# 인정 의견에 대한 보충 의견:

한상범

## 1. 기본적인 문제 제기

장준하 사건은 장준하가 민주화운동과 관련하여 당시의 수사 공안 정보기관에 의한 위법한 공권력의 직, 간접적인 작용에 의하여 사망에 이르게 된 것이다. 특히 그것이 당시 박정희 폭정하에서 정보 공안기관의 지속적인 일상 거동 전반에 대한 감시를 비롯해 각종 탄압을 하는 과정에서 사망 사고가 발생했다.

의문사위가 이 사건을 조사함에 있어서 의문사위 창설 이래 관계기관은 각종 사유를 들어 당시의 관련 참고 자료나 정보 등에 대한 공개 내지 제공을 거부하여왔다. 그래서 결국은 장준하 사망에 대한 특정인의 가해 행위의 직접적인 증거가 포착되지 않았다. 그러나 간접 증거나 정황으로 보아 장준하의 사망에 국가기관의 책임이 있다는 점은 부인할 수 없다. 여기에 그 실상에 따른 문제점을 참고로 제시한다.

2.

정치공작에 대한 정보 공안기관의 불법 행위 책임과 그에 대한 정리, 국가의 정보 공안기관이 특정당파나 개인의 사병(私兵)이나 도구로서 악용되는 것은 법률에 의해 금지되는 범죄이다. 특히 그러한 정치개입으로 살인에 이른 행위를 한 것은 어떠한 기관에게도 인정될 수 없다. 그런데 이 기본원칙이 공공연히 묵살 또는 무시되어온 것은 정보 공안기관의 정치공작이라는 범죄성을 방치한 것이다.

여기서 지금 문제가 되는 국가정보원의 행적을 보자.

1961년 박정희 일당의 쿠데타 직후 창설된 국정원의 전신인 중앙정보부는 창설 직후에 이른바 4대 의혹 사건(증권 파동, 새나라 자동차 밀수, 워커힐 조성, 파칭코 도박기[슬롯머신] 수입 사건)의 주범이 되었다. 정치 사건으로는 창설 당초부터 야당 정치인 사찰 분석과 당시 군사정권이 만든 정당 활동 금지 규정을 스스로 위반하여 민주공화당을 사전에 비밀리에 조직하는 작업에 착수했다.

그러한 정치공작은 각종 공직 선거 개입으로 이어졌고 마침내는 1970년대에 김대중 납치 살해 미수 사건으로 폭발하여 국제 사회에서 망신을 자초했다. 이 사건의 경우만 봐도 그 사건의 피해 당사자인 김대중 씨가 현직 대통령으로 5년간 재임하는 동안조차 그 사실에 대한 조사 및 처리가 전혀 이루어지지 못하였다.

지금까지도 국민은 중앙정보부로부터나 그 후속기관으로부터 아무런 해명이나 사과의 말도 들어보지 못했다. 중앙정보부의 후신인 국가안전기획부의 '수지 김 간첩 조작 사건'만 해도 그 사실이 폭로되어 판결로써 책임이 추궁될 때까지도 공식적인 당해 기관의 진상 조사를 통한 해명이나 사과를 들어본 적이 없다. 이러한 불법과 범법의 은폐를 흔히 국가안보란 이름으로 변명하여옴으로써 진정한 안보에 중대한 손상을 끼치고 있다.

그 밖에도 국정원의 행적에서 정치공작성과 안보의 과잉 악용이란 문제점은 '동백림 사건'과 '민청학련 사건' 등 세인이 아는 것을 필두로 해서 몇 가지만 정리해도 방대한 저술이 될 것이나, 여기에서는 장준하 사건에 대해서만 초점을 맞추기로 한다.

## 3. 장준하 사건 관련 자료는 국가안보의 문제가 아니다

의문사위는 창설 이래 장준하 사건에 관련된 정보 공안기관에 대하여 장준하와 그에 관련된 당파나 인사, 가족에 대한 사찰 감시나 기타 공작에 대한 기록을 공개하고 제공할 것을 일관되게 요청했다. 물론 지금에 와서 새삼스러운 지적은 아니지만 실질적으로 거부되어왔다.

여기서 문제는 관계기관의 장준하 사찰 등 제반 행위는 정치공작으로 관계기관의 본래의 업무영역이 아니라는 점이다. 오히려 사안에 따라서는 정치공작으로서 범죄행위이고, 민사상 불법행위이다. 따라서 그들은 국민세금으로 운영되는 이른바 국가기관이라면서 정당한 정치활동에 대한 탄압을 일상적으로 자행해온 것을 우선 사죄해야 하지 않을까 생각한다.

이 나라 이 정부기관은 박정희나 그 후속부류의 사유물이 아니다. 공직자는 공직을 사유화할 수 없다.

다음에 장준하에 대한 정치공작에 관련된 기관의 정식 직원 이

외에 에이전트 또는 프락치(망원), 밀고자나 하수인 등이 있다. 이들에 대한 신상공개는 하나도 없었다. 그들의 신상만 확인이 된다면 장준하 사건의 실마리는 풀리고 나아가서 살해에 직·간접적으로 가담, 조력하거나 책임을 질 자들을 밝혀내는 데 증거가 잡힐 수 있다.

그런데도 그들은 일관되게 국가안보 또는 개인의 인격권 보호 등을 이유로 내세워 공개를 하지 않고 있다. 또한 관계당국이 일부 형식적으로 내용이 없는 자료를 공개하는 과정에서도 이미 보관·관리하고 있는 기록 자료가 있다는 사실을 확인하게 된다는 점이 문제이다.

더욱 큰 문제는 장준하의 일상 동정이 각 기관에 의해서 시간 시간 기록되고 보고되고 있었는데, 어째서 사망 당일에는 그렇지 않고 기록이 다른 문건으로 바꿔치기되거나 빠져 있는가 하는 것이다. 무엇보다 각 정보 공안기관에는 당시에 박정희에 대해 반대한 야당 거물인 장준하를 전담하는 팀과 책임자들이 엄연히 있어서 활동을 해왔는데 그들의 신상은 어디로 사라져버렸는가. 김대중 납치 살해 미수 사건에서는 지금 그 공작 팀의 책임 실무부서가 거의 공개적으로 인지되고 있다.

그런데 장준하 사망 사건에서는 그 정체가 잘 잡히지 않고 있다. 그렇다고 반드시 비밀이라고 할 수 있을까. 또 비밀로 미궁 속으로 덮어야만 이익이 되는 자는 누구인가. 비밀이 궁극적으로 유지될 수 있을까 하는 의문 제기 이전에 이것은 공적 기관이 책임을 지고 반드시 규명되어야 할 사안이다.

장준하 사망을 추락사로 가정하여 사망을 타살이 아닌 실족사로 몰아간 것이 사망 직후부터의 관계당국의 일관된 입장이었다. 그런데 실제로 컴퓨터 시뮬레이션 기법을 통해 그 억지 주장이 사실이 아님이 밝혀졌다. 당초부터 실족사했다고 하고 그것을 발견했다는 김용환의 주장 자체가 잘못된 것이었다. 그리고 장준하 사망 당시의 관계당국의 사건 처리 과정도 모순투성이였다.

4.

피해자 측이 입증을 하지 못하면 면죄부를 취득한다는 잘못된 논리를 바탕으로 정치공작의 주체였던 기관의 방관자적인 무책임의 논리는 법치주의와 공공기관의 책무의 원칙에 정면으로 반하는 것이라고 할 것이다.

## 이 세상 또 다른 두 사람을 위해 진실 가려야

이제 나는 이 긴 글을 모두 마치려 한다. 그리고 그 마침표를 찍기 전, 한 가지를 당부하고자 한다. 이 책을 쓰면서 내내 고민했던 또 다른 심적 부담감에 대해 말하고자 하는 것이다. 나는 혹여 독자들이 이 책을 목격자를 자처하는 김용환을 비난하는 근거로 삼지 않기를 기대한다. 내가 그의 인격을 모욕하거나 무시하려는 의도로 이 책을 쓰지 않았듯 이 책을 읽는 독자 역시 오직 이 사건, 장준하의 의문사 진실이 무엇인지 확인하려고 노력하는 것에 최선을 다해주기를 바라는 것이다.

무엇보다 내가 바라는 것은 장준하 사건의 진실이 밝혀지는 것이다. 무려 37년이 흐른 이 사건의 의혹이 여전히 민주적인 절차와 과정을 통해 해결되지 못하고 있다는 것은 참으로 부끄럽고 또 부끄러운 일이기 때문이다. 그만큼 우리 사회의 민주주의 체질이 허약하다는 것을 반증하는 것이기도 하다. 장준하가 아니라 그 누구의 죽음이라도 그것이 억울한 죽음이라면 이를 풀어주는 것이 제대로 된 민주주의 국가라고 나는 믿고 있다. 하물며 장준하의 억울한 죽음은 말해 무엇 할 것인가.

다른 하나는 목격자를 자처하는 김용환을 위해서라도 이 사건은 반드시 재조사되어야 함을 말하고 싶다. 터놓고 말해 이 사건이 재조사되지 않는다면 이 사건의 목격자를 자처하는 김용환으로서는 자신의 억울함을 주장하는 메아리만 남을 뿐 자신의 진짜 진실이 무엇인지를 제대로 밝히지 못한 채 끊임없이 세인의 입에 오르내리게 될 것이다. 만약 재조사가 되지 않는다면 지금까지 그랬고 앞으로도 그는 계속 이 의혹의 중심에서 벗어날 수 없는 처지가 될 수밖에 없다.

정말로 그가 주장하는 것처럼 억울하다면, 정말 그의 주장처럼 전직 경찰과 검사가 자신과 달리 착각을 하고 있고 그리고 중앙정보부 문서 역시 다 조작되었으며 1988년 경찰 재조사 기록은 사실과 다르게 작성되었다는 그의 주장이 하나라도 맞는다고 가정한다면, 그에게 이것을 입증할 수 있는 기회를 주기 위해서라도 반드시 재조사가 이뤄져야 한다고 말하고 싶다. 그가 말하는 진실이 무엇인지 나는 정말 듣고 싶고 확인해보고 싶다.

그런 측면에서 나는 지난 2004년 8월호 《월간조선》에서 보도한 김용환의 인터뷰 기사 중 유일하게 마음에 드는 그의 주장을 보고 매우 기뻤다.

난 차라리 국정원이 장준하 선생님과 관련된 자료들을 가지고 있다면, 다 공개했으면 좋겠어요. 새로운 사실도 없겠지만 나도 이 굴레에서 벗어날 수 있을 테니까요.

그렇다. 장준하 사건에 대한 이 모든 의혹을 규명할 수 있는 거의 유일한 방법은 그의 주장처럼 국가정보원과 기무사령부가 존안하고 있는 문서의 공개다. 장준하의 사망 후 지금까지 문제의 1975년 8월 17일 사건이 발생한 그날 생산된 문서는 오직 단 한 장뿐이다. 바로 괴전화를 건 사람이 김용환으로 기재된 8월 17일 밤

9시에 생산된 문서 단 '한 장'뿐인 것이다. 하지만 다시 한번 분명하게 말해두겠다. 그 시간 이후 생산된 '추가 보고' 문서는 반드시 있다. 있을 수밖에 없다.

이제 2004년 시간 종료로 인해 강제로 문이 닫힌 의문사위원회가 다시 문을 열 시간이 되었다. 두 가지 남은 숙제 중 묘지 이장 과정에서 자연스럽게 드러난 장준하의 유골 의혹은 이제 국가 차원의 재조사를 통해 법의학적 분석을 거치면 그 결과가 나올 것이다. 그렇다면 이제 남은 숙제는 하나다. 지금까지 굳게 닫혀 있던 '비밀의 문' 안에서 아직 세상으로 나오지 않은 정보기관의 문서고에 의문사 조사관이 들어갈 수 있어야 한다는 것이다.

그래서 이미 폐기된 것으로 거듭 알려졌던 장준하의 1988년 경찰 재조사 기록을 찾아냈듯 의문사 사건을 규명하고자 하는 절박감으로 충만한 의문사위원회 조사관들이 직접 정보기관의 문서고를 실지조사할 수 있는 강력한 권한이 담긴 새로운 '의문사 진상규명을 위한 특별법'이 조속히 만들어져야 한다.

37년이면 족하다. 국가권력의 범죄가 더 이상 지속되어서는 안 된다. 자신이 타살되었음을 밝혀줄 중요한 열쇠를 37년 만에 드러내준 장준하 선생. 이제 남은 것은 '살아 있는 우리의 몫'이다. 국민들의 뜨거운 관심이 마지막으로 남은 '비밀의 문'을 열어줄 것을 기대한다.

|

# 장준하 비밀 밝혀줄 단서,
# 나는 어디 있는지 안다

2013년 3월 26일, 백범기념관을 가득 채운 사람들은 경악했다. 슬라이드 화면 가득 드러난 장준하 선생의 유골과 그 유골의 상흔이 무엇을 의미하는지 설명한 서울대학교 이정빈 교수의 감정 결과를 접한 이들이었다. 이날 이정빈 교수는 컴퓨터단층촬영(CT)과 3D동영상 등 첨단기술을 동원한 정밀 감정에 더해 판단하기 어려운 부분은 두개골을 절개하는 최후 수단까지 마다하지 않고서 사인에 대한 진실을 추적했다고 밝혔다.

그리고 이러한 노력 끝에 이정빈 교수팀은 지난 38년간 감춰진 장준하 선생의 법의학적 사인을 명쾌하게 제시했다. 핵심 요지는 "장준하 선생이 머리를 가격 당해 즉사했고, 이후 누군가 벼랑 밑으로 내던졌거나 추락해 엉덩이뼈가 손상된 것으로 판단된다"는 결론이었다.

신문과 방송은 들끓었다. 타살이냐, 추락사냐를 두고 벌어졌던

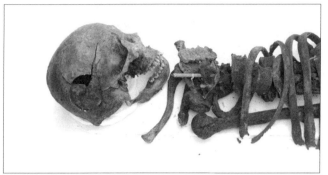

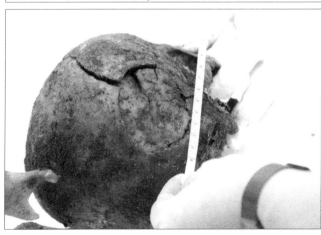

사망한 지
37년 만에
세상에 드러난
장준하의 유골.

지난 38년간의 논란에 '새로운 방점'을 찍은 이 감정 결과를 두고 "이제라도 장 선생의 사인 의혹을 제대로 밝혀야 한다"는 여론은 당연한 일이었다. 하지만 그동안 경험으로 비춰보아 나는 이 감정 결과를 비난하려는 움직임이 있을 것으로 예상했다. 지난 38년간 '상식적' 진실을 부정해온 세력이 늘 존재해 왔기 때문이다.

그리고 예상은 크게 틀리지 않았다. 그중 가장 대표적인 사례가 이정빈 교수의 법의학적 소견 발표 후 이어진《조선일보》기사였다. 《조선일보》는 이정빈 교수를 상대로 한 인터뷰에 이어, 소견 발표 약 일주일 후 주말뉴스부장 선우정의 기명 칼럼「동행자 K씨의 人權」에서 장준하 선생 타살 의혹을 제기하는 이들을 비난하는 요지의 글을 보도했다.

지난 2003년부터 '대통령소속 의문사진상규명위원회'(이하 '의문사위')에서 장준하 선생 의문사 담당 조사관으로 일했던 내 입장에서 이 칼럼은 매우 큰 관심이 아닐 수 없었다. 맹세컨대 '최대한' 객관적으로 이해하려고 노력하며 일독했다. 하지만 장준하 선생의 타살 의혹을 반박하는 그 칼럼을 다 읽고 난 나는 오히려 그 '참담한 수준'의 반격에 허탈했다.

나는《조선일보》의 선우정 부장이 정말 장준하 선생 의문사에 대해 최소한의 정보라도 구해서 제대로 읽어보고 그러한 칼럼을 쓴 것인지 믿을 수 없었다. 그래서 고민했다. 선우정 부장의 글에 대해 조목조목 반박하는 것이 정말 가치 있는 일인가에 대해서.

일부 사람들 중에는《조선일보》가 쓰면 사실이라고 착각하는 이들이 있어 문제였다. 그렇게 진실을 잘 모르는 이들은《조선일보》의

기사를 사실로 믿고 SNS 공간으로 퍼 나른다. 이렇게 생명력을 부여받은 왜곡된 진실이 마치 '진실인 것처럼' 사람들을 현혹시키는 것이다. 결국 '지겹지만' 이런 거짓을 반박하는 글을 내가 또다시 쓰지 않을 수 없는 입장이 되고 만 것이다.


### 《조선일보》가 쓴 동행자 K씨를 위한 '변명'

《조선일보》 선우정 부장은 자신이 쓴 칼럼에서 장준하 선생의 마지막을 목격했다고 주장하는 이른바 'K씨'를 일방적으로 변론하는 내용으로 일관했다. 그런데 내가 가장 의아하게 여긴 것은 따로 있었다. 장준하 선생의 사고 목격자를 자처하는 김용환 씨에 대해《조선일보》가 새삼스럽게 실명 대신 'K씨'로 언급한 점이었다. 그야말로 뜬금없는 가명이 아닐 수 없었다.

목격자를 '자처하는' 김용환 씨는 1993년 장준하 선생의 사인 의혹을 사회적 이슈로 만든 SBS 〈그것이 알고 싶다〉 보도 후와 2004년 2기 의문사위가 조사 결과를 발표한 뒤《조선일보》와《월간조선》을 찾아가 장문의 인터뷰를 한 사실이 있다. 한번은 김용환 씨의 집으로 찾아온《조선일보》기자와 했고, 마지막엔 김용환 씨가 스스로《월간조선》을 찾아가 인터뷰를 자청했다. 이러한 인터뷰를 통해 김용환 씨는 "장 선생이 실족 추락사했으며 그것을 내가 분명히 봤는데 뭐가 의문이냐"고 강력하게 주장했다.

더 나아가 그는 2004년《월간조선》인터뷰에서 "사건이 복잡한 것도 아니고 단 1분, 아니 몇 초만 이야기하면 끝나는 거예요. 내 생각에는 10분이면 조사가 끝나요. 그렇게 길어야 할 이유가 없어요. 반복에 반복을 하는 거예요"라고 했으며 "조사를 받으면서 난 느낄 수 있었습니다. 조사관들은 내가 거짓말을 안 하고 있다는 걸 알아요"라고 놀라운 발언도 했다. 그러면서도 "자기들의 조직 수명 연장을 위해 자꾸 출두를 요구하는 것"이라며 담당 조사관이었던 나를 사실상 비난하기도 했다.

이 같은 김용환 씨의 인터뷰에 당시 《월간조선》은 적잖은 지면을 할애했으며 그 과정에서 그의 실명 '김용환' 석 자를 수도 없이 되풀이 썼음은 모두가 아는 사실이다. 또한 장준하 선생의 타살 의혹을 부정하려는 이들이 이 '실명' 인터뷰를 인터넷에 퍼 나르며 반박에 나섰던 사실은 장준하 선생 사건에 대해 관심을 가진 사람이라면 누구나 아는 주지의 사실이다.

《조선일보》 기자 출신이면서 《월간조선》 사장까지 지낸 조갑제 씨 역시 자신이 운영하는 '조갑제닷컴'에 이 실명 인터뷰를 전문 게재하며 장준하 선생 의문사 의혹을 반박할 정도였다. 그런데 이제와서 《조선일보》가 김용환의 이름을 왜 'K씨'로 언급하며 마치 실명을 쓰는 것이 '인권 침해'인양 주장하는 것인지 그 의도가 난감했다. 한마디로 너무 궁색해 보였다. 설마 《조선일보》와 《월간조선》은 다른 매체'라는 식의 주장은 하지 않으리라 믿고 싶다.

이처럼 문제의 《조선일보》 칼럼을 반박하자면 한도 끝도 없을 것 같다. 또한 이런 식으로 반박하다보면 너무 길어질 것 같아 다른 것은 제쳐두고 핵심 요지 하나만 지적하려 한다. 먼저 선우정 부장이 쓴 칼럼의 핵심을 간결하게 정리해보면 거칠지만 아마도 이런 의미인 듯하다.

> 장준하 선생의 사인 진상을 밝힌다는 명분으로 동행자 K씨의 인권이 무시당하는 것은 옳지 못하다. 그동안 5차례에 걸쳐 조사를 했고 이 과정에서 죄인처럼 끌려 다닌 K씨의 주장을 들어보니 그는 "난 절벽에 붙어 있는 소나무를 잡고 뛰어 내렸는데 뒤에서 '획' 소리가 났다. 돌아보니 뒤에 계셔야 할 선생님이 보이지 않았다"라고 말했다. 이게 전부였다. 그런데도 장준하 선생의 사인에 의혹을 가진 이들은 정황상 맞지 않다는 이유만으로 그를 암살범으로 몰아가고 있고 이는 정황만으로 과거 간첩으로 누군가를 몰아간 그들과 닮아 있다. 아버지를 잃은 유족의 눈물에 공감하지만 이를 규명하기 위해 그 모습(유골)까지 공개하는 것이 최선인지 아쉬움이 남는다. 그리고 그 과정에서 상처받는 한 인간의 초라한 권리가 마음에 걸린다.


### 김용환 씨, 그는 왜 여러 차례 재조사를 받았을까

결론부터 말하겠다. 지난 2003년부터 약 1년에 걸쳐 내가 김용환 씨를 만나 조사한 횟수는 20회 정도인 것으로 기억한다. 그렇다면 나는 그를 괴롭힐 목적으로 '일부러' 여러 차례 조사를 요청한 것일까.

천만의 말씀이다. 김용환 씨는 스스로 '장 선생의 최후를 목격한 당사자'라고 자처해 왔다. 장준하 선생이 1975년 8월 17일 포천 약사봉 계곡에서 추락하여 실족사했다는 결론이 나온 이유의 '처음과 끝'은 오직 단 한 사람, 바로 '목격자를 자처하는' 김용환 씨 주장 때문이었음을 상기해야 한다.

이유는 이렇다. 이 사건 당시 수사를 담당했던 경찰과 담당 검사를 불러 '장 선생을 실족 추락사로 결론내린 이유'를 물을 때마다 그들의 답변은 한결 같았다. "당시 목격자가 있었는데 그가 장준하 선생이 실족 추락하여 사망한 것을 봤다고 했기 때문"이라고 했다. 또한 당시 장준하 선생의 사망 사실을 실족 추락사로 보도한 기자들 역시 마찬가지였다. "목격자가 그렇게 말했으니 그렇게 쓴 것"이었다.

문제는 목격자를 자처하는 김용환 씨의 주장처럼 장준하 선생이 실족 추락사한 '그것처럼' 아무런 의심이 제기되지 않았다면 좋았을 텐데 실제로는 전혀 그렇지 않았다는 점이다. 김용환 씨가 목격했다는 주장과 달리 장준하 선생의 시신은 제멋대로 날이 선 14.7미터 높이의 바위 벼랑에서 추락한 사람으로 볼 수 없었다. 나는 조사관으로서 장준하 선생의 시신 사진을 수없이 살펴봤다. 그렇기에 나는 장준하 선생의 모습을 눈을 감고도 떠올릴 수 있는데, 그 모습을 그냥 한마디로 쉽게 표현한다면 '막 목욕을 마치고 나와 잠자는 사람'의 모습이라고 자신 있게 말할 수 있다.

이런 의문으로 시작된 여러 의혹에 대해, 그렇다면 사람들은 누구에게 제일 먼저 이 사건의 진실을 물을 것인가. 당연히 장준하 선생과 유일하게 함께 있었고 동시에 추락 실족사하는 것을 봤다며 주장해 온 목격자를 상대로 진실을 물어보는 것이 당연한 일 아닌가.

그래서 목격자를 자처하는 그에게 사람들이 물었다. "당신이 본 사실이 무엇이냐"고. 그리고 다시 물었다. "그렇다면 당신은 장 선생 사망 후 사라졌는데 어디로 갔냐고". 그리고 마지막으로 물었다. "당신이 사라진 후 당신은 그 사이에 어디에서 누구를 만났느냐"고.

이상이 바로 이 사건에 '상식적' 의문을 가진 사람들이 목격자를 자처해온 김용환 씨에게 물어온 그간의 핵심 질문이었다. 문제는 이에 대한 김용환 씨의 답변이었다. 김용환 씨는 스스로 불행을 자초하는 납득할 수 없는 언행을 보여 왔다. 그것이 어쩌면 지난 1975년 이후 지금까지 장준하 선생 의문사의 문을 여는 '비극의 시작'이었을지 모른다. 나는 여전히 그의 답변을 이해할 수 없다.


## 목격자 김용환 씨, 정말 당신은 무엇을 보았나요

안타깝지만 김용환 씨는 이 같은 세 가지 의문에 대해 많은 이들을 합리적으로 납득시키지 못했다. 선우정 부장은 칼럼에서 사건 경위를 목격한 김용환 씨가 "난 절벽에 붙어 있는 소나무를 잡고 뛰어내렸는데 뒤에서 '획' 소리가 났다. 돌아보니 뒤에 계셔야 할 선생님이 보이지 않았다"며 주장하자 이를 쉽게 믿어줬고 "이것이 그의 전부"라고 친절하게 변론까지 해주었다.

선우정 부장에게는 미안하지만, 장준하 선생의 최후를 봤다는 김용환 씨의 주장은 그것이 다가 아니었다. 정말로 선우정 부장이 이 사실을 몰라서 이렇게 글을 쓴 것인지, 아니면 자신의 주장을 강변하기 위해 이렇게 쓴 것인지 그 속내는 알 수 없지만 분명한 사실 하나는 절대 김용환 씨는 '그렇게만' 말하지 않았다. 어쩌면 김용환 씨가 사건 발생 후 지금까지 그렇게만 유일하게 주장했다면 차라리 더 좋을 뻔했다. 그랬다면 그렇게 많은 이들이 끈질기게 그의 주장을 의심하지 않았을 수도 있었을지 모른다.

김용환 씨는 정말로 '다양한' 목격담을 그때그때 다르게 말했다. 가장 대표적인 예가 장준하 선생 추락 상황을 봤다는 증언이다. 그는 지난 1975년 8월 17일 사건 직후 "장 선생이 하산중 소나무를 잡고 내려오는데 그 나무가 휘면서 추락했다"고 말했다. 분명히 이렇게 말했다. 따라서 당시 《동아일보》 역시 '소나무 가지' 관련 내용을 장준하 선생의 최후라며 보도했고 이후 장준하 선생의 지인들 역시 이 말을 믿고 사건 현장인 약사봉 계곡에 가면 문제의 '휜 나무'가 어디 있는지를 두고 '갑론을박'을 하는 촌극을 빚기도 했다.

이러한 김용환 씨의 '휘어진 소나무' 발언은 그때뿐만이 아니었다. 2004년 1월, 2기 의문사위 조사에서도 김용환 씨는 조사관이 묻는 질문에 대해 재차 반복하여 "장 선생이 소나무를 잡았으나 휘어 추락했다"고 되풀이 진술했고 조서에도 그렇게 기록을 남겼다. 그래서 장준하 하면 많은 이들은 휜 소나무를 연상했고, 지금도 장준하 선생의 사고 경위를 그렇게 믿고 있는 사람들이 참 많다. 모두 김용환 씨가 봤다는 목격 증언 때문이었다.

그런데 김용환 씨가 봤다는 휜 소나무 주장이 사실 거짓이라는 '충격적인' 문서가 새롭게 발견되었다. 더 놀라운 사실은 그 발언의 당사자가 다른 누구도 아닌 바로 '김용환', 그 자신이었다는 점이다. 1988년 국정감사 과정에서 야당이 장준하 선생 사인 의혹을 제기하며 13년 만에 재조사를 요구했다. 그러자 당시 포천경찰서 경찰관 한희권은 목격자를 자처해 온 김용환 씨를 거주 지역으로 찾아가 이 사건에 대한 진술서를 작성하는데 그것이 바로 '88년 경찰 재조사' 기록이다. 나는 이미 폐기된 것으로 알려진 이 문서를 포천경찰서 문서고에서 극적으로 찾아낸 후 그 보고서에 담긴 김용환 씨의 발언을 읽고 그야말로 경악에 가까운 충격을 받지 않을 수 없었다. 관련 부분을 발췌하면 이렇다

> **경찰관 한희권**: 그럼 장준하 씨가 실족 추락할 때 그곳에서 소나무를 잡고 미끄러 떨어졌다는 이야기가 있는데 어떤 종류의 소나무인가요?
>
> **목격자 김용환**: 예, 저는 장준하 씨가 실족 추락할 때 소나무를 잡았는지, 안 잡았는지 보지 못하였는데, 며칠 후 《동아일보》 신문에서 소나무를 잡고 내려오다 떨어졌다고 한 것을 보았습니다.

나로서는 정말 심장이 멎어 버리는 줄 알았다. 장준하 선생이 실족 추락사했다는 그동안의 모든 역사적 대전제가 무너지는 발언이었기 때문이었다. "잡았던 소나무가 휘어 추락사했다"는 그동안의

김용환 씨 목격 진술이 그렇다면 모두 거짓말이었단 말인가. 김용환 씨를 다시 부르지 않을 수 없었던 이유가 바로 이 때문이었다. 그리고 그에게 새로 찾아낸 '88년 경찰 재조사 기록'을 제시하며 따졌다. 이후 그의 수시로 변해가는 주장은 놀라웠다.

당황해하던 그는 자신의 발언이 담긴 '88년 경찰 재조사 기록'을 전면 부정하기 시작했다. 그런 말을 한 적이 없다고 하더니 끝내 "한희권 경찰관이 잘못 쓴 것"이라며 잡아떼기도 했다. 하지만 자신의 확인 지장까지 찍힌 진술조서를 부정하는 것은 믿을 수 없는 말이었다. 더구나 김용환 씨의 경우 우리 위원회 조사시 최소 8시간 이상 소요되곤 했는데 그중 상당 시간은 자신의 발언 내용이 담긴 문답서를 꼼꼼히 확인하는 데 사용한 시간이었다. 그래서 자신의 발언 의미가 조금만 달라도 수정을 요구했고 그것이 받아들여지지 않으면 그는 절대 도장을 찍지 않았다.

한편, 더 어처구니없는 사실은 2004년 5월 12일 그가 마지막으로 조사를 받은 날이었다. 그동안 '88년 경찰 재조사 기록'이 잘못된 것이라고 줄기차게 주장해왔던 김용환 씨가 갑자기 '휜 소나무' 목격 주장을 전면 철회한 것이다. 그러면서 느닷없이 "나는 소나무가 휜 것을 본적이 없고, 휜 소나무가 있다는 말을 지금까지 한 사실이 없다"라는 황당한 주장을 새롭게 시작했다.

물론 그의 주장은 사실이 아니었다. 1975년 8월 20일, 장준하 선생이 사망한 후 3일이 지나서야 김용환 씨는 처음으로 장준하 선생 상가를 방문했다. 그리고 이날 그는 유족과 문익환 목사 등 지인들 앞에서 자신이 목격한 장준하 선생의 최후를 처음으로 증언했다. 그때 김용환 씨의 말은 독수리표 카세트에 몰래 녹음되고 있었다. 김용환 씨의 진술을 함께 듣던 고 문익환 목사가 비밀리에 녹음을 해 둔 것이다. 그렇게 해서 우리 의문사위 조사팀이 입수한 녹음 테이프에서 그는 이렇게 말하고 있었다. 문익환 목사가 반복하여 "목격한 것이 무엇이냐" 묻자 그는 거듭하여 이렇게 말한다.

"장준하 선생이 소나무를 잡고 내려오던 중 휘면서 추락했고 그 휘는 모습을 옆에서 내가 봤어요. 옆에서……."


## 김용환 씨, 도대체 진실은 무엇인가요

참으로 이 어지러운 사실을 언제까지 반복해야 하는지 안타깝다. 선우정 부장은 목격자인 김용환 씨가 모든 사실을 아주 간결하게 정리해 주었음에도 불구하고 의심을 삼으려는 사람들의 억지로 인해 억울한 사람이 만들어지는 것처럼 빗대어 말했다. 하지만 분명하게 알아야 한다. 이치에 맞지 않는 그의 진술 앞에 누구보다 가장 안타까워 한 사람은 바로 조사관인 '나'였다는 사실이다.

김용환 씨는 자신이 봤다는 장준하 선생의 최후에 대해 셀 수 없이 진술을 바꿨다. 어떨 때는 '억 소리가 나서 돌아보니 장 선생님이 없었다'라고 했고 또 어느 때는 '따라오는 소리가 없어 돌아보니 장선생이 보이지 않아 추락한 것으로 생각했다'고 말했다. 그리고 또 '돌아보니 장 선생이 떨어지는 것을 순간적으로 봤다'고도 했고 또 지금처럼 '잡았던 소나무가 휘어 떨어졌다'고도 했다. 심하게 표현하면 그의 '팔색조 진술' 앞에 때로는 화가 나기도 했고, 지쳐 멍한 표정으로 그의 얼굴만 한참 바라본 적도 있었다.

이것만이 아니었다. 일행의 증언에 따르면 사건 직후 김용환 씨는 어디론가 사라졌었다. 그렇다면 그 사이 어디로 갔으며, 또한 누구를 만났는지 묻는 조사관의 질문에 그의 답변은 더욱 의아했다. 이 모든 내용을 여기에 다 적을 수 없다. 다만 간단하게 정리한다면 그가 갔다고 주장하는 파출소와 경찰서 근무자는 모두 한결같이 "그를 본 적이 없다"고 말했다.

반면 의정부지청 서돈양 검사와 또 다른 경찰관들은 김용환 씨가 가지 않았다며 부인하는 장소와 시간에 그를 분명히 만났다고 주장했다. 하지만 김용환 씨는 이러한 이들의 주장이 거짓말이라며 또 부정했다. 그렇다면 도대체 누가 거짓말을 하고 있는 것인가. 경찰관과 검사 모두가 하나로 공모하여 이 사건 목격자를 자처하는 김용환 씨를 궁지에 몰아넣기 위해 거짓말을 하고 있단 말인가. 그것이 정말 가능한 일이라고 생각하는가 묻지 않을 수 없다. 그렇기에 나는 조사 과정에서 오히려 김용환 씨에게 거듭 거듭 호소했다.

"많은 이들이 선생님을 향해 의구심을 제기하는데 이러한 의심을 해소할 수 있도록 분명하게 말씀해 주십시오. 맞으면 맞다고 하고, 틀리면 왜 틀린지에 대해 납득할 수 있게 설명을 해주셔야 우리가 이해할 수 있을 것 아닙니까."

하지만 그는 끝내 자신에게 쏠린 합리적 의심을 쉽게 털어내지 못했다. 그리고 그렇게 계속된 실랑이 끝에 예정되어 있던 의문사위의 조사 기간은 끝났다. 시간은 진실을 밝히려는 사람들의 편이 아니었다. 버틴 거짓이 찾으려는 진실을 이기고 말았다. 그리고 그렇게 위원회의 문을 닫던 그때, 김용환 씨는 스스로 《월간조선》을 찾아가 인터뷰를 자청했다. 그것이 바로 이번에 《조선일보》 선우정 부장이 마치 금과옥조처럼 칼럼에서 인용한 "난 절벽에 붙어 있는 소나무를 잡고 뛰어 내렸는데 뒤에서 '휙' 소리가 났다. 돌아보니 뒤에 계셔야 할 선생님이 보이지 않았다"이며 "이것이 전부"라며 선우정 부장이 인정해준 그 말이었다. 조사관이었던 나로서는 도저히 이해하기 어려운 행보였다. 그는 왜 이 말을 《월간조선》까지 찾아가 말하고 싶었던 것일까. 우리의 의문에 대해서는 제대로 답하지 못하면서 말이다.

## 정말 그에게 묻고 싶은 것이 있다

누구에게나 인권은 소중하다. 나 역시 아무 죄도 없는 누군가를 향해 근거 없는 의혹을 제기하는 것은 반대하며 그렇게 하는 것을 증오한다. 따라서 누군가가 이치에 좀 맞지 않는다 해서 그를 향해 성급하게 '암살자'라고 윽박지르는 것은 절대 옳지 못하다. 마찬가지로 장준하 선생 사건 목격자를 자처하는 김용환 씨에 대해서도 그런 부당한 대우를 해서는 안 된다고 생각한다. 이는 지금까지 내가 해온 여러 강연과 방송 인터뷰, 그리고 장준하 선생 사건의 모든 내용을 세세하게 담아 출판한 이 책 『장준하, 묻지 못한 진실』에서도 거듭 주장해온 사실이다.

하지만 반면 김용환 씨 역시 자신에게 쏠린 의혹을 명쾌하게 털어야 할 책임이 있음도 언급하지 않을 수 없다. 거칠게 보면 장준하 선생의 사인을 규명해야 할 중요한 이유로 나는 두 가지를 언급해 왔다. 첫째는 장준하 선생 당사자와 그 유족을 위해서다. 자신이 왜 죽었고 또한 내 아버지와 남편이 어떤 경위로 죽었는지에 대해 유족은 '알 권리'가 있다. 그리고 나머지 하나는 바로 '이 사건의 목격자를 자처하는 김용환 씨를 위해서'라고 나는 생각한다.

그는 이미 원하든 원치 않든 많은 이들에게 이 사건과 관련한 중대한 의혹 인물이 되어버렸다. 만약 이대로 김용환 씨가 자신의 주장처럼 순수한 목격자임을 밝히지 못한다면 그에게 씌워진 멍에는 역사에 오래오래 남을 수밖에 없다고 여겨지기 때문이다. 안타깝지만 이러한 '근원적 책임'은 이미 확인한 것처럼 자신의 목격 증언을 뒤죽박죽으로 해버린 김용환 씨, 바로 자신 때문임도 나는 분명하게 확인했다.

정말 김용환 씨가 이 사건의 '순수한 목격자라면 진술은 하나'여야 한다. 한두 가지 사실은 틀릴 수 있지만 조사 과정에서 충분히 정정될 수 있음에도, 또한 일부 기억 중 틀린 것 역시 대질조사를 통해 다시 정정할 수 있는데도 김용환 씨는 달랐다. 그는 자신의 필요에 의해서만 주장을 바꿨고 반면 다른 이의 주장에 대해서 철저하게 배격했다. 자신의 주장이나 기억이 분명히 틀렸음이 충분히 확인되는데도 불구하고 혼자만 끝까지 아니라고 버텼다. 그러다보니 그는 사건 발생 이전과 이후를 통 털어 '알리바이가 전혀 존재하지 않는' 묘한 상황이 되어 버렸다.

그중 가장 압권은 1975년 8월 17일 밤 9시, 당시 중앙정보부가 작성한 한 장의 '중요상황 보고문'에 적힌 목격자 김용환 씨의 행적이다. 중앙정보부 문서에 따르면 그는 사건 발생 직후 장준하 선생의 집으로 전화를 건 사람으로 기재되어 있었다. 하지만 그는 '역시나' 이러한 중앙정보부 문서의 내용을 끝까지 부인했다. 그렇다면 김용환 씨는 왜 중앙정보부 문서 내용을 이처럼 강력하게 부인했을까.

　유족이 장준하 선생의 사인에 대해 강력한 의구심을 가진 계기가 바로 이 '한 통의 전화'였기 때문이었다. 사건이 발생한 8월 17일 오후 3시경, 신분을 밝히지 않은 남자로부터 한 통의 전화가 장준하 선생의 집으로 걸려왔다. 그리고 괴 남자는 "지금 장 선생이 포천 약사봉에게 크게 다쳤으니 서울에서 많은 사람들이 와서 모셔가야 한다"고 말한 후 일방적으로 전화를 끊었다. 유족은 이 괴전화를 한 남자가 바로 이 사건의 열쇠를 쥔 '누군가로' 여겨왔던 것이다. 그런데 중앙정보부 중요상황 보고문 기록을 살펴보던 중 나는 마침내 그 괴전화의 주인공을 찾아냈다. 그는 다름 아닌 이 사건의 유일한 목격자, 바로 '김용환' 씨였다.


## 장준하 선생 사인 의혹, 이제 그만 결론내야


다시 한 번 전율하지 않을 수 없었다. 그를 또다시 부르지 않을 수 없는 이유였다. 하지만 그는 또다시 강력 부인했다. 끝끝내 부인하더니 '88년 경찰 재조사 기록'처럼 이 보고문 역시 '중앙정보부 조작'이라고 강변했다. 김용환 씨를 궁지로 몰아넣은 것은 유족이나 조사관이 아니라 사실은 '전직 경찰관과 검사', 그리고 '중정과 경찰의 국가 공식 문서'였다. 혹시 정말 중앙정보부 기록이 잘못된 것일까. 나는 "그럴 가능성은 전혀 없다. 실명이 기재되어 있다면 그가 맞다"는 진술을 당시 중앙정보부에서 이 업무를 담당했던 복수의 책임자로부터 확인했다.

나는 김용환 씨에게 쏠린 이 같은 의혹에 대해 다시 한 번 답할 기회를 줘야 한다고 '여전히' 믿는다. 그것이 김용환 씨를 위해 우리가 해줄 수 있는 '또 다른 배려'가 아닐까 싶다. 물론 그가 끝내 더이상 할 말이 없다며 조사를 거부한다면 그건 나로서도 어쩔 수 없다. 그리고 그럴 일은 없겠지만 만약 내가 다시 '이 사건 조사관이된다 할지라도' 이처럼 거부하는 김용환 씨를 굳이 '억지 조사' 할 생각이 없다. 그가 "자신을 향한 의혹에 대해 더 이상 해명하지 않겠다"고 결정한다면 지금까지 확인한 결론만으로도 어느 것이 사실인지, 아닌지 알 수 있기 때문이다. 남는 것은 "그가 왜 사실과 다른 주장을 하고 있는 것인가" 찾는 일이다.

결국 또 글이 길어졌다. 하지만 내가 하고 싶은 말은 아직도 여전히 다 쓰지 못했다. 사실 장준하 선생 사건의 진실은 상식적이다. 그런데 이 상식을 넘어서는 억지를 '마치 사실인양' 호도하는 부정세력을 보면서 나는 참담한 심정을 금할 수 없다. 이제 더 이상의 소모적인 논쟁은 가치가 없는 일이다. 지난 2004년 2기 의문사위 조사결과와 2013년 이정빈 교수의 민간 법의학 감정 결과를 통해 확인된 사실은 결국 하나다. 장준하 선생의 사인 의혹은 '이미 끝난 사건이 아니라 국가 차원의 조사를 통해 다시 밝혀야 할 진실'이라는 결론이 그것이다.

그리고 이러한 의혹에 대해 진실을 알고 있는 이는 답해야 한다. 나는 그 진실의 일부가 있는 곳을 알고 있다. 바로 1975년 장준하 선생 사망 당시 사고 현장을 다녀간 중앙정보부와 보안사령부 요원이 작성한 중요 상황보고서를 존안해 놓고 있는 그 문서고다. 이제 그 문서고 안으로 '강제 수사권'과 '압수 수색권'을 가진 의문사 사건 조사관이 직접 들어가 문제의 존안 문서를 확보할 수 있다면 지난 40년이 넘도록 굳게 닫힌 '비밀의 문'이 마침내 먼지를 털며 열리게 될 것으로 확신한다. 그리고 바로 그때가 이 나라의 진짜 민주주의가 이룩되는 '그날'임을 나는 확신한다. 그날이 어서 오기를 간절하게 고대한다.